PHP7: 기초와 응용

김치연 지음

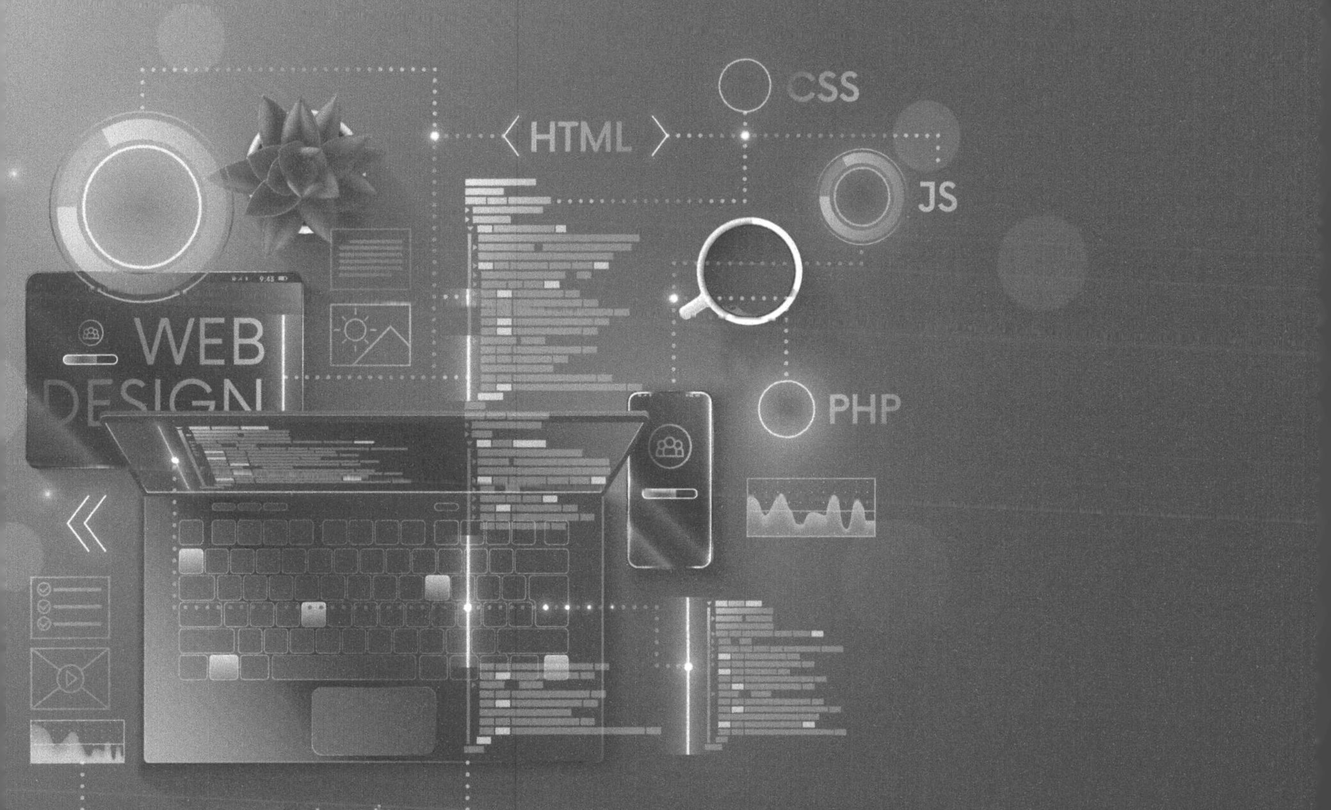

HS 도서출판 한산

서문

최근의 웹은 웹 2.0에 이어 웹 3.0으로 진화하고 있다. 웹은 문화, 쇼핑, 광고, 직업, 교육 등 사용되지 않은 분야가 거의 없고, 웹을 다루고 만들어내는 웹 프로그래밍은 컴퓨터공학을 전공하는 학생들에게 있어 이미 필수 교과가 되고 있다.

HTML, CSS, 자바 스크립트만으로 웹 프로그래밍을 해 본 사람은 그 한계를 경험했을 것이다. 웹 서버에서 수행되는 PHP를 사용하면 데이터베이스를 연동함으로써 웹은 동적으로 변화하고, 구현할 수 있는 프로그램의 범위는 확장된다.

이 교재는 HTML, CSS, 자바 스크립트의 기본적인 내용을 알고 있는 독자를 대상으로 서버용 스크립트인 PHP7의 프로그래밍 방법에 기술한다. 추가로, C 언어와 데이터베이스의 기본 개념 정도를 알고 있다면 훨씬 더 이해하기 쉬울 것이다. 교재는 1부와 2부로 나누어. 1부에서는 PHP의 기초를, 2부에서는 응용을 다루었다.

1부에서는 PHP7의 설치와 변수, 제어문, 배열, 함수, 폼에 관한 내용을 다루었고, 2부에서는 쿠키와 세션, 데이터베이스 연동, 파일, 날짜와 시간, 정규표현식, 객체지향 프로그래밍을 다루었다. 모든 장에는 학습할 내용에 대한 예제 소스와 실행 결과, 예제 설명을 기술함으로써 혼자서도 공부할 수 있도록 하였다. 특히, 14장에는 소규모 수강 신청 프로그램을 다룸으로써 한 학기 마지막에 프로젝트로 활용할 수 있도록 하였다. 코드를 모두 실었으므로 상세하게 검토하고, 더 나은 프로그램으로 변형할 수 있을 것으로 생각된다.

이 교재가 웹 프로그래밍의 전문가가 되기를 원하는 독자들의 그 첫걸음이 되기를 바란다.

2021년 1월 김치연.

목 차

1부. PHP의 기초

2부. PHP의 응용

1부

PHP의 기초

1장 _ PHP7 설치와 기본 문법
2장 _ 변수와 타입
3장 _ 연산자
4장 _ 조건문과 반복문
5장 _ 배열
6장 _ 함수
7장 _ 폼 다루기

1장

PHP7 설치와 기본 문법

1.1 PHP7 설치하기
1.2 기본 문법
1.3 주석
1.4 echo와 print

1장. PHP7 설치와 기본 문법

1.1 PHP7 설치하기

PHP7은 서버에서 수행되는 언어로, 웹 페이지를 구현하는데 사용되는 스크립트 언어이다. 따라서 PHP7을 사용하기 위해서는 웹 프로그래밍 기술인 HTML, CSS, Javascript에 대한 기본적인 이해가 필요하다. PHP는 PHP:Hypertext Preprocessor의 약어로 넓게 사용되는 오픈 소스 스크립트 언어이며, 무료로 다운받아 사용가능하다.

PHP를 사용하면 동적인 웹 페이지를 생성할 수 있으며, 서버에 저장된 파일에 대하여 생성, 읽기, 쓰기, 삭제 등이 가능하다. 특히, HTML form으로부터 데이터를 가져와 다룰 수 있으며 데이터베이스 연결이 가능하다는 특징을 가진다. 이 교재에서는 PHP의 가장 최신 버전인 PHP7에 기초한 내용을 다룬다. PHP7은 이전 버전인 PHP5에 비하여 좀 더 빠르고, 에러 핸들링이 더 향상되었을 뿐 아니라 새로운 연산자가 추가되었다.

PHP7을 사용하기 위해서는 PHP와 MySQL이 지원되는 웹 호스트를 찾거나, 사용자 컴퓨터에 웹 서버와 PHP를 설치해야 한다. 사용자 컴퓨터에서 PHP를 설치하기 위해서는 웹 서버와 PHP, 그리고 MySQL을 설치해야 한다. 브라우저의 검색을 통해 이 세 가지 프로그램을 설치하는 방법에 대한 정보를 얻을 수 있다. 이 교재에서는 xampp를 사용한다. xampp는 웹 서버 Apache와 PHP, MySQL을 한꺼번에 설치해주는 패키지이다.

먼저, 구글과 같은 검색 엔진을 이용하여 xampp를 검색한다.

해당 사이트를 클릭하여 필요한 파일을 다운로드한다.

Next 버튼을 누르고 설치를 시작한다.

필요한 컴포넌트만 선택하여 설치하거나 전체를 설치한다.

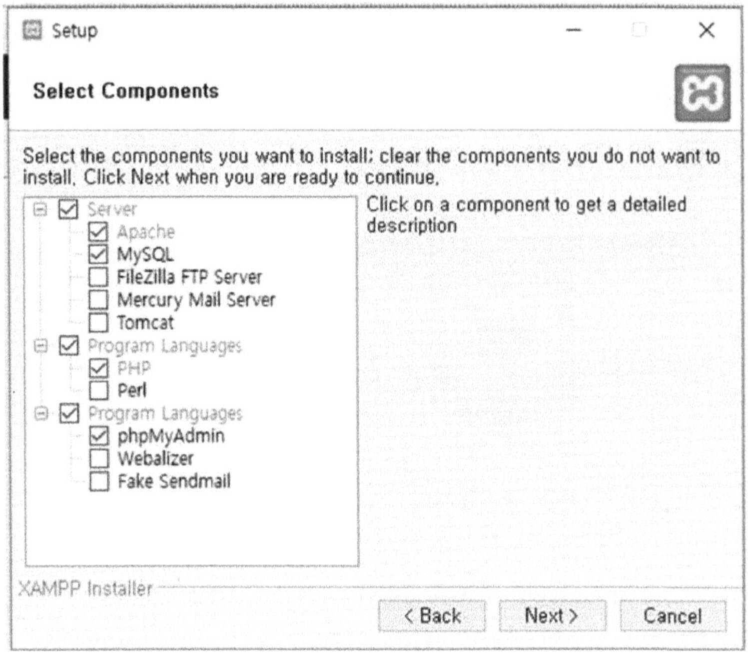

설치할 폴더를 선택한다.

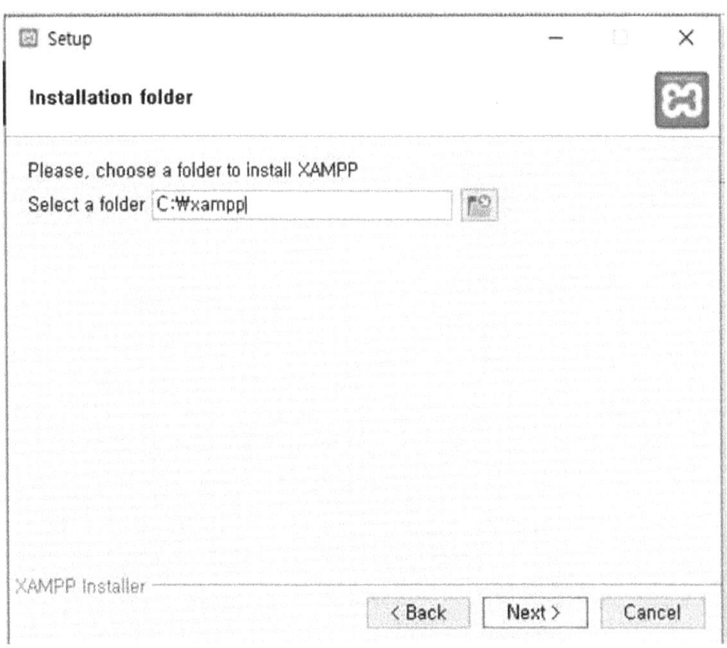

Next 버튼을 클릭하여 진행한다.

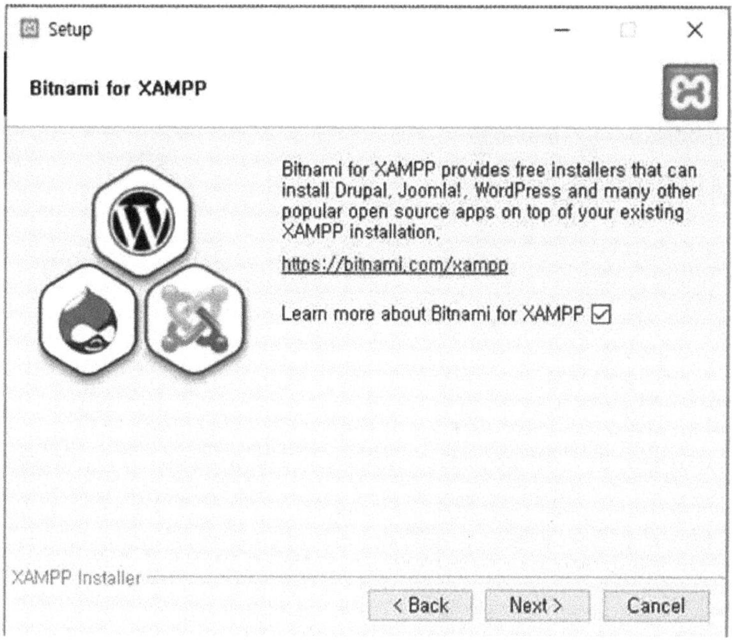

설치 준비가 끝났음을 확인하고 Next 버튼을 누른다.

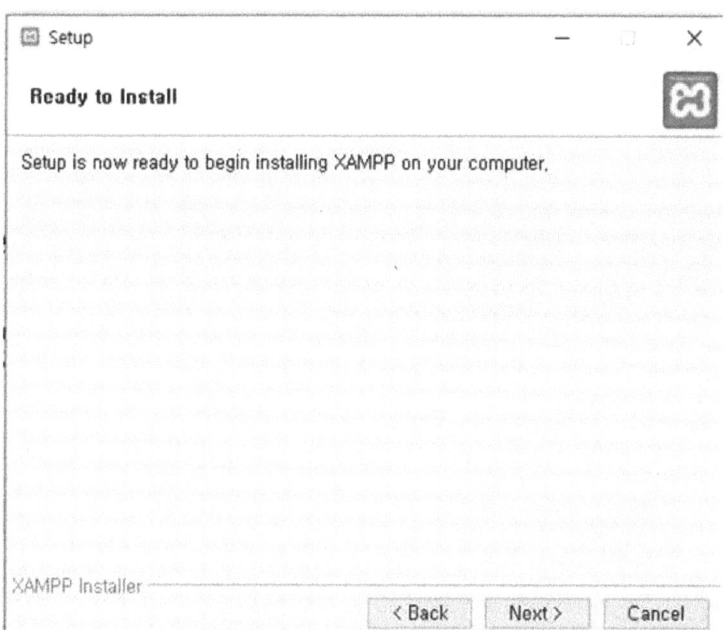

설치가 시작된다.

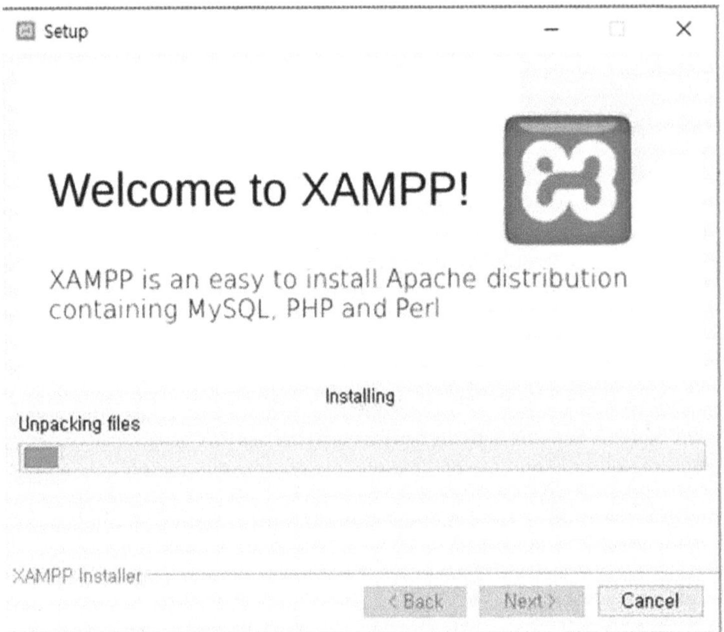

사용하는 네트워크에 따라 적절하게 선택한다.

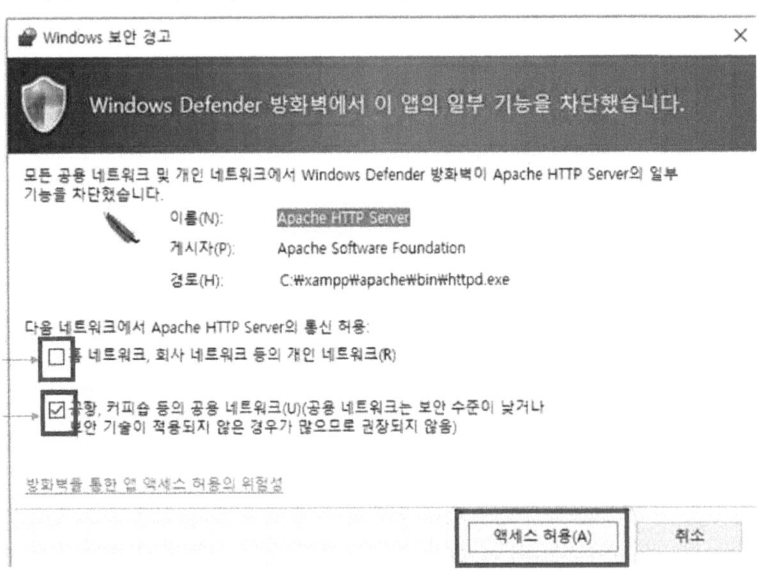

Finish 버튼을 클릭한다.

제어 패널에서 아파치와 MySQL의 Start 버튼을 누른다.

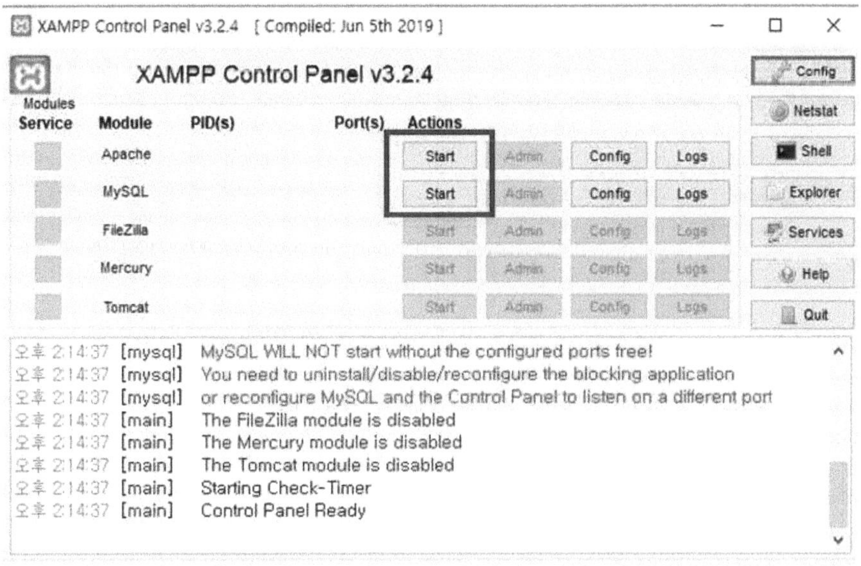

정상적으로 시동이 되면 포트 번호가 보인다.

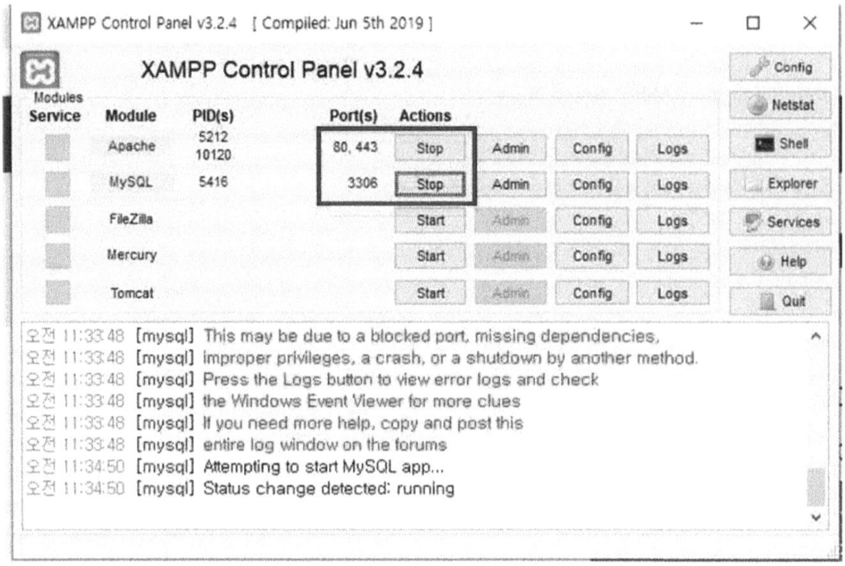

마지막으로 웹 서버와 PHP, MySQL이 정상적으로 작동하는지 테스트한다. 브라우저의 주소창에 http://localhost/ 라고 입력하였을 때 다음과 같은 화면이 보인다면 설치에 성공한 것이다.

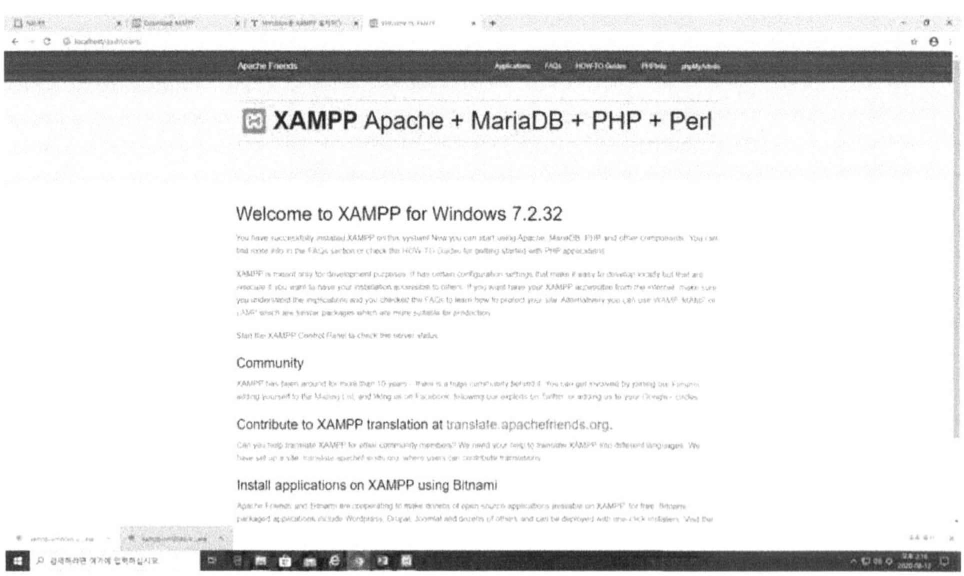

MySQL 작동을 확인하기 위하여 명령 프롬프트 창에 아래 명령어들을 순서대로 입력하여 MariaDB가 실행되는지 확인한다. (MariaDB는 MySQL과 유사하다)

```
명령 프롬프트 - mysql -u root
Microsoft Windows [Version 10.0.18363.1316]
(c) 2019 Microsoft Corporation. All rights reserved.

C:₩Users₩user>cd ₩

C:₩>cd xampp

C:₩xampp>cd mysql

C:₩xampp₩mysql>cd bin

C:₩xampp₩mysql₩bin>mysql -u root
Welcome to the MariaDB monitor.  Commands end with ; or ₩g.
Your MariaDB connection id is 8
Server version: 10.4.14-MariaDB mariadb.org binary distribution

Copyright (c) 2000, 2018, Oracle, MariaDB Corporation Ab and others.

Type 'help;' or '₩h' for help. Type '₩c' to clear the current input statement.

MariaDB [(none)]>
```

xampp는 다음의 의미를 갖는다.

x : cross platform (컴퓨터의 운영체제를 가리지 않는다)

a : apache (웹 서버의 이름)

m : mysql (Maria DB)

p : php

p : perl

정리하면 xampp는 다양한 운영체제에서 수행되는 프로그램의 집합으로, 아파치 웹 서버, MySQL, PHP, Perl 언어를 사용할 수 있는 프로그램 패키지이다. Perl은 유닉스에서 사용 가능한 소규모 언어로 출발한 인터프리터 방식의 프로그래밍 언어이다. 문자열 처리, 텍스트 파일의 처리 기능을 제공하며, 최신 버전 Perl5는 그래픽스 프로그래밍, 네트워크 프로그래밍 등에 사용된다.

xampp의 설치에 성공하였다면 본격적인 PHP 프로그래밍을 위해 추가적으로 다음 세 가지를 준비한다.

① 편집기 프로그램 : PHP 프로그램 코딩을 위해 Notepad++과 같은 편집기 프로그램이 필요하다. Notepad++은 무료로 설치가능하다.

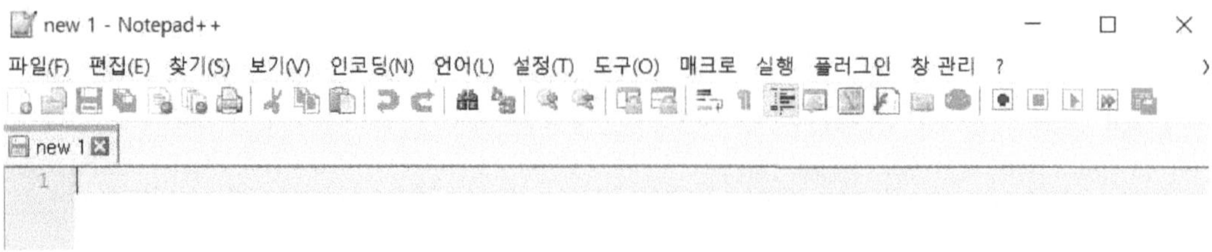

② **브라우저** : PHP 프로그램의 결과 확인을 위해 익스플로러나 크롬과 같은 브라우저가 필요하다. 이 교재에서는 주로 크롬을 사용하였다.

③ **작업 폴더 만들기** : 컴퓨터 C 드라이브에 xampp가 설치되면 하위 폴더로 htdocs 폴더가 자동으로 만들어진다. 이 폴더를 PHP의 홈 디렉토리라고 하는데, 이 폴더 아래 적당한 이름을 가진 작업 폴더를 만든다. (저자는 예제를 저장하기 위하여 “exam” 이라는 이름의 폴더를 만들었다.)

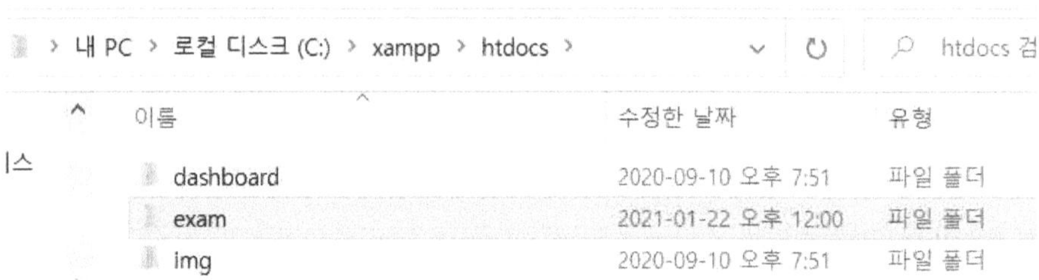

PHP에 대한 다양한 정보를 얻을 수 있는 PHP의 홈 페이지(http://php.net)는 다음과 같다.

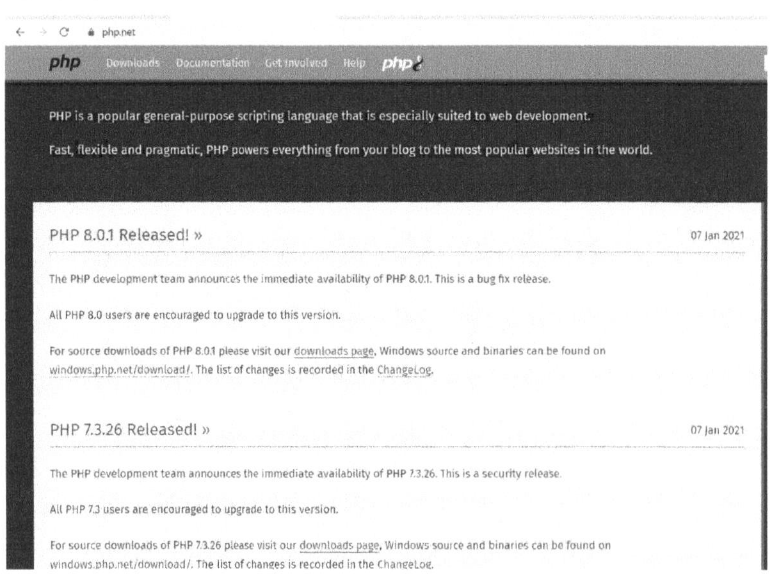

운영체제 버전이나 컴퓨터 사양의 문제로 xampp 설치에 성공하지 못했다면 APMsetup이 대안이 될 수 있다. 윈도우즈 10에서 APMset의 설치 방법은 검색 엔진에서 찾을 수 있다.

MySQL을 위한 APMSETUP7 설치

http://kldp.net/apmsetup/release/ 에서 최신버전 다운로드

*2010버전이 최신이고, 홈페이지는 사라진 상태, win 32비트용(? 64bit에서줄 잘돌아간다) 각 버전은 아래와 같음

- Apache 2.2.14 (openssl 0.9.8k) [http://httpd.apache.org]
  - Server\Apache
  - mod_log_rotate 1.00a
  - mod_security 2.5.10
- PHP 5.2.12 [http://kr.php.net / http://windows.php.net/]
  - Server\PHP5
- Zend Optimizer v3.3.3 [http://www.zend.com]
  - Server\ZendOptimizer
- MySQL 5.1.39 [http://www.mysql.com]
  - Server\MySQL5
- phpMyAdmin 3.2.3 [http://www.phpmyadmin.net]
  - Server\phpMyAdmin

1.2 기본 문법

PHP 스크립트는 서버에서 수행되며, 포함된 HTML 태그들은 브라우저에 보내져 사용자가 결과를 확인할 수 있다. 여기서 "스크립트"는 컴파일 과정 없이 코딩과 실행만으로 결과를 확인할 수 있는 프로그래밍 언어의 부류를 의미한다. PHP는 웹페이지를 만드는데 사용되는 언어이니만큼 HTML과 함께 사용되는 경우가 대부분이다. 기억해야 한 PHP의 기본 문법은 다음과 같다.

- PHP 명령어는 **<?php** 태그(시작 태그)와 **?>** 태그(종료 태그) 안에 기술한다. 이 태그는 php.ini 파일의 수정을 통해 <? ?> 형식으로도 수정가능하다.

```
<?php
  // PHP 코드
?>
```

- PHP 스크립트는 HTML과 함께 사용되어 문서의 어디에나 나타날 수 있다. <?php

와 ?>를 사용하면 된다.

- PHP 파일의 확장자는 .php이다.
- 변수 이름을 제외한 대부분의 키워드(if, else, while, echo 등)들은 대소문자를 구별하지 않는다.
- 각 문장의 끝은 세미콜론(;)으로 끝난다.
- 2개 이상의 공백(탭, 빈칸, 줄바꿈)은 브라우저의 결과에 반영되지 않는다.

1.3 주석 (Comments)

모든 프로그래밍 언어에는 주석이 존재한다. 주석은 프로그램의 실행에 영향을 미치지 않으며, 프로그램에 대한 설명을 기술하기 위해 사용한다. PHP에서도 주석을 사용할 수 있는데, 다음 두 가지 종류의 주석을 사용할 수 있다.

- // : 한 줄 주석
- /* .. */ : 여러 줄 주석

```
<?php
   echo "hello, PHP World!"; // 한 줄 주석
   /* 여러 줄 주석
      주석의 끝 */
?>
```

1.4 echo와 print

새로운 프로그래밍 언어를 배울 때 일반적으로 처음 배우는 명령어가 해당 언어의 출력 명령어이다. 프로그램을 실행하여 프로그램의 작동을 확인할 수 있는 가장 단순하고 확실한 방법이 출력이기 때문이다. PHP의 출력 명령문은 echo와 print이다. PHP 프로그램의 출력 결과는 웹 브라우저에서 확인할 수 있으며 print, echo, printf와 같은 출력문이 존재한다. print와 echo는 전형적으로 많이 사용되는 명령문이며, printf는 C 언어에서 마찬가지로 형식 문자를 사용하여 출력 가능하다.

echo 명령문의 형식은 다음과 같다.

```
echo (string $arg1 [. string $ ..] ) : void
```

echo 문은 함수는 아니지만 괄호를 사용할 수 있다. print와 다른 점으로 echo는 괄호 안에 여러 개의 인자를 허용하며, 반환값을 갖지 않는다는 점이다.

print 명령문의 형식은 다음과 같다.

```
print (string $arg) : int
```

print 역시 함수는 아니다. echo와 다르게 print는 하나의 인자만 허용하며, 항상 1을 반환한다.

이제 브라우저에 간단한 문자열을 출력하는 첫 번째 php 프로그램을 완성하여 실행해보자. 먼저, Notepad++과 같은 편집기를 열어 다음 코드를 입력한다.

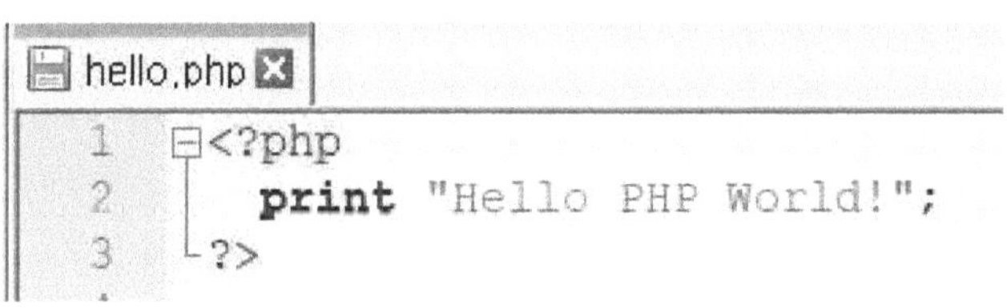

다음으로, 파일이 저장되는 경로와 확장자에 유의하여 파일을 저장한다.

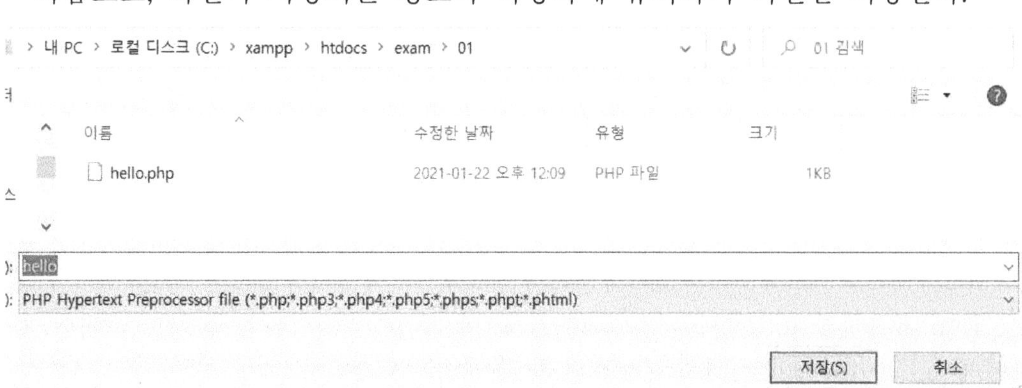

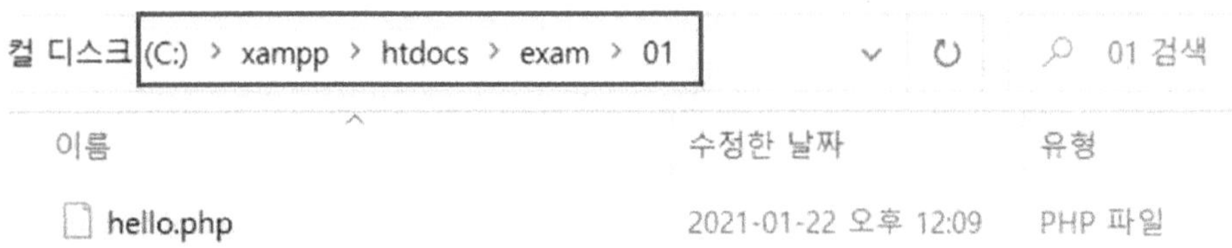

이제 크롬 브라우저를 열어 주소창에 "http://localhost/exam/01/hello.php" 라고 입력한다. 브라우저 본문에 "hello php world" 가 출력되는 것을 확인할 수 있다. 본인의 이름을 출력하고 싶다면 문자열을 이름으로 바꾸기만 하면 된다. 여기서 localhost는 설치한 웹 서버인 아파치를 의미하며, 별도의 경로가 기술되지 않았다면 파일은 htdocs 폴더에 저장되었다고 가정한다. 경로를 기술할 때 폴더와 폴더를 구분하기 위하여 '/' 를 사용한다. 한 가지 주의할 점은, HTML을 실행할 때와 같이 실행할 파일을 "더블클릭" 하지 않도록 주의해야 한다. HTML로만 코딩된 파일은 파일을 더블클릭하는 것만으로 브라우저에 결과를 확인할 수 있지만, PHP 프로그램은 반드시 웹 서버에서 실행되어야 하므로, localhost라는 서버를 이용하여 실행할 프로그램의 경로를 기술한 후 실행해야 한다.

echo 문은 기본적으로 ' ' (작은 따옴표)나 " " (큰 따옴표)안에 기술된 문자열들을 출력한다. 문자열과 문자열을 연결하기 위해서는 '.' (dot) 연산자를 사용한다. echo문 안에서 사용된
과 같은 HTML 요소는 브라우저에 의해 해석되어 출력된다.
 요소가 줄바꿈을 의미하므로 출력은 다음 줄로 이동하는 효과를 낸다. php에서 $로 시작하는 $x와 같은 식별자를 변수라 하는데, 변수는 작은 따옴표와 큰 따옴표 안에 사용될 때 결과가 다르다. 큰 따옴표 안에서는 값으로 대체되어 출력되며, 작은 따옴표 안에서 사용되는 변수는 변수 자체가 문자열로 변환되어 출력된다. 변수에 대해서는 2장에서 다시 다루기로 한다. print문 역시 유사한 결과를 갖는다. [예제 1.1]과 [예제 1.2]에서 그 결과를 확인할 수 있다.

[예제 1.1] echo 명령문

```
<?php
  echo "hello "."php! <br>";
  echo 'hello again,',' php <br>';  // ,사용
  echo '<h2> PHP !!! </h2>';

  $x=100; // 변수
  echo "x=".$x."<br>";
  echo $x."<br>";
  echo "$x <br>";
  echo '$x <br>';
?>
```

[실행 결과]

← → C ⓘ localhost/exam/01/echo.php

hello php!
hello again, php

PHP !!!

x=100
100
100
$x

[예제 1.2] print 명령문

```
<?php
  print "hello "."php! <br>";
  print 'hello again,'.' php <br>';
  print "<h2> PHP !! </h2>";
  $x=100; // 변수
  print "x=".$x."<br>";
  print $x."<br>";
```

```
    print "$x <br>";
    print '$x <br>';
?>
```

[실행 결과]

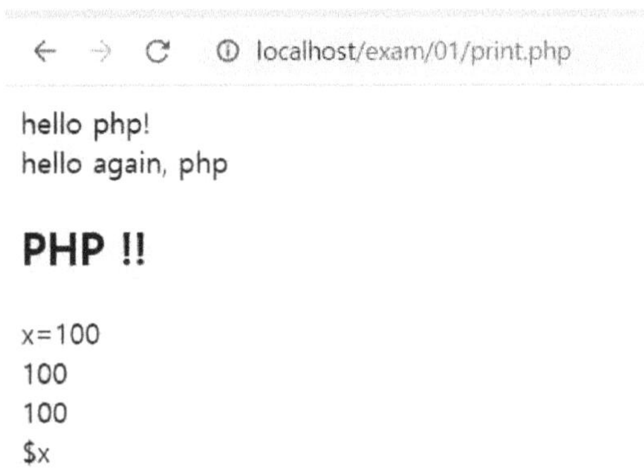

예제설명 PHP의 echo문과 print문은 브라우저에 결과를 출력하는 가장 기본적인 명령어이다. print문은 반환값이 있고 단 하나의 문자열만 출력가능하다. print문에서는 괄호를 사용할 수 있다. echo문은 반환값이 없고, 여러 개의 문자열을 출력하는 것이 가능하며, print에 비해 속도가 조금 빠르다는 특징이 있다. □

일반적으로 프로그래밍 언어를 처음 배울 때 가장 먼저 다루는 명령어가 입출력 명령어이다. 출력 명령어는 다루었고, 입력 명령어에 대해 궁금해할 수 있다. PHP 프로그램에 대한 입력은 고유한 명령어가 아닌 추후에 다룰 HTML의 폼이 입력으로 작용한다. 따라서 입력 방법은 폼 다루기 부분에서 다루기로 한다. 이후에 언급되는 PHP는 PHP7을 의미한다.

Checklists

·server-side script/client-side script

xampp

php의 시작 태그/종료 태그

주석의 종류

PHP의 기본 문법

echo/print 사용법

2장
변수와 타입

2.1 변수
2.2. 데이터 타입
2.3 상수
2.4 초전역변수

2장. 변수와 타입

프로그램에서 변수는 필요한 값을 저장하는 도구이다. 또한 변수는 저장된 값의 타입에 따라 조작 방법이 달라진다. 이 장에서는 PHP의 변수와 타입에 대해 다뤄보자.

2.1 변수 (variable)

프로그래밍 언어에서 변수는 프로그램이 수행되는 동안 값을 저장하거나, 중간 결과를 저장하기 위해 사용한다. 예를 들어, 프로그램에서 몇 개의 시험 점수에 대한 학점을 계산하고자 한다면 먼저 0~100점 사이의 점수는 변수에 저장되어야 한다. 또한, 계산된 학점도 변수에 저장할 수 있다. 여러 과목 점수에 대한 평균을 계산하고자 한다면 과목의 점수와 하나의 평균 점수가 변수에 저장될 수 있다. 또한 변수는 처음 저장된 값이 프로그램 수행 도중에 바뀔 수 있다. 변수를 의미하는 variable의 의미가 바로 그것이다. 시험 점수를 저장하는 변수는 그 값이 20점에서 80점으로 바뀔 수 있고, 학점도 'F'에서 'A'로 바뀔 수 있다.

PHP에서 변수는 '$' 기호로 시작해야 한다. 예를 들어, 점수를 저장하는 변수를 만들고 싶다면 $score와 같이 '$' 기호 다음에 점수를 의미하는 단어 "score"를 연결하여 사용한다. 변수 이름은 영문자 대소문자와 몇 개의 특수 기호를 이용하여 만들 수 있다. PHP에서 변수 이름은 대소문자를 구별한다. 즉, $score와 $Score(또는 $SCORE)는 다른 변수로 간주된다.

PHP에서 변수 이름을 작성할 때는 다음의 규칙을 따른다.

- 영문자나 _(under score)로 시작한다.
- 두 번째 글자부터는 임의의 영문자와 숫자, _를 사용할 수 있다.
- 변수 이름 길이에 대한 제한은 없다.
- 대소문자를 구별한다.

변수 이름을 작성할 때는 변수의 의미를 알 수 있는 영어 단어나 단어들을 연결하여 만드는 것이 좋다. 프로그래밍에 익숙하지 않은 초보자들이나 혹은 귀찮음 때문에 $a, $b와 같이 한 글자로 이루어진 변수를 사용하는 경우가 많은데 이렇게 변수 이름을 지으면 변수의 의미를 알기가 어려워 프로그램의 유지 보수에 어려움을 겪게 된다. 의미 있는 변수 이름의 몇 가지 예를 보이면 다음과 같다.

$name, $number, $score1, $temp, $result, $ave, $sum, $_total

변수에 적용할 수 있는 가장 기본적인 연산은 할당이다. 변수에 값을 할당하기 위해서는 '=' 연산자를 사용한다.

$var=10; // 변수 $var에 기본 값 10을 할당

값이 할당되지 않은 변수에는 타입별 기본값(default value)이 자동으로 할당된다. boolean의 경우에는 'FALSE', integer와 float인 경우에는 0 또는 0.0, 문자열인 경우에는 공백 문자열("")이, 배열인 경우에는 비어 있는 배열이 기본값으로 할당된다. 기본적인 변수의 사용 예를 [예제 2.1]을 통해 알아보자.

[예제 2.1] 변수의 사용

```
<!doctype html>
<html>
<body>
<h2> 변수 연습 </h2>
<?php
  $name="뿌까";  // 문자열 변수
  $tel="010-1111-2222";
  $grade=3;        // 정수 변수

  print "name = ".$name."<br>";
  print "tel = ".$tel."<br>";
  print "grade = ".$grade."<br>";
  $composite = $tel.$grade;   // 변수 값의 연결
  print "composite = ".$composite."<br>";
  print "unknown = ";
```

```
  var_dump($unknown);      // 기본값이 없는 변수의 출력
  ?>
</body>
</html>
```

[실행 결과]

```
← → C ⓘ localhost/exam/02/var.php

변수 연습

name = 뿌까
tel = 010-1111-2222
grade = 3
composite = 010-1111-22223
unknown =
Notice: Undefined variable: unknown in C:\xampp\htdocs\exam\02\var.php on line 16
NULL
```

예제설명 변수 $name과 $tel에는 사용자의 이름과 전화번호를 문자열로 할당하였다. 변수에 문자열을 할당할 때는 ' ' 나 " " 를 함께 사용한다. $grade에는 정수 값 3을 할당하여 세 개의 변수 값을 출력하기 위한 print 문을 작성하였다. 변수 값을 출력할 때 적당한 문자열이 함께 출력되도록 제어하였다. $composite 변수는 두 개의 변수를 활용하여 기본값을 할당하였다. $unknown 변수처럼 값을 할당하여 초기화하지 않은 변수에는 NULL 값이 들어감에 유의하자. 기본값을 갖지 않은 $unknown 변수 값을 출력하기 위해 var_dump() 함수를 사용하였다. $unknown과 같은 변수를 print로 출력하면 아무 결과도 출력되지 않는다. □

var_dump()는 앞으로 자주 사용하게 될 함수이다. 이 함수는 하나 이상의 식에 포함된 타입과 값에 대하여 구조적 정보를 출력하는 함수이다. 배열이나 객체에 대해서는 여러 개의 값에 대하여 반복적으로 구조를 보여줄 수 있다. var_dump()의 형식은 다음과 같다.

```
var_dump ( mixed $value , mixed ...$values ) : void
```

PHP에서의 변수 사용 방법이 다른 언어들과 다른 점은 PHP에서는 변수를 선언하는 과정 없이 바로 사용한다는 점이다. C나 C++, 자바와 같은 언어에서 변수는 타입 선언을 한 후 사용하였다. 예를 들어, C 언어에서 정수 변수를 사용하고 싶다면 다음의 과정을 거친다.

```
int var;  // 정수 변수의 선언
var=10;  // 기본 값의 할당
```

하지만 PHP에서는 선언 과정 없이 바로 사용할 수 있다.

```
$var=10;
```

타입에 대한 선언없이 변수를 바로 사용할 수 있는 형태의 언어를 "느슨한 타입의 언어(looscly typcd language)" 라고 힌다. PHP는 변수의 타입을 미리 신인하지 않고 변수의 값에 따라 변수의 타입을 자동적으로 결정한다. 데이터 타입이 엄격하게 설정되지 않기 때문에 문자열에 정수를 더하는 것과 같은 다소 낯선 연산을 에러 없이 실행할 수 있다. 단, PHP7에서는 함수를 선언할 때 데이터 타입을 명세하는 옵션을 사용할 수 있다.

프로그램에서 사용하는 변수에는 정수나 실수, 문자열, 논리값 등이 저장될 수 있기 때문에 변수를 제대로 사용하려면 데이터 타입에 대해 알아야 한다. 다음 절에서 알아보도록 하자.

2.2 데이터 타입

PHP에서 지원하는 데이터 타입(data type)에 대해 알아보자. PHP에서 지원하는 데이터 타입은 다음과 같이 분류될 수 있다. iterable 타입은 PHP7에서 새롭게 도입된 타입이다.

- 기본 타입 (Scalar Type)
  - boolean ◦ integer ◦ float (double) ◦ string
- 복합 타입 (Compound Type)
  - array ◦ object ◦ callable ◦ iterable
- 기타 (Special Type)
  - resource ◦ NULL

boolean 타입은 참(true)과 거짓(false)을 표현하기 위한 타입이다.

```
<?php
    $var = True; // 참 값의 할당, " " 없이 사용한다.
    if ($var)        // 참이면
       echo "var is true;  // 출력
?>
```

PHP에서는 참과 거짓을 표현하기 위해 "true", "false" 라는 상수를 사용할 수 있다. if 문의 ()안이 참이 되므로, "var is true" 라는 문자열이 출력된다. if 문에 대해서는 4장에서 설명하기로 한다.

integer 타입은 음수와 0, 양수를 포함한 정수를 저장할 수 있다. 정수는 10진수, 16진수, 8진수, 2진수의 형태로 저장할 수 있다. 또한 부호를 가질 수 있다. 16진 정수는 0x로 시작하며, 8진 정수는 0, 2진 정수는 0b로 시작한다.

```
<?php
  $a = 1234; // 10진수
  $a = -123; // 음수
  $a = 0123; // 8진수 (83)
  $a = 0x1A; // 16진수 (26)
  $a = 0b11111111; // 2진수 (255)
?>
```

float(또는 double) 타입은 소수점을 가진 수(실수)를 표현하기 위해 사용한다. 실수는 다음과 같은 세 가지 형식으로 사용할 수 있다.

```
<?php
  $a = 1.234;  // 기본
  $a = 1.2e3;  // 1.2 × 10³
  $a = 7E-10; // 7 × 10⁻¹⁰
?>
```

실수를 이용한 숫자 연산의 결과로 "NaN"이 나오는 경우가 있다. "NaN"의 의미는 "not a number"의 의미로 사전에 정의되지 않거나 표현할 수 없는 값을 의미한다. NaN은 다른 값이나 자기 자신과도 비교될 수 없기 때문에, is_nan() 함수를 통해 비교해야 한다.

String 타입은 일련의 문자로 구성된 문자열을 표현하기 위해 사용한다. PHP에서 문자열은 '', "", heredoc, nowdoc의 방법으로 표현된다. 작은 따옴표('')로 표현된 문자열 안에서 특수 문자를 표현하기 위해 '\'를 사용한다. '\'를 표현하기 위해서는 '\\'를 사용해야 한다. 큰 따옴표("") 안에서는 다음 [표 2.1]의 문자들을 특별하게 해석한다.

[표 2.1] 특수 문자들

특수문자	의 미
₩n	줄 넘기기
₩t	수평 탭
₩v	수직 탭
₩e	escape
₩f	form feed
₩$	달러 기호
₩₩	역슬래시
₩"	큰 따옴표

큰 따옴표 안에서 사용된 변수($var)는 값으로 대체되며, 작은 따옴표 안에서 사용된 변수는 문자열 자체로 해석된다. 다음 [예제 2.2]를 통해 문자열 다루는 방법을 배워보자.

[예제 2.2] 문자열 다루기

```
<?php
  print '1.hello '; // 작은 따옴표
  print "2.hello <br>"; // 큰 따옴표
  print "3.kim₩'s company ";
  print "4.kim's company <br>";
  print '5.kim₩'s company <br>';

  // 변수와 따옴표
  $str="abc";  // $str='abc';
  print "6.$str is $str ";
  print "7.$str is '$str' <br>";
  print "8.$str is ₩'$str₩' ";
  print "9.$$str is $str <br>";
  print '10.$str is ₩'$str₩' ';
  print "11.string is '$str' <br>";
  $str="abc";
  print "$str"."<br>"; // abc
  print $str."<br>"; // abc
  print '$str'."<br>"; // $str
  print "'$str'"."<br>"; // 'abc'
  // print ''$str''."<br>";
  print '₩'$str₩''."<br>";
?>
```

[실행 결과]

```
← → C ⓘ localhost/exam/02/str1.php

1.hello 2.hello
3.kim₩'s company 4.kim's company
5.kim's company
6.abc is abc 7.abc is 'abc'
8.abc is ₩'abc₩' 9.$abc is abc
10.$str is '$str' 11.string is 'abc'
abc
abc
$str
'abc'
'$str'
```

예제설명 hello와 같은 상수 문자열을 출력할 때 작은 따옴표와 큰 따옴표의 차이는 없다. 작은 따옴표를 출력하고자 하는 경우, 큰 따옴표 안에서는 역슬래시(\) 없이 작은 따옴표를 사용하면 되고, 작은 따옴표 안에서는 역슬래시를 동반해야 정상적으로 출력된다. 한글을 출력해야 하는 경우, 파일을 저장할 때 인코딩 형식을 utf-8 형식으로 설정하면 글씨가 깨지는 것을 방지할 수 있다. □

문자열은 그 자체로 활용도가 높지만, 필요에 따라 문자열의 길이를 구하거나 포함된 공백의 제거, 대소문자 대체, 부분 문자열 채취, 문자열 대체 등 다양한 함수를 통해 문자열을 변환할 수 있다. 그와 관련된 다양한 함수들에 대하여 알아보자. 문자열과 관련된 함수 목록은 [표 2.2]와 같다.

[표 2.2] 문자열 관련 함수

함수 이름	기 능
trim()	문자열의 양쪽 끝의 공백 제거
strlen()	문자열의 길이 반환
strcmp()	문자열의 비교
strtolower()	소문자로 대체
strtoupper()	대문자로 대체

ucword()	첫글자를 대문자로 대체
substr()	부분 문자열 찾기
str_replace()	문자열 대체하기
str_word_count()	문자열 내의 단어 수
strrev()	역순의 문자열 (hello→olleh)
strpos()	문자열 안에서 특정 텍스트를 찾아 위치 반환

trim() 함수는 문자열 양쪽 끝에 존재하는 공백을 제거한다. 함수의 원형은 다음과 같다.

trim (string$str [, string$character_mask = " ₩t₩n₩r₩0₩x0B"]) : string

strlen() 함수는 문자열의 길이를 반환한다. 함수의 원형은 다음과 같다.

strlen (string $string) : int

strcmp() 함수는 두 개의 문자열 str1과 str2를 비교한다. 비교 결과 str1의 아스키코드가 더 크면 양수를 반환하고, str2가 더 크면 음수를 반환하며, 두 문자열이 같으면 0을 반환한다. 이 함수는 대소문자를 구별한다. 함수의 원형은 다음과 같다.

strcmp (string $str1, string $str2) : int

strtolower() 함수는 문자열을 소문자로 변환한다. 함수의 원형은 다음과 같다.

strtolower (string $string) : string

strtoupper() 함수는 문자열을 대문자로 변환한다. 함수의 원형은 다음과 같다.

strtoupper (string $string) : string

ucwords() 함수는 문자열의 첫 글자만 대문자로 변환한다. 함수의 원형은 다음과 같다.

```
ucwords ( string $str [, string $delimiters = " ₩t₩r₩n₩f₩v" ] ) : string
```

substr() 함수는 문자열의 일부를 반환한다. 두 번째 매개변수인 start는 문자열의 첨자를 의미하며(시작은 0), 세 번째 매개변수인 length는 추출할 문자열의 길이이다. 함수의 원형은 다음과 같다.

```
substr ( string $string, int $start [, int $length ] ) : string
```

str_replace() 함수는 문자열을 찾아 특정 문자열로 대체한다. 함수의 원형은 다음과 같다. 첫 번째 매개변수를 찾을 문자열이고, 두 번째 매개변수는 대체할 문자열이다. 마지막 문자열은 찾을 대상이 되는 문자열이다. 함수의 원형은 다음과 같다.

```
str_replace ( mixed $search, mixed $replace, mixed $subject [, int &$count ] ) :
mixed
```

str_word_count() 함수는 문자열 내의 단어에 대한 정보를 반환하여 출력한다. 매개변수로는 문자열을 사용하며, 매개변수 format이 0인 경우 찾은 단어의 수를, 1인 경우 문자열 내에서 찾은 단어를 모두 포함한 배열을, 2인 경우는 연관 배열을 반환한다. 함수 원형은 다음과 같다.

```
str_word_count ( string $string , int $format = 0 , string|null $characters = null )
: array|int
```

strrev() 함수는 역순의 문자열을 반환한다.

```
strrev ( string $string ) : string
```

strpos() 함수는 문자열($haystack) 안에서 부분 문자열($needle)이 처음으로 나타나는 위치를 찾아 반환한다. 문자열의 위치인 인덱스는 0부터 시작한다.

```
strpos ( string $haystack , string $needle , int $offset = 0 ) : int|false
```

문자열 함수들의 기능을 [예제 2.3]을 통해 배워보자.

[예제 2.3] 문자열 함수

```
<?php
  $str = "   abcd efghij   ";
  print "str의 길이 : ". strlen($str)."<br>";
  $str_trim = trim($str);
  print "str_trim의 길이 : ". strlen($str_trim)."<br>";
  if ("Hello" == "hello")
          print "Hello, hello : 두 문자열이 같습니다. <br>";
  else
          print "Hello, hello : 두 문자열이 같지 않습니다. <br>";

  if (strcmp("Hello", "hello")==0)
          print "Hello, hello : 두 문자열이 같습니다. <br>";
  else
          print "Hello, hello : 두 문자열이 같지 않습니다. <br>";

  print "strtolower PHP : ".strtolower("PHP")."<br>";
  print "strtoupper php : ".strtoupper("php")."<br>";
  print "uc words hello world : ".ucwords("hello world")."<br>";
  print "substr (abcdefg, 2, 2) : ".substr("abcdefg", 2, 2)."<br>";
  print "str_replace bc, BC, abcd : ".str_replace("bc", "BC", "abcd")."<br>";
  print "str_word_count(str) : ".str_word_count($str)."<br>";
  print "strrev (olleh) : ".strrev("olleh")."<br>";
  print "strpos(Hello world!, world) : ".strpos("Hello world!", "world")
?>
```

[실행 결과]

```
← → C ⓘ localhost/exam/02/str_func.php

str의 길이 : 15
str_trim의 길이 : 11
Hello, hello : 두 문자열이 같지 않습니다.
Hello, hello : 두 문자열이 같지 않습니다.
strtolower PHP : php
strtoupper php : PHP
uc words hello world : Hello World
substr (abcdefg, 2, 2) : cd
str_replace bc, BC, abcd : aBCd
str_word_count(str) : 2
strrev (olleh) : hello
strpos(Hello world!, world) : 6
```

예제설명 trim() 함수의 결과로 문자열 $str의 양쪽 끝에 존재하는 공백을 제거하였다. 공백을 제거한 후, strlen()으로 길이를 확인할 수 있다. 문자열 비교를 위해 '==' 을 사용하여 비교하면, 대소문자에 따라 다른 결과가 출력되며, strcmp() 함수로 비교하여 값이 0이 아니면 두 문자열은 다른 문자열로 판단된다. substr() 함수의 매개변수는 첨자 2부터 2개의 문자라는 의미로 해석해야 한다. str_replace() 함수는 문자열 "abcd" 에서 "bc" 를 찾아 "BC" 로 대체하라는 의미이다. "abcd efg" 의 str_word_count()의 결과는 2로 나타나 단어 수를 출력하였고, strrev("hello")의 결과는 olleh로 출력되며, Hello world!내에서 world 단어를 찾아 위치를 반환하는 strpos()의 결과는 6으로 출력된다. 6의 의미는 문자열의 첫글자 'H' 의 위치를 0으로 시작했을 때 world의 w가 시작되는 위치가 6이라는 의미이다. □

2.3 상수

프로그램에는 여러 종류의 식별자(identifier)가 있다. 변하는 값을 저장하는 변수, 변하지 않는 값을 저장하는 상수(constant)가 대표적인 식별자이며, 함수 이름, 배열 이름, 객체 이름 등이 모두 식별자이다.

변수는 프로그램 수행 도중에 필요한 값을 저장하는 목적으로 사용한다. 변수의 중요한 특징 중 하나는 처음에 가진 값이 중간에 바뀔 수 있다는 것이다. 즉, 변수 $score의 값은 필요에 따라 90에서 100으로 바뀔 수 있다. 그래서 변수라고 한다. 이에 비해, 상수는 변하지 않는 하나의 값만을 갖는다. 프로그램 도중 바뀌지 않는 전체 학생 수, 데이터베이스 연결에 필요한 서버 이름, 암호 등은 상수로 설정하여 사용할 수 있다.

사용자의 필요에 따라 만들어 사용하는 상수는 변수와 마찬가지 규칙을 적용하여 이름을 만들어 사용한다. 첫 글자는 영문이나 _로 시작할 수 있고, 두 번째 글자부터는 영문자나 숫자, _를 사용할 수 있다. 상수 이름은 대소문자를 구별하지만, 통상적으로 상수는 대문자를 사용하여 표기한다.

PHP에서 상수는 define() 함수나 const 키워드를 사용하여 정의할 수 있다. 좀 더 일반적으로 사용하는 방법은 define() 함수를 사용하는 것이다. 상수는 다음과 같은 점에서 변수와 다르다.

· 상수는 '$' 기호를 사용하지 않는다.
· 변수의 범위와 다르게 상수는 어디에서나 정의되고 접근될 수 있다.
· 상수는 재정의할 수 없다. 상수 값을 재정의하여 바꾸려 하면 오류 메시지를 만나게 된다.

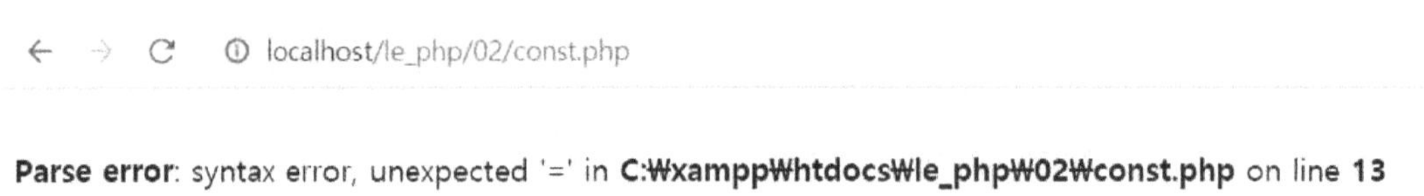

[그림 2.1] 상수 값 재정의(변경)로 인한 오류 메시지

define() 함수의 원형은 다음과 같다. $name은 상수의 이름이고, $value는 상수 값이다.

---

define (string $name, mixed $value [, bool $case_insensitive = false]) : bool

---

다음 [예제 2.4]에서 상수의 사용 예를 살펴보자.

[예제 2.4] 상수 정의

```
<?php
  define('YEAR', 2021);  // 상수 선언
  define ('GREETING', "HoHo");

  print "YEAR=".YEAR."<br>";  // 상수 출력
  print "GREETING=".GREETING."<br>";

  $var=98;
  print "var=".$var."<br>";
  $var=56; // 변수는 값을 바꿀 수 있다.
  print "var=".$var."<br>";

  // YEAR=2022; 상수는 값을 바꿀 수 없다.
  // print "YEAR=".YEAR."<br>";
?>
```

[실행 결과]

localhost/exam/02/const.php

```
YEAR=2021
GREETING=HoHo
var=98
var=56
```

예제설명 define() 함수를 이용하여 두 개의 상수를 정의하였다. 상수 이름에는 '$' 기호가 없다. 출력할 때도 상수 이름을 사용하면 값을 출력할 수 있다. 상수 NUM 값 100에 따옴표가 없는 것은 정수이기 때문이며, 문자열인 경우는 따옴표를 사용한다. 값으로서 100과 '100'은 다르다. 상수와 다르게 변수는 100에서 200으로 바뀌어도 정상적인 결과가 출력된다. 상수는 값을 바꾸려 시도하면 오류가 발생한다. □

2.4 초전역변수

프로그램에서 사용되는 변수는 몇 가지 종류로 분류된다. 가장 기본적인 분류는 변수를 접근가능한 범위(scope)에 따라 지역(local) 변수와 전역(global) 변수로 분류하는 것이다. 정적(static) 성질을 가진 변수도 별도로 분류가능하다. 지역 변수, 전역 변수, 정적 변수는 함수를 다루는 장에서 다시 다룰 예정이다. 여기서는 PHP가 독특하게 지원하는 초전역(superglobals) 변수에 대해 다뤄보자.

초전역 변수는 PHP에 의해 사전에 정의된 변수로, 전역 변수보다도 더 넓은 접근 범위를 갖는다. 초전역 변수는 PHP의 모든 스크립트에서(이름이 다른 모든 스크립트) 접근가능한 변수이다.

초전역 변수의 종류와 기능은 [표 2.3]과 같다.

[표 2.3] 초전역 변수의 종류와 기능

종류	기능
$GLOBALS	전역 변수 정보를 저장하는 초전역 변수
$_SERVER	헤더, 경로, 스크립트 위치에 대하나 정보 저장
$_REQUEST	HTML 폼이 제출된 후 데이터 수집에 사용
$_POST	post 메소드로 제출된 폼의 정보 저장
$_GET	get 메소드로 제출된 폼의 정보 저장
$_FILES	파일에 대한 정보 저장
$_ENV	환경에 대한 정보 저장
$_COOKIE	쿠키에 대한 정보 저장
$_SESSION	세션에 대한 정보 저장

초전역 변수 $_SERVER의 몇 가지 값을 접근하는 예제를 만들어보자.

[예제 2.5] 초전역 변수 $_SERVER

```
<?php
  echo "PHP_SELF : ".$_SERVER['PHP_SELF']."<br>";
```

```
    echo "DOCUMENT_ROOT : ".$_SERVER['DOCUMENT_ROOT']."<br>";
    echo "SERVER_NAME : ".$_SERVER['SERVER_NAME']."<br>";
    echo "REMOTE_ADDR : ".$_SERVER['REMOTE_ADDR']."<br>";
?>
```

[실행 결과]

localhost/exam/02/server_var.php

PHP_SELF : /exam/02/server_var.php
DOCUMENT_ROOT : C:/xampp/htdocs
SERVER_NAME : localhost
REMOTE_ADDR : ::1

예제설명 초전역 변수 $_SERVER를 이용하여 현재 실행되는 스크립트의 이름(PHP_SELF)과 홈 디렉토리의 경로(DOCUMENT_ROOT), 서버 이름(SERVER_NAME), 서버의 주소(SERVER_ADDR)를 출력해보았다. $_SERVER는 연관 배열이므로 [ ]안에 따옴표를 사용하여 각 값을 접근하였다. □

Checklists

변수의 기능

변수 이름 명명 규칙

할당 연산자

var_dump()

데이터 타입의 종류와 특징

NaN의 의미

문자열 함수의 종류와 기능

상수와 변수의 차이점

상수 정의 방법

초전역 변수의 종류와 기능

3장

연산자

3장. 연산자

변수와 변수가 가진 값은 연산자에 의해 변형될 수 있다. 더하거나 비교하거나 연결하는 과정을 통해 변수의 값은 사용자의 요구에 따라 변화한다. 2장에서 다룬 변수와 다양한 타입을 활용할 수 있는 방법으로 3장에서는 연산자에 대해 다루고자 한다. 연산자는 변수에 할당된 값으로부터 사용자가 원하는 다양한 결과를 얻어내는 방법이다.

PHP에서 연산자는 산술, 할당, 비트, 비교, 논리, 문자열, 배열, 타입 연산자 등으로 분류된다.

3.1 산술(arithmetic) 연산자

+, -, *, / 와 같은 기본적인 사칙 연산과 나머지, 지수 연산 등을 포함한다. [표 3.1]은 산술 연산자의 종류와 기능이다.

[표 3.1] 산술 연산자

Example	Name	Result
+$a	Identity	Conversion of *$a* to int or float as appropriate.
-$a	Negation	Opposite of *$a*.
$a + $b	Addition	Sum of *$a* and *$b*.
$a - $b	Subtraction	Difference of *$a* and *$b*.
$a * $b	Multiplication	Product of *$a* and *$b*.
$a / $b	Division	Quotient of *$a* and *$b*.
$a % $b	Modulo	Remainder of *$a* divided by *$b*.
$a ** $b	Exponentiation	Result of raising *$a* to the *$b*'th power.

연산에 필요한 데이터를 폼에서 전달받아 산술 연산을 하는 [예제 3.1]을 보자. [예제 3.1]을 실행하는 방법은 두 개의 코드(op1.html, op1.php)를 입력한 후, op1.html을 실행하여 두 개의 피연산자를 입력하고 계산 버튼을 누르면 된다.

[예제 3.1] 산술 연산 (op1.html)

```
<!doctype html>
<html>
<head>
  <title> 연산자 연습 </title>
 </head>

 <body>
 <form method="post" action="op.php">
 피연산자1 : <input type="text" name="op1" size="10">
 피연산자2 : <input type="text" name="op2" size="10">
 <input type="submit" value="계산">
 <input type="reset" value="취소">
 </form>
 </body>
 </html>
```

[예제 3.1] 산술 연산 (op1.php)

```
<?php
  $op1 = $_POST['op1']; // 데이터 받기
  $op2 = $_POST['op2'];
  print "op1 = $op1, op2 = $op2 <br>";
  print "type of op1 : ".gettype($op1)."<br>";  // 타입 확인하기

  settype ($op1, "integer");  // 타입 설정하기
  settype ($op2, "integer");
  print "type of op1 : ".gettype($op1)."<br>";

  $result = -$op1;
  print "-op1 : $result <br>";

  $result = $op1+$op2;
```

```
  print "op1 + op2 = ".$result."<br>";
  $result = $op1-$op2;
  print "op1 - op2 = ".$result."<br>";
  $result = $op1*$op2;
  print "op1 * op2 = ".$result."<br>";
  $result = $op1/$op2;
  print "op1 / op2 = ".$result."<br>";
  $result = $op1%$op2;
  print "op1 % op2 = ".$result."<br>";
  $result=2**5;
  print "2**5 = ".$result."<br>";
?>
```

[실행 결과]

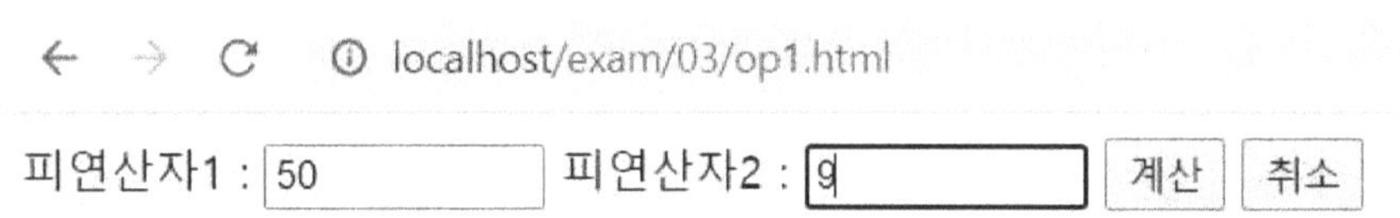

```
op1 = 50, op2 = 9
type of op1 : string
type of op1 : integer
-op1 : -50
op1 + op2 = 59
op1 - op2 = 41
op1 * op2 = 450
op1 / op2 = 5.5555555555556
op1 % op2 = 5
2**5 = 32
```

예제설명 op1.html로부터 두 개의 데이터 op1, op2를 전달받아 산술 연산을 수행한 결과이다. 폼에 대한 사항은 별도로 다룰 예정이나, op1.html에서 두 개의 정수를 입력하고 “계산” 버튼을 누르면 op.php가 실행된다. 입력 요소에서 입력된 50과 9는 정수로 보여지지만, gettype() 함수로 타입을 확인해보면 문자열로 확인된다. 정확한 산술 연산을 위해 settype()을 사용하여 두 피연산자를 정수로 변환한 후 연산을 수행하였다. PHP는 다른 언어와 다르게 나눗셈에 참여하는 두 개의 피연산자가 정수여도 결과는 실수가 된다. % 연산자는 나머지를 구하는 연산자이다. 마지막으로 ** 연산은 지수 연산으로 2^5의 결과가 출력된다. □

3.2 할당(assignment) 연산자

할당 연산자는 변수에 값을 할당하는 연산자로, '=' 기호를 사용한다. 수학에서 사용되는 '=' 는 'equal' 의 의미를 갖지만 프로그래밍 언어에서 '=' 는 오른쪽의 값을 왼쪽으로 '할당(assign)' 하는 의미를 갖는다. 할당문의 예는 다음과 같다.

```
$var = 10; // 10을 $var에 할당한다.
```

할당 연산자의 변형으로 복합할당연산자가 있나. 이는 기존의 다른 연산과 할당 연산을 복합시킨 것이다. 예를 들어, $var의 현재 값에 3을 더해서 다시 $var에 할당하는 경우에 다음과 같은 문장을 작성할 수 있다.

```
$var = 10;
$var += 3;    // $var = $var + 3;
```

다른 복합할당연산자로 +=, -=, *=, /= %= 등이 있다.

3.3 비트(bitwise) 연산자

비트 연산자는 정수 값의 각 비트에 대한 조작과 평가를 허용한다. 총 6개의 연산자를 지원하는데 비트 AND, 비트 OR, 비트 XOR, 1의 보수(not), 왼쪽 쉬프트와 오른쪽 쉬프트 연산을 허용한다. [표 3.2]는 비트 연산자의 종류와 기능이다.

[표 3.2] 비트 연산자

Example	Name	Result
$a & $b	And	Bits that are set in both *$a* and *$b* are set.
$a | $b	Or (inclusive or)	Bits that are set in either *$a* or *$b* are set.
$a ^ $b	Xor (exclusive or)	Bits that are set in *$a* or *$b* but not both are set.
~ $a	Not	Bits that are set in *$a* are not set, and vice versa.
$a << $b	Shift left	Shift the bits of *$a* *$b* steps to the left (each step means "multiply by two")
$a >> $b	Shift right	Shift the bits of *$a* *$b* steps to the right (each step means "divide by two")

비트 연산의 예제를 살펴보자.

[예제 3.2] 비트 연산자

```
<?php
  $op1=20;  $op2=2;
  $result=$op1&$op2;
  print  "20&2=".$result."<br>";

  $result=$op1|$op2;
  print  "20|2=".$result."<br>";

  $result=$op1^$op2;
  print  "20^2=".$result."<br>";

  $result=~$op1;
  print  "~20=".$result."<br>";

  $result=$op1<<$op2;
  print  "20<<2=".$result."<br>";

  $result=$op1>>$op2;
  print  "20>>2=".$result."<br>";
?>
```

[실행 결과]

```
localhost/exam/03/bitop.php

20&2=0
20|2=22
20^2=22
~20=-21
20<<2=80
20>>2=5
```

예제설명 예제에서는 두 정수 20과 2의 비트 연산을 다루었다. 정수 20을 8비트 2진수로 표현하면 0001 0100이고, 정수 2는 0000 0010이다. 비트 AND는 두 정수의 각 비트에 AND 연산을 적용한 것이다. AND는 두 비트 모두 1일 때 1이 된다. 따라서 20&2의 결과 비트열은 0000 0000이 되어, 0이 된다. 비트 OR도 동일한 방법으로 각 비트에 대해 OR 연산을 실행한다. 비트 XOR도 동일한 방법으로 연산을 실행하되, XOR는 두 개의 비트가 다를 때 1이 된다. ~ 연산은 각 비트의 0과 1을 반대로 바꾸는 연산으로, ~20의 비트열은 1110 1011이 되고 이를 2의 보수로 읽으면 -21이 된다. 쉬프트는 비트열의 비트를 오른쪽이나 왼쪽으로 이동하는 연산으로, <<은 왼쪽, >>은 오른쪽으로 이동하는 연산이다. 20<<2의 의미는 정수 20의 비트열은 왼쪽으로 2번(2비트) 이동하라는 의미이다. 따라서 비트열은 0101 0000이 되고, 10진 정수로 변환하면 80이 된다. 20>>2의 의미는 반대로 오른쪽으로 2번 이동하라는 의미이다. [표 3.2]의 설명에 보면, 왼쪽 쉬프트는 "multiply"(곱셈)으로, 오른쪽 쉬프트는 "divide"(나눗셈)으로 설명하고 있다. 쉬프트에 의해 수의 크기에 영향을 주는 값은 비트열의 1이다. 즉, 원래 비트열의 1이 왼쪽 쉬프트에 의해 한 번 왼쪽으로 쉬프트하면 그 값은 원래의 값에 곱하기 2가 되고, 오른쪽으로 쉬프트하면 그 값은 나누기 2의 결과를 갖게 된다. 2진수 변환이나 보수(complement)의 개념에 대하여 익숙하지 않다면 별도의 학습이 필요하다. □

3.4 비교(comparison) 연산자

비교 연산자는 두 개의 값을 비교하여 크고 작음 등을 판단하여 참/거짓으로 평가한다. PHP에는 다른 언어와 다르게 두 개의 값이 동일함을 비교하기 위한 연산자가 두 개 있다. '==' 은 단순히 값만 비교하여 같음을 판단하는 반면, '===' 는 값과 타입까지 비교하여 판단한다. '==' 의 부정은 '!=' 이고, '===' 의 부정은 '!==' 이다. 이 외에 <, >, <=, >= 등의 비교 연산자가 있다. 비교 연산의 결과는 참 또는 거짓이다. <=> 연산자는 PHP7에서 새로 도입된 연산자로, 비교하는 두 개의 값이 같으면 0, 다르면 1 또는 -1의 결과가 나오는데, 비교하는 첫 번째 값이 크면 1, 그렇지 않으면 -1의 결과를 갖는다.

[예제 3.3] 비교 연산의 결과

```
<?php
  $var = 5;
  print "5와 비교 ".($var == 5)."<br>";
  var_dump($var==5);
  print "<br>3과 비교 ".($var == 3)."<br>";
  var_dump($var==3);
?>
```

[실행 결과]

← → C ⓘ localhost/exam/03/comp.php

5와 비교 1
bool(true)
3과 비교
bool(false)

예제설명 예제에서는 $var에 5를 할당한 뒤, $var을 5와 같은지 비교한 결과를 출력하였다. 두 개의 값이 같은지 비교할 때 '==' 연산자를 사용하였다. 이 때 print 문을 사용하여 출력하면 결과가 1이 나오는데 이것은 참으로 해석되고, var_dump()를 사용하면 true라는 값을 확인할 수 있다. 5를 3과 비교해보면 print문의 결과에 아무것도 출력되지 않는다. 이는 거짓이기 때문이고, var_dump()로 출력하면 false를 확인할 수 있다. □

다음 [표 3.3]에 비교 연산자 목록이 나타나 있다. 비교 연산자에 대한 좀 더 자세한 결과는 [예제 3.4]에서 볼 수 있다.

[표 3.3] 비교 연산자

Example	Name	Result
$a == $b	Equal	**true** if *$a* is equal to *$b* after type juggling.
$a === $b	Identical	**true** if *$a* is equal to *$b*, and they are of the same type.
$a != $b	Not equal	**true** if *$a* is not equal to *$b* after type juggling.
$a <> $b	Not equal	**true** if *$a* is not equal to *$b* after type juggling.
$a !== $b	Not identical	**true** if *$a* is not equal to *$b*, or they are not of the same type.
$a < $b	Less than	**true** if *$a* is strictly less than *$b*.
$a > $b	Greater than	**true** if *$a* is strictly greater than *$b*.
$a <= $b	Less than or equal to	**true** if *$a* is less than or equal to *$b*.
$a >= $b	Greater than or equal to	**true** if *$a* is greater than or equal to *$b*.
$a <=> $b	Spaceship	An int less than, equal to, or greater than zero when *$a* is less than, equal to, or greater than *$b*, respectively.

[예제 3.4] 비교 연산자

```
<?php
  $op1=3; $op2="3"; $op3=3; $op4="abc";
  print "op1=$op1, op2=₩"$op2₩", op3=$op3, op4=₩"$op4₩" <br>";
  if ($op1 == $op2)
    print '$op1 == $op2 <br>';
  else
    print '$op1 != $op2 <br>';

  if ($op1 === $op2)
   print '$op1 === $op2 <br>';
  else
    print '$op1 !== $op2 <br>';
```

```
  if ($op1 === $op3)
   print '$op1 === $op3 <br>';
  else
    print '$op1 !== $op3 <br>';

  if ($op1 <> $op4)
        print '$op1 <> $op4 <br>';
  else
    print '$op1 == $op4 <br>';
?>
```

[실행 결과]

← → C ⓘ localhost/exam/03/op_compa.php

```
op1=3, op2="3", op3=3, op4="abc"
$op1 == $op2
$op1 !== $op2
$op1 === $op3
$op1 <> $op4
```

예제설명 정수 3과 문자열 "3"은 '==' 연산자로 비교하면 참이 나오지만, '===' 로 비교하면 거짓이 나온다. 값은 동일하지만 타입이 다르기 때문이다. '<>' 연산자는 같지 않음을 표현하는 연산자이다. else 다음의 print 문이 실행된다는 것은 if ()안의 조건이 거짓이라는 의미이다. □

PHP7에서 새로 도입된 <=> (spaceship) 연산자의 결과를 살펴보자.

```
<?php
  $x = 1;  $y = 3;
  echo ($x <=> $y); // -1 반환, 첫 번째 값이 작을 때
  echo "<br>";

  $x = 3;  $y = 3;
```

```
    echo ($x <=> $y); // 0 반환, 두 값이 같을 때
    echo "<br>";

    $x = 3;  $y = 1;
    echo ($x <=> $y); // +1 반환, 첫 번째 값이 클 때
?>
```

3.5 증감 연산자

산술 연산자를 사용하면 변수의 값에 다른 값을 더하거나 뺄 수 있다. 더하거나 빼는 연산 중 증감(increment/decrement) 연산은 변수의 현재 값에 1을 더하고 빼는 특별한 연산을 의미한다. 어떤 변수 $var에 1을 더하기 위한 산술식은 $var = $var + 1; 이다. 증가 연산자를 사용하면 이 식을 $var++;로 간단하게 사용할 수 있어 편리하다. 감소 연산자 —는 변수에서 1을 빼는 연산으로 $var—로 표현할 수 있다. 다만 증감 연산자는 사용되는 위치에 따라 값이 달라질 수 있다. 변수 이름 앞에 사용하는 prefix와 변수 이름 뒤에 사용하는 postfix에 따라 값은 차이가 날 수 있다. [표 3.4]에 증감 연산자의 목록이 나타나 있다.

++$a처럼 prefix로 변수 이름 앞에 사용하면, 변수의 값을 먼저 증가시키고 변수 값을 리턴한다. $a++처럼 postfix로 사용하게 되면, 일단 현재의 변수값을 먼저 반환한 후 변수 값을 증가시킨다. 감소 연산자 —도 의미는 동일하다. [예제 3.5]를 보자.

[표 3.4] 증감 연산자

Increment/decrement Operators

Example	Name	Effect
++$a	Pre-increment	Increments *$a* by one, then returns *$a*.
$a++	Post-increment	Returns *$a*, then increments *$a* by one.
--$a	Pre-decrement	Decrements *$a* by one, then returns *$a*.
$a--	Post-decrement	Returns *$a*, then decrements *$a* by one.

[예제 3.5] 증감 연산자

```
<?php
  $op1=45;
  print "<h3> op1 = $op1 </h3>";
  print "++op1 : ".++$op1."<br>";
  print "op1++ : ".$op1++."<br>";
  print "op1 : $op1 <br>";
  print "--op1 : ".--$op1."<br>";
  print "op1-- : ".$op1--."<br>";
  print "op1 : $op1 <br>";
?>
```

[실행 결과]

← → C ⓘ localhost/exam/03/incre.php

op1 = 10

++op1 : 11
op1++ : 11
op1 : 12
--op1 : 11
op1-- : 11
op1 : 10

예제설명 변수 op1에 10이 할당된 상태에서 prefix 연산을 실행하면 먼저 증가한 후 값을 반환하므로 11이 된다. postfix 연산을 실행하게 되면 현재 값 11을 반환하고 증가되므로 주의해야 한다. decrement —도 같은 방식으로 작동한다. □

3.6 논리(logical) 연산자

논리 연산자는 두 변수나 식에 대하여 and와 or, xor 연산 등을 수행한다. [표 3.5]에 논리 연산자의 목록이 나타나 있다.

[표 3.5] 논리 연산자

Logical Operators		
Example	**Name**	**Result**
$a and $b	And	**TRUE** if both *$a* and *$b* are **TRUE**.
$a or $b	Or	**TRUE** if either *$a* or *$b* is **TRUE**.
$a xor $b	Xor	**TRUE** if either *$a* or *$b* is **TRUE**, but not both.
! $a	Not	**TRUE** if *$a* is not **TRUE**.
$a && $b	And	**TRUE** if both *$a* and *$b* are **TRUE**.
$a || $b	Or	**TRUE** if either *$a* or *$b* is **TRUE**.

and 연산자는 두 변수가 모두 참이 되는 경우에만 참이 된다. or 연산자는 두 조건 중 하나만 참이 되면 참이 된다. xor(exclusive or) 연산자는 두 조건의 참/거짓이 서로 다른 경우에만 참이 된다. !(not)은 조건의 부정을 의미한다. 연산자 and는 && 로도 사용되면, or는 '||' 로도 사용된다. 변수의 값이 false, 0, '0', ""(공백 문자열) 등인 경우는 거짓으로 평가된다. 논리 연산들의 진리치표가 [표 3.6]에 나타나 있다.

[표 3.6] 논리 연산의 진리치표 (Truth table)

A	B	A AND B	A OR B	A XOR B	!A
F	F	F	F	F	T
F	T	F	T	T	T
T	F	F	T	T	F
T	T	T	T	F	F

[예제 3.6] 논리 연산자

```
<?php
  $op1=3; $op2=0;
  print "<h3> op1=$op1, op2=$op2 </h3>";
```

```
    $result = ($op1 and $op2);
    settype ($result, "boolean");
    print "(print) op1 and op2 : ".$result."<br>";

    print "op1 and op2 : ";
    var_dump($result);
    print "<br>";

    $result = ($op1 and $op2);
    var_dump($result);
    print "<br>";

    $result = $op1 and $op2;
    var_dump($result);
    print "<br>";
?>
```

[실행 결과]

← → C ⓘ localhost/exam/03/op_comp2.php

op1=3, op2=0

(print) op1 and op2 :
op1 and op2 : bool(false)
bool(false)
int(3)

예제설명 True, False가 아닌 숫자 3과 0으로 논리 연산을 실행하였다. 이 때 숫자 3은 0이 아니므로 참으로 간주되고, 숫자 0은 거짓으로 간주된다. 따라서 and 연산의 결과는 거짓이고, or 연산의 결과는 참이다. 논리 값을 출력할 때 print 문을 사용한 경우와 var_dump()를 사용한 경우의 결과가 다르다는 점과 논리 연산 작성 시 ()의 유무에 따라 결과가 달라짐에 유의하자. □

3.7 문자열 연산자

문자열은 php에서 매우 유용하고 다양하게 사용되는 타입이다. 문자열로 수행할 수 있는 연산에는 할당과 연결이 있다. 할당은 '=' 을 사용하여, $str = "hello" ; 와 같이 사용하면 되고, 연결은 '.' 연산자를 사용하여 두 개의 문자열을 연결(concatenation)할 수 있다. 할당과 연결 연산자의 예는 [예제 3.7]에서 살펴보기로 하자.

[예제 3.7] 문자열 연산자

```
<?php
  $str1 = "abc";
  print "<h3> str1 = $str1 </h3>";
  $str1 .= " def";  // $str = $str." def";
  print "str1 = $str1 <br>";
  $str1 = "apple "."mango "."grape ";
  print "str1 = $str1";
?>
```

[실행 결과]

예제설명 $str1에 문자열 "abc" 할당한 후, 문자열 "def"와의 연결 연산을 하였다. '.=' 연산자는 연결 후 다시 할당하는 연산자이다. □

Checklists

· 산술 연산자의 종류와 기능
· 할당 연산자의 종류와 기능
· 비트 연산자의 종류와 기능
· 비교 연산자의 종류와 기능
· 증감 연산자의 종류와 기능
· 논리 연산자의 종류와 기능
· 문자열 연산자의 종류와 기능

4장

조건문과 반복문

4장. 조건문과 반복문

프로그램의 문장들은 위에서 아래로 순차적으로 실행되는 것이 일반적이다. 하지만 조건에 따라 실행할 문장이 다르거나, 특정 문장들을 여러 번 반복 실행해야 하는 경우도 생긴다. 예를 들어, 성별에 따라 다른 문자열을 출력해야 한다면 조건에 따라 다른 문장을 실행해야 하고, 1부터 10까지 합을 구한다면 합을 누적하고 다음 수로 증가하는 문장들을 반복해야 한다. 프로그램에서 조건에 의한 분기가 일어나거나 반복이 발생하게 되면 문장들의 실행 순서는 더 이상 순차적이지 않다. 이렇게 문장들의 실행 순서를 바꿀 수 있는 명령문을 제어문이라 한다. 일반적으로 제어문에는 조건문(if-else)문과 반복문(for, while, do-while, foreach)이 포함된다. 이 장에서는 조건문과 반복문에 대해서 다루기로 한다.

4.1 조건문 (conditional statement)

조건문은 조건을 평가하여 다른 문장을 실행한다. 예를 들어, 성별에 따라 다른 문장(출력문)을 실행한다고 가정하자. 그렇다면 성별을 평가한 후 명령문은 두 가지 중 한 가지를 선택해서 실행해야 한다.

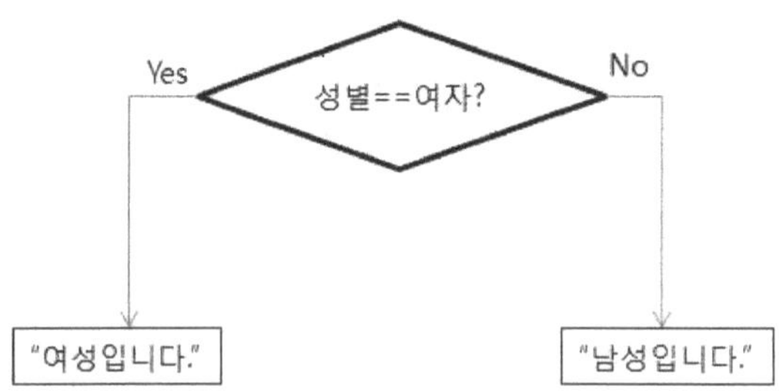

[그림 4.1] 성별을 판단하는 flow chart

[그림 4.1]에서는 성별을 판별하여 각각 다른 문장을 수행하는 과정을 보여주고 있다. 프로그램에서 성별은 특정 변수에 저장되어 있을 것이며, 그 변수의 값을 여자와 비교한 후 실행할 문장으로 분기한다. 분기문에서는 조건을 참/거짓으로 평가하여 실행할 문장을 선택하게 되므로, 참/거짓에 해당되는 값과, 비교 연산자와 같이 결과가 참/거짓으로 나오는 식에 대한 이해가 필요하다.

본격적으로 조건문을 설명하기에 앞서 참, 거짓으로 평가되는 다양한 값들에 대해 알아보자. 3장에서 boolean 타입을 다룰 때 false로 판별되는 값들에 대해 언급한 적이 있는데, 일반적으로 숫자 0, 0.0, 문자열 “”, ‘’, 논리값 false, 기타 null 등은 거짓(false)으로 평가됨을 다시 한번 기억하기 바란다. 거짓이 아닌 값은 참으로 평가된다.

4.1.1 단일 분기와 이중 분기 : if와 if-else

조건문은 조건식을 필요로 한다. 조건식이 몇 가지 경우의 수를 표현할 수 있는지에 따라 이중 분기, 다중 분기 등으로 분류된다. 예를 들어, 변수에 어떤 값이 저장되어 있을 때, 1) 그 수가 양수인지만 판별하는 경우와, 2) 양수 또는 음수인지를 판별하는 경우와, 3) 4로 나누었을 때 나머지가 얼마인지(0, 1, 2, 3)를 평가하는 경우는 분기되는 경우의 수가 다르다.

조건문의 가장 간단한 형태는 if문과 if-else문이다. if만 사용한 경우에는 하나의 조건을 판별할 수 있는데, () 안의 조건식을 판단하여 참이면 바로 다음 문장을 실행하고, 거짓이면 아래 문장으로 내려간다. if 문의 문법은 다음과 같다.

```
if (조건식)     // if ($x>0)
   s1;        //    print "양수입니다."
s2;           // print $x;
```

즉, 조건식이 참이면 문장 s1을 실행한 후 s2를 실행하고, 거짓이면 s2만 실행한다. 여기서 s1 문상의 코딩 위치가 안쪽으로 조금 들어가 있는데, 이런 코딩 형식을 들여쓰기(indentation)이라 한다. 들여쓰기가 필요한 경우는 새로운 블록이 시작되는 경우인데, 대부분의 편집기에서는 자동으로 작동한다. 들여쓰기는 프로그램의 가독성을 높은 좋은 방법이므로 코딩시에 신경쓰기 바란다.

if () 만을 사용한 경우에 문장 s2는 조건식이 참이거나 거짓인 경우 모두 실행된다. 조건식이 참인 경우와 거짓인 경우에 실행할 문장을 명확히 구별하고 싶다면 if-else 문을 사용한다. if-else문의 문법은 다음과 같다.

```
if (조건식)
  s1;
else
  s2;
s3;
```

if ()의 조건식이 참인 경우, s1과 s3, 거짓인 경우에는 s2와 s3를 실행함으로써 s1과 s2를 명확하게 구분하여 실행할 수 있다. 키워드 else의 의미는 (조건식)의 부정을 의미한다. 예를 들어, if ($x>0) 이었다면, else 키워드에 의해 만족되는 조건은 ($x<=0)이 된다. 만약에 조건이 참이거나 거짓일 때 실행할 문장의 수가 두 문장 이상(block)이면 { }를 사용하여 아래 형식과 같이 범위를 표현한다. 블록이 시작되면 편집기 프로그램은 자동적으로 들여쓰기를 한다.

```
if (조건) {
  s1;
  s2;
} // 참일 때 실행할 문장들
else {
  s3;
  s4;
} // 거짓일 때 실행할 문장들
```

[예제 4.1]을 통해 참, 거짓 값과 if-else문의 작동 방법을 알아보자.

[예제 4.1] 참, 거짓

```
<?php
  $x=1;  $y=0.0; $str1=""; $str2="0";
  $result = $x + 3;

  print "<h3> x=$x, y=$y, str1=$str1, str2=$str2 </h3>";
```

```
    if ($x) print "x는 true <br>";
    else print "x는 false <br>";

    if ($y) print "y는 true <br>";
    else print "y는 false <br>";

    if ($str1) print "str1는 true <br>";
    else print "str1는 false <br>";

    if ($str2) print "str2는 true <br>";
    else print "str2는 false <br>";

    if ($result) print "result는 true <br>";
    else print "result는 false <br>";

    if ($res) print "res는 true <br>"; // 값이 없는 변수
    else print "res는 false <br>";
?>
```

[실행 결과]

localhost/exam/04/bool.php

x=1, y=0, str1=, str2=0

x는 true
y는 false
str1는 false
str2는 false
result는 true

Notice: Undefined variable: res in **C:₩xampp₩htdocs₩exam₩04₩bool.php** on line **22**
res는 false

예제설명 여러 개의 변수에 적절한 값들을 할당한 후, if() 문으로 참, 거짓을 판단하였다. 중요한 점은 if() 문은 괄호 안의 조건식을 참 또는 거짓으로 평가해야

한다는 점이다. if ($x)의 경우, 괄호 안의 변수 값이 참으로 판단되면 다음 문장을 실행하고, 거짓이면 else 다음 문장을 실행한다. 변수 $x의 경우, 할당된 1이라는 값이 참으로 평가되는 값이기 때문에 "x는 true" 라는 문장이 실행되고, 다른 문장들 역시 조건식의 값에 따라 참, 거짓을 판단하여 적절한 문장이 실행된다. PHP7에서 달라진 점은 $res와 같이 사전에 값이 저장되지 않은 변수를 접근하면 거짓으로 평가하지 않고 오류 메시지를 출력한다. □

4.1.2 중첩된 조건문 : if-elseif

if ()문을 사용하면 양수만 걸러내는 것과 같이 한 가지 경우에 대해 분기되는 문장을 구현할 수 있고, if-else를 사용하면 양수/음수, 또는 남자/여자와 같이 두 가지 경우에 대해 분기되는 프로그램을 구현할 수 있다. 하지만 실생활에는 두 가지 이상 여러 가지로 분기되어야 하는 예가 많이 존재한다. 예를 들어, 학년(1~4), 계절(봄, 여름, 가을, 겨울), 월(1~12)의 구별과 같이 여러 개의 경우로 분기되어야 한다면 if-else 만으로는 구현이 어렵다.

```
if (조건식)
   s1;
else
   s2;
s3;
```

위의 if-else의 경우, if()에 의해 평가된 조건이 참인지, 거짓인지에 따라 실행할 문장이 분기하기 때문에 성별과 같은 두 가지 경우의 분기를 구현할 수 있다. 하지만, 4개의 계절을 구별해야 하는 경우, if ($season== "봄")이라고 표현했다면 이 조건이 참인 경우는 봄이고, 거짓인 경우는 나머지 세 개의 계절이 모두 해당된다. 따라서 여름을 분리해내려면 봄이 아닌 계절 중 여름을 평가해야 한다. 가을은 봄, 여름이 아닌 계절 중 분리해야 하고, 봄 ~ 가을이 모두 분리되었다면 남은 계절은 당연히 겨울이 될 것이다. 이런 경우를 다중 분기라 하는데, 다중 분기를 구현하기 위해 PHP에서는 if-else if 또는 if-elseif를 지원한다. 공백없이 사용된 elsief 키워드는 다른 언어에서는 보기 어려운ㅇ PHP 만의 키워드이며, else if와 elseif는 기능이 같다. 일단 중첩된 if-else if로 구현해보면 다음과 같다.

```
if ($season == "봄") // 변수 $season 값이 "봄"이라면
  print "봄 <br>";
else if ($season == "여름") // 봄이 아닌 계절 중 "여름"
  print "여름 <br>";
else if ($season == "가을") // 봄, 여름이 아닌 계절 중 "가을"
  print "가을 <br>";
else // 나머지 계절은 "겨울"
  print "겨울 <br>";
```

위의 예제와 같이 2개 이상의 경우를 걸러내는 분기문을 다중 분기문이라 한다. 폼에서 데이터를 입력받아 학년과 성별을 판단하는 [예제 4.2]를 통해 다중 분기문을 배워보자.

[예제 4.2] 다중 분기분 (else.html)

```
<!doctype html>
<html>
<head> <title> if-elseif </title> </head>
<body>
  <form method="post" action="else.php">
  학년 : <input type="text" name="grade" size="8">
  성별 : <input type="radio" name="gender" value="male"> 남성
         <input type="radio" name="gender" value="female"> 여성
   <input type="submit" value="제출" name="submit">
   <input type="reset" value="취소" name="reset">
  </form>
</body>
</html>
```

[예제 4.2] 다중 분기문(else.php)

```
<?php
$grade = $_POST['grade'];
$gender = $_POST['gender'];

if ($grade == 1)
  print "1학년입니다. <br>";
elseif ($grade == 2)
  print "2학년입니다. <br>";
elseif ($grade == 3)
  print "3학년 입니다. <br>";
elseif ($grade == 4)
  print "4학년입니다. <br>";
else print "유효하지 않은 학년입니다. "."<br>";

if ($gender == "male")
  print "남성입니다. <br>";
else
  print "여성입니다. <br>";
?>
```

[실행 결과]

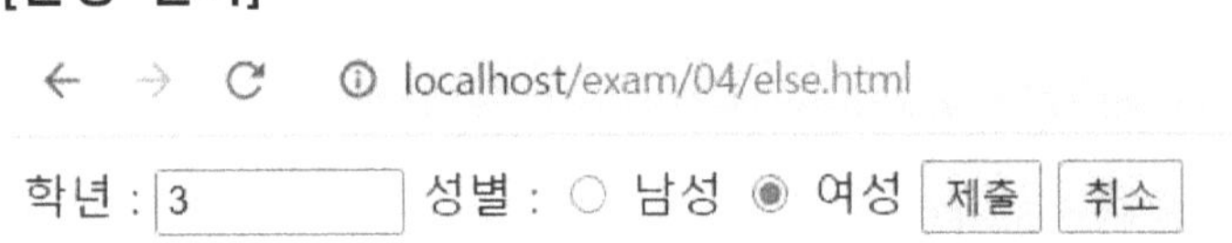

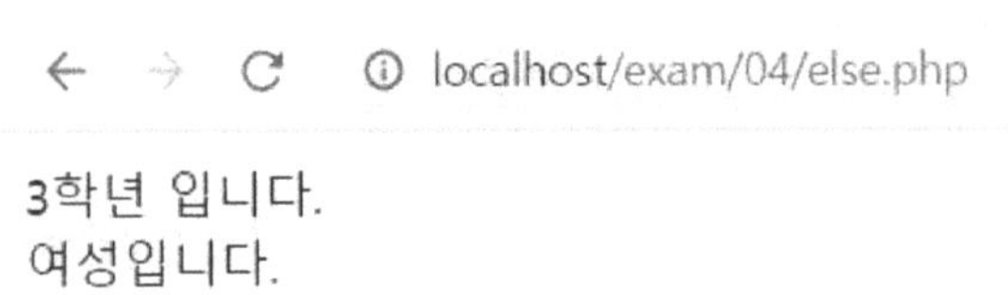

예제설명 예제는 폼을 구현한 *.html과 *.php로 구현되어 있다. *.html를 구현한 후 브라우저에서 실행하고, 폼에서 학년 입력 후 제출 버튼을 누르면 *.php가 실행되어 결과가 나온다. 학년에서 유효한 값은 1~4이나 사용자가 그 이외의 값을 입력

할 수도 있어서 else 절을 하나 더 만들었다. 5나 8과 같이 1~4가 아닌 값을 입력한다면 에러 메시지가 출력될 것이다. 성별은 라디오 버튼으로 입력되어 판별한다. □

위의 예에서 조금 생각해볼 부분이 있다. 아래 두 개의 else 절은 어떻게 다를까?

```
if ($gender == "male") ...
   1) else print "여성입니다.";
   2) elseif ($gender=="female") print "여성입니다.";
```

1)에서 else의 의미는 if() 조건인 $gender 변수의 값이 "male" 이 아니면 된다는 의미이다. 어떤 문자열이 "spring", "happy" 와 같이 "male" 이 아니기만 하면 참이 된다. 하지만, 2)에서 elseif()의 의미는 $gender 변수의 값이 "male" 아니되, 다른 문자열은 안되고 "female" 을 만족할 때만 참이 된다. if의 조건식이나 else 문을 작성할 때는 정확히 걸러야 할 조건이 걸러지도록 조건식을 작성하도록 유의해야 힌다.

4.1.3 다중 분기 : switch-case문

다중 분기를 if-elseif로 구현했을 때는은 여러 단계로 중첩된 if-elseif들이 나타나 코드가 복잡해지고, 여러 단계의 조건을 한 번에 확인하기가 쉽지 않다는 문제점이 있다. 이러한 문제점을 해결하기 위해 switch-case문을 사용할 수 있다. switch-case는 다중 분기를 구현하는데 적합하며, 코드를 보다 이해하기 쉽게 작성할 수 있다.

swtich—case의 문법은 다음과 같다.

```
switch(분기식) {
   case 값1 : 문장들; break;
   case 값2 : 문장들; break;
   ...
   case 값n : 문장들; break;
   default : 문장들;
}
```

예를 들어, 변수 $season에 "봄" ~ "겨울" 중 하나의 값이 들어있다면 아래와 같이 구현하면 된다. default 구문은 case에 해당되지 않는 모든 조건들에 대해 실행되며, default 문을 실행한 다음에는 switch 블록을 탈출한다. 주의할 점은 case 옆에 값을 기술할 때, 숫자인지 문자열인지에 따라 따옴표 등이 필요할 때가 있는데 이를 구별하여 작성해야 한다. 각 case문의 끝에는 break;문이 있는데, 조건에 맞는 case 문장을 실행하고, switch 블록을 탈출하기 위해 break문을 기술한다. break문에 대해서는 4.3절에서 자세히 설명한다.

PHP의 switch()문이 다른 언어들과 다른 점은 switch()의 괄호 안에서 사용할 수 있는 타입의 종류이다. C를 비롯한 많은 언어에서는 괄호 안의 수식은 정수형으로만 제한되나, PHP에서는 정수, 실수, 문자열 타입을 허용한다. 아래에서 $season의 타입을 말한다.

```
switch($season) {
  case "봄" : print "봄"; break;
  case "여름" : print "여름"; break;
  case "가을" : print "가을"; break;
  case "겨울" : print "겨울"; break;
  default : print "잘못된 값입니다";
}
```

[예제 4.2]를 switch-case로 구현해보면 [예제 4.3]과 같다. 구별해야 할 값이 학년과 계절이므로, 두 개의 switch-case문을 사용하였다. 실행 결과는 [예제 4.2]와 같다.

[예제 4.3] switch-case

```
<?php
$grade = $_POST['grade'];
$gender = $_POST['gender'];

switch($grade) {
  case 1 : print "1학년입니다. <br>"; break;
```

```
    case 2 : print "2학년입니다. <br>"; break;
    case 3 : print "3학년 입니다. <br>"; break;
    case 4 : print "4학년입니다. <br>"; break;
    default : print "유효하지 않은 학년입니다. "."<br>";
  }

  switch($gender) {
    case "male" : print "남성입니다. <br>";
    case "female" : print "여성입니다. <br>";
    // default 문은 생략 가능
  }
  ?>
```

4.2 반복문 (loops)

조건문에서도 언급한 바와 같이 프로그램의 문장들을 위에서 아래로 한 번씩 수행되는 것이 기본이다. 하지만 경우에 따라서는 하나의 문장을 여러 번 반복해서 실행해야 하는 경우가 있다. 반복문은 iteration이라는 용어로 사용하기도 하지만, loop라는 용어를 많이 사용한다. loop는 ring과 동일한 의미로 시작점과 끝점이 같은 원(circle)의 의미와도 같다. 프로그램의 일정 부분(블록)을 반복하여 실행한다는 의미이다. 이 절에서는 반복문을 어떻게 사용하는지에 대해 학습한다.

반복문의 필요성을 다음의 예로 살펴보자. 먼저, 화면에 이름을 한 번 출력하려면 다음과 같이 하면 된다.

```
print "hello <br>";
```

그렇다면 5번 출력하려면 어떻게 해야 하는가? 지금까지의 지식으로는 print 문을 5번 사용하면 된다.

```
print "hello <br>";
print "hello <br>";
print "hello <br>";
```

```
print "hello <br>";
print "hello <br>";
```

여기까지는 그런대로 해볼만 하지만, "hello" 를 100번 출력하려면 어떻게 해야 하는가? 물론, 하나의 문자열을 100번 출력하는 일은 프로그램에서 그리 흔하지 않다. 하지만 여기서 설명하려는 것은 지금까지의 알고 있는 방법으로는 문장(들)을 여러 번 반복하는 것이 쉽지 않다는 것이다. 이런 문제점을 해결하기 위해 프로그래밍 언어에는 반복문이 존재한다.

일반적으로 많이 사용되는 반복문으로는 for, while, do-while이 있고, PHP에서는 독특하게 foreach()와 같은 배열에 최적화된 반복문이 존재한다. 일단 기본적인 반복문 세 가지를 배워보고, 배열 부분에서 foreach() 반복문을 다루도록 한다. 다른 언어에서 세 가지 반복문을 이미 배운 학생들은 이 부분을 넘어가도 좋다. PHP의 for, while, do-while 반복문은 C나 C++의 반복문과 동일하다.

4.2.1 for 반복문

for() 반복문에 들어가기에 앞서, 먼저 반복문의 원리를 이해해보자. 반복문은 어떤 문장을 반복하기 위해 사용된다. 그럼, 반복은 어떻게 해야 하는가? 예를 들어, "hello" 를 5번 출력하고 싶다고 가정하자. 5번의 출력 결과에 대해 어떤 변수 $i의 값을 다음과 같이 유지하면 어떨까?

```
hello // $i=1
hello // $i=2
hello // $i=3
hello // $i=4
hello // $i=5
```

변수 $i의 값이 5까지 변화하면 더 이상 출력을 반복하지 않고 반복을 중단한다. 변수 $i의 값을 자세히 분석해보면 1부터 시작해서 1씩 증가하기 때문에 5가 되었다면 5번 반복을 확신할 수 있다. 만약 1부터 시작해서 2씩 증가한다면 1, 3, 5, 7, 9가 될 테니, 9가 되면 5번 수행된 것을 확신할 수 있다.

for() 반복문에서는 반복 횟수를 제어하기 위해서 특별한 변수인 "제어 변수 (control variable)" 를 사용한다. 위의 예에서 $i가 바로 제어 변수이다. 반복문의 반복 횟수를 제어하기 위하여 제어 변수는 다음 3가지 식이 필요하다.

① 변수의 **초기식 (init counter)**
② 한 번 수행한 후 변수의 **증분식 (increment counter)**
③ 언제까지 반복할 것인지를 결정하는 **한계식 (test counter)**

for()문은 제어 변수를 가장 잘 활용하는 반복문이다. 위 예처럼 출력을 5번 반복하고 싶다면 다음과 같이 하면 된다.

```
for ($i=1; $i<=5; $i++) {  // $i는 제어 변수
    print "hello <br>";
}
```

위의 for()문을 자세히 살펴보자.
① $i=1; 인 상태에서 $i<=5를 평가한다.
② 1<=5이기(참) 때문에 hello를 출력한다.
③ $i++; $i는 1 증가되어 2가 된다.
④ 2<=5이기(참) 때문에 hello를 출력한다.
⑤ $i++; $i는 1 증가되어 3이 된다.
⑥ 3<=5이기(참) 때문에 hello를 출력한다.
⑦ $i++; $i는 1 증가되어 4가 된다.
⑧ 4<-5이기(참) 때문에 hello를 출력한다.
⑨ $i++; $i는 1 증가되어 5가 된다.
⑩ 5<=5이기(참) 때문에 hello를 출력한다.
⑪ $i++; $i는 1 증가되어 6이 된다.
⑫ 6<=5은 거짓이고, 더 이상 반복하지 않고 for()문이 종료된다.

그렇다면 다음의 for() 문들에 의해 출력되는 hello는 몇 번인가?

```
for ($i=1; $i<=9; $i+=2) {  // $i는 1, 3, 5, 7, 9
```

```
  print "hello <br>";  // 5번
}

for ($i=5; $i>=1; $i--) {  // $i는 5, 4, 3, 2, 1
  print "hello <br>";  // 5번
}
```

이런 원리를 적용한다면 5번 수행되는 for()문은 수도 없이 많이 만들 수 있다. 여기서 중요한 부분은 for()문의 반복 횟수를 제어하는 제어 변수의 초기값, 한계값, 증분을 이해하는 것이다. for 반복문은 문법은 다음과 같다.

```
for (제어변수의 초기식; 한계식; 증분식) {
   // 반복할 문장
}
```

for()문에서 전형적으로 사용되는 1~10까지 합을 구하는 문제를 생각해보자. 변수 $sum에 1부터 10까지의 합을 저장할 수 있는 한 가지 방법은 다음과 같다.

```
$sum = 1+2+3+4+5+6+7+8+9+10;
```

위 문장은 몇 가지 이유에서 좋은 문장이 아니다. 만약 이 문제를 1부터 100까지의 합을 구하는 문제로 확장하려면 어떻게 해야 하는가? 1+2+3+ ... +100까지를 타이핑하는 것만으로도 프로그램을 포기하고 싶어질 것이다. 변수를 활용한 다음 문장들을 생각해보자.

```
$x=1, $sum=0;
$sum = $sum+$x; // 1
$x++; // 2
$sum = $sum+$x; // 2까지의 합, 3
$x++; // 3
$sum = $sum+$x; // 3까지의 합, 6
```

```
// $x가 9가 될 때까지 반복했다고 가정
...
$x++; // 10
$sum = $sum+$x; // 10까지의 합, 55
```

여기서 규칙적인 문장을 찾아내어 for() 반복문으로 바꾸어보면 다음과 같다.

```
for ($x=1; $x<=10; $x++) {
     $sum = $sum + $x;  // 또는 $sum += $x;
}
```

[예제 4.4]를 통하여 for 반복문의 예를 살펴보자.

[예제 4.4] for 반복문

```
<?php
  $sum=0; // 초기화 필요

  for ($x=1; $x<=10; $x++)
    $sum+=$x;

  print "1~10까지의 합은 ".$sum."<br>";
?>
```

[실행 결과]

← → C ⓘ localhost/exam/04/for.php

1~10까지의 합은 55

예제설명 프로그램의 첫 부분에서 변수 $sum을 0으로 초기화하였다. 변수는 초기화를 하지 않으면 쓰레기(garbage) 값을 갖게 되는데, 0이 아닌 값을 가진 변수에 1부터 더하면 10까지 더했을 때 정확한 값을 저장할 수 없기 때문이다. 합을 저장하는 변수의 초기값은 반드시 0이어야 한다. (식에서 =의 오른쪽에 나타나는 변수

(r-value)의 경우, 초기화가 필요하다.) □

for 반복문을 이용하여 소수(prime number)를 판별하는 프로그램을 작성해보자. 소수는 1과 자신 자신 외에는 나누어 떨어지지 않는 수이다. 예를 들어 3, 5, 7 등은 소수이고, 2, 4, 9 등은 소수가 아니다.

어떤 수($num)가 소수인지 판별하기 위해서는 그 수를 2부터 ($num-1)까지 나누어서 그 중에 나누어 떨어지는 수가 있으면 소수가 아닌 것으로 판별하면 된다. 나누어 떨어진다는 것은 나머지가 0이라는 의미이기 때문에 '%' 연산자를 사용하여 구현한다. 예를 들어 숫자 10이 소수인지 판별할 때 2나 5로 나누어지는데, 2로 나누어 떨어진다면 더 이상의 나눗셈을 실행하지 않아도 된다(break). 프로그램에서 $flag 변수를 두어 소수인지를 판별하도록 하였으며 불필요한 반복을 피하기 위해 break문을 사용하였다. break문에 대해서는 4.3절을 참고하기 바란다.

[예제 4.5] 소수 판별 입력 폼 (prime.html)

```
<!doctype html>
<html>
<head> <title> if-elseif </title> </head>
<body>
  <form method="post" action="prime.php">
   정수 : <input type="text" name="num" size="8">
   <input type="submit" value="제출" name="submit">
   <input type="reset" value="취소" name="reset">
  </form>
</body>
</html>
```

[예제 4.5] 소수 판별 프로그램 (prime.php)

```
<?php
  $num = $_POST['num'];
  $flag=0;
```

```
  if ($num == 1)
    print $num."은(는) 소수가 아닙니다. <br>";
  else if ($num == 2)
    print $num."은(는) 소수입니다. <br>";
  else if ($num >= 3) {
          for ($i=2; $i<$num; $i++) { // 2~($num-1)
                  if ($num % $i == 0) { // 나누어 떨어지면
                     $flag=1;
                     break; // 반복문을 탈출한다.
                  }
          }
          if ($flag == 1) // 나눗셈을 끝낸 후에 flag==1이면
                  print $num."은 소수가 아닙니다.<br>";
          else // $flag가 변하지 않았다면 나누어지는 수가 없다는 의미
                   print $num."은(는) 소수입니다.<br>";
  }
  print "<a href=₩"prime.html₩"> 다시하기 </a>";
?>
```

[실행 결과]

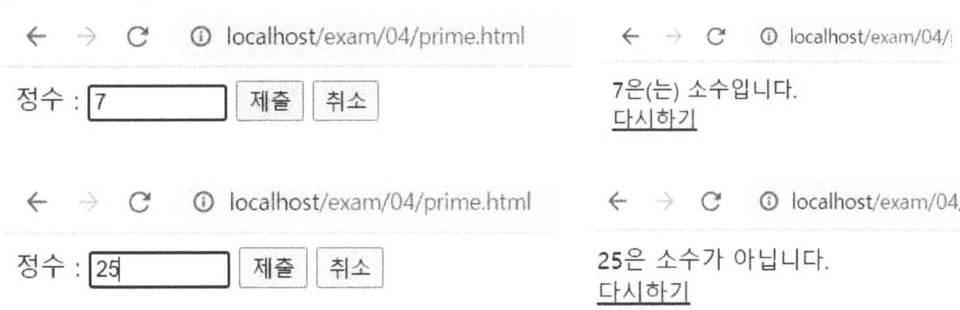

예제설명 소수를 판별할 숫자($num)는 폼으로부터 넘어온다. $num이 1과 2인 경우에 대해서는 if 문을 통해 적절한 문자열을 출력하고, 3 이상인 경우에 2부터 ($num-1)까지 나누어 나머지를 평가함으로써 소수인지를 판별하였다. $flag변수는 소수 여부를 판단하기 위해 사용한 변수이고, 나눗셈 중 나누어지는 수가 있으면 1

로 변한다. 입력을 반복하기 위해 *.html로 돌아가는 링크를 마지막에 만들었다. □

4.2.2 while 반복문

while 반복문도 제어변수를 사용한 for() 반복문과 원리는 동일하다. 다만, 제어변수의 세 가지 식의 위치에 주의해야 한다. 제어 변수의 초기값은 while() 반복문의 바깥에 위치한다. 그래야만 초기화가 한 번만 실행될 수 있다. while()의 괄호 안에 한계값을 판별하는 식이 위치하고, while() 반복문 내부에 증분식이 포함되어 있다. while문의 문법은 다음과 같다.

```
제어변수의 초기식;
 while (한계식) { // 한계식이 참이면 반복, 거짓이면 탈출
    // 반복할 문장
    제어변수의 증분식;
 }
```

while() 반복문의 작동 방식은 먼저 제어 변수의 초기화를 실행한 후, 그 초기값이 한계식을 만족하는지 평가한다. 초기식이 $x=1; 이고 한계식이 ($x>10)이었다면 조건이 거짓이기 때문에 while() 반복문 안으로 들어가지 못하고 반복문은 종료된다. 한계식이 ($x<10)이었다면 조건이 참이므로 while() 반복문 안으로 들어가 반복할 문장을 실행한 후, 증분식을 실행한다. 증분식을 실행한 후에는 다시 한계값을 평가하고, 한계식이 참이면 반복하고, 거짓이면 while() 반복문을 종료한다.

1부터 10까지의 합을 구하는 프로그램을 while 반복문으로 구현해보자.

[예제 4.6] while 반복문

```
<?php
  $sum=0;
  $x=1; // 제어변수의 초기화
  while ($x<=100) {  // 한계식
        $sum+=$x;
```

```
        $x++;  // 제어변수의 증분식
    }
    print "1~100까지의 합은 ".$sum."<br>";
?>
```

[실행 결과]

← → C ⓘ localhost/exam/04/while.php

1~100까지의 합은 5050

예제설명 for 반복문에서 반복문의 제어를 위해 사용했던 제어 변수의 세 개의 식이 while 문에서는 각각 따로 사용된 점에 주의하자. 제어 변수의 초기화 문장의 위치와 합을 구하는 문장의 위치, 제어 변수의 증분의 위치에 따라 값은 달라진다. □

초보 프로그래머가 반복문을 작성할 때 하기 쉬운 세 가지 실수의 유형에 대해 알아보자.

경우 1 **제어 변수의 초기화를 생략한 경우**

```
<?php
    $sum=0;
    // $x=1;
    print "x=".$x."<br>";
    while ($x<=10) {  // 한계식
        $sum+=$x;
        $x++;
    }
    print "1~10까지의 합은 ".$sum."<br>";
?>
```

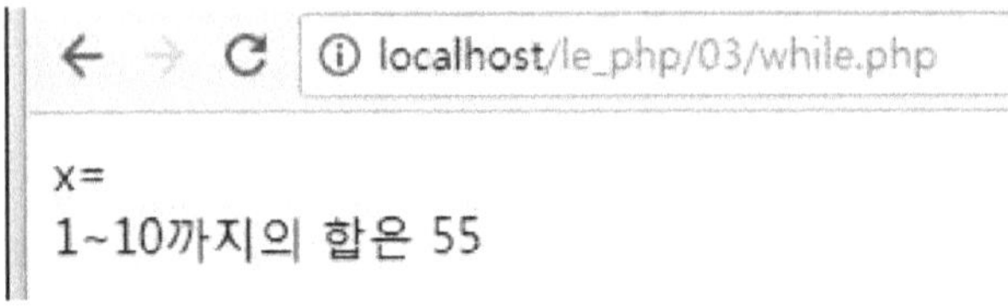

$x의 초기화 문장을 주석 처리한 후 프로그램을 실행해보면, 출력되는 $x의 값이 없다. 즉, 이 때 $x는 NULL값을 갖는다. 반복문의 결과는 55라고 출력되지만 이는 정확한 값이라 할 수 없다. 제어 변수의 초기화는 정확하게 반드시 기술해야 한다.

경우 2 **제어 변수의 증분식을 생략한 경우**

```
<?php
  $sum=0;
  $x=1;
  while ($x<=10) {   // 한계값
        $sum+=$x;
        // $x++;
  }
  print "1~10까지의 합은 ".$sum."<br>";
?>
```

이런 반복문은 매우 위험하다. 이 반복문의 원래 의도는 변수 $x가 1에서 시작하여 한 단계를 반복할 때마다 1씩 증가하여 10보다 커지면 반복문을 종료해야 하는데, 증분이 사라지면 $x는 변화할 수 없이 1을 계속 유지한다. 그렇게 되면 변수 $x는 10보다 커질 기회가 없기 때문에 반복문은 무한히 반복된다. 실행해보면 화면은 계속 정지 상태에서 시스템의 자원을 모두 사용할 때까지 무한히 반복되기 때문에 강제로 종료시켜야 한다. 제어 변수의 조작은 이렇게 매우 중요하다.

경우 3 **한계식 작성을 잘못한 경우**

```
<?php
  $sum=0;

  $x=1;
```

```
  while ($x>=10) {  // 조건식의 부등호 방향에 유의
          $sum+=$x;
          $x++;
  }
  print "1~10까지의 합은 ".$sum."<br>";
?>
```

부등호 방향을 반대로 바꾸자 결과는 0이 나왔다. 이유를 알 수 있겠는가? while 반복문은 ()의 조건이 참인 동안 반복하고 거짓이면 탈출하는데, $x가 1인 상태에서 10보다 크거나 같을 때 반복해야 하는데, 1은 10보다 크지 않기 때문에 아예 while 반복문 안으로 들어가지 않아 합을 구하는 문장은 한 번도 수행되지 않는다. 따라서 $sum은 초기값 그대로 0이 된다. 제어 변수를 어떻게 작성하느냐에 따라 while 반복문은 한 번도 수행되지 않을 수도 있고, 무한히 반복될 수도 있다. 정상적인 반복문은 유한 번 반복한 후에 종료되어야 한다.

4.2.3 do-while 반복문

do-while 반복문은 while 반복문과 유사하나 조건의 검사가 마지막에 이루어진다는 차이점이 있다. do-while 반복문은 다음과 같은 형식을 갖는다.

```
제어변수의 초기식;
 do {
    // 반복할 문장
    제어변수의 증분식;
 }  while(한계식);
```

do-while 문의 형식에서 알 수 있는 바와 같이, do-while 반복문의 반복 여부를

결정하는 제어 변수의 한계식이 반복문의 몸체 아래에 있다. 이로 인해 발생하는 현상은 한계식의 조건이 거짓이라 해도 일단 몸체를 실행한 후 반복 조건을 검증하므로 늘 적어도 한 번 이상은 반복되는 반복문이 만들어진다. while 반복문에서는 한계식을 어떻게 작성하느냐에 따라 한 번도 수행되지 않는 반복문이 만들어질 수 있는데, do-while은 그렇지 않다. 일단 1부터 1000까지 합을 구하는 do-while문은 다음 [예제 4.7]과 같다.

[예제 4.7] do-while 반복문

```
<?php
  $sum=0;
  $x=1;
  do {
        $sum+=$x;
        $x++;
  } while ($x<=1000); // 참인 동안 반복
  print "1~1000까지의 합은 ".$sum."<br>";
?>
```

[실행 결과]

← → C ⓘ localhost/exam/04/dowhile.php

1~1000까지의 합은 500500

예제설명 while 반복문과 유사하다. $sum 변수에 $x를 더하고, $x를 증가시키는 문장을 실행한 후 한계식을 평가한다. 한계식이 거짓이 되면 반복문을 종료한다. □

위 예제의 변형을 살펴보자. 아래와 같은 반복문이 실행된다면 $sum에는 어떤 값이 저장될까?

```
$x=1;
```

```
do {
        $x++;  // 증분이 먼저 위치
        $sum+=$x;
} while ($x<=10);
```

$x는 1로 초기화되었으나, 반복문 안에서 1이 다시 증가한 뒤 $sum에 더해진다. 따라서 $sum에는 2~10까지의 합이 저장될 것이다.

다음으로는 while() 반복문과 다르게 동작하는 do-while()의 예를 살펴보자.

[예제 4.8] 적어도 한 번은 수행되는 do-while 반복문

```
<?php
  $sum=0;
  $x=1;
  do {
        $sum+=$x;
        $x++;
  } while ($x>=10); // 부등호 방향이 반대이다.
  print "1~10까지의 합은 ".$sum."<br>";
?>
```

[실행 결과]

← → C ⓘ localhost/exam/04/do_while_err.php

1~10까지의 합은 1

예제설명 동일한 코드를 while 반복문으로 실행했다면 결과는 0이 나온다. 여기서는 1이 나오는데, 이유는 $x가 1인 상태에서 do-while 반복문을 일단 실행하고, $sum에 $x값을 누적한 후 마지막에서 조건이 거짓이 되어 반복문을 탈출하게 되므로, $sum에는 1이 저장되어 출력된다. □

지금까지 세 가지 반복문에 대하여 설명하였다. for() 반복문과 while() 반복문은 반복을 시작하기 전에 조건 검사를 한다. 이런 반복문을 선검사(pretest) 반복문이라 하며, do-while()과 같이 반복 후 조건을 검사하는 반복문을 후검사(posttest) 반복문이라 한다. 또한 for() 반복문은 반복 횟수에 근거하여 반복문을 제어하므로 카운터 방식의 반복문이라 하고, while()과 do-while()은 논리 조건에 의해 반복되므로 논리적 반복문이라 한다. for()와 while() 반복문은 조건에 따라 한 번도 실행되지 않을 수 있으므로 최소 0번 이상 실행되는 반복문이라 하고, do-while() 반복문은 적어도 1번 이상 수행되는 반복문이라 한다. PHP에서 지원하는 또 하나의 반복문인 foreach() 반복문은 배열을 배우면서 다루도록 한다.

4.3 break

조건문과 반복문을 실행하다보면 실행 도중에 반복을 종료하거나 특정 스텝을 건너뛰어야 하는 경우가 발생한다. 이를 위해 존재하는 두 가지 명령문이 break와 continue이다. break문은 실행중인 for, while, do-while, foreach, switch문의 실행을 종료하고 해당 블록을 탈출한다. 소수를 구하는 프로그램의 일부를 다시 살펴보자.

```
for ($i=2; $i<$num; $i++) { // 2~($num-1)
        if ($num % $i == 0) { // 나누어 떨어지면
          $flag=1;
          break; // for() 반복문을 탈출한다.
        }
}
```

for() 반복문이 종료되지 않더라도 if ()문의 조건을 만족하면 반복문을 종료하기 위해 break문을 사용하였다. 즉, 소수를 평가하기 위해 나눗셈을 수행하다가 하나라도 나누어 떨어지면 더 이상 반복하지 않고 소수가 아니라고 판별한다. switch()문의 각 case문 끝에 break문을 사용한 것도 동일한 원리이다. break가 잘못 사용된 swtich-case문의 예제를 살펴보자.

[예제 4.9] break가 잘못 사용된 switch-case

```
<?php
  $grade=2; // 2학년

  switch($grade) {
    case 1 : print "1학년 <br>";
    case 2 : print "2학년 <br>";
    case 3 : print "3학년 <br>"; break;
    case 4 : print "4학년 <br>";
  }
?>
```

[실행 결과]

← → C ⓘ localhost/exam/04/break_err.php

2학년
3학년

예제설명 예제의 의도는 변수 $grade에 저장된 숫자대로 학년을 출력하는 것이다. 현재 예제의 $grade에는 2가 저장되어 "2학년"을 출력해야 함에도 불구하고, 2학년과 3학년이 모두 출력되고 있다. 이 결과의 이유는 case 2의 문장 끝에 break가 없기 때문이다. switch-case문에 break에 없으면 break를 만날 때까지 계속 문장을 수행한다. $grade 변수 값을 3으로 바꾼다면 "3학년"만 출력될 것이다. □

4.4 continue

break문이 수행중인 반복문을 탈출하는 명령문이라면 continue문은 반복문의 특정 스텝을 건너뛰는 기능을 수행한다. 1부터 10 사이의 정수 중 3의 배수인 3, 6, 9를 건너뛰고 출력하는 프로그램을 작성해보자. 일단 1부터 10을 모두 출력하는 프로그램은 다음과 같다.

```
for ($i=1; $i<=10; $i++)
```

```
print $i;
```

이 중 3의 배수는 3으로 나누어 나머지가 0인 수, 즉, `$i%3 ==0`이 되는 경우이다.

```
for ($i=1; $i<=10; $i++) {
  if ($i%3 == 0) continue;  // 아래 print문장을 수행하지 않고 건너뛴다.
  else print $i;
}
```

[예제 4.10] continue

```
<?php
  for ($i=1; $i<=10; $i++) {
    if ($i%3==0) continue;
    else print "i=".$i."<br>";
  }
?>
```

[실행 결과]

localhost/exam/04/cont.php

i=1
i=2
i=4
i=5
i=7
i=8
i=10

3의 배수만 출력하고 싶다면 어떻게 해야 할까?

[예제 4.11] 3의 배수 출력하기

```
<?php
  for ($i=1; $i<=10; $i++) {
    if ($i%3 != 0) continue;   // 3으로 나누어지지 않으면 건너뛰기
    else print "i=".$i."<br>";
  }
?>
```

[실행 결과]

i=3
i=6
i=9

예제설명 변수 $i가 3으로 나누어 떨어지지 않으면 print 문장을 건너뛰게 continue문을 사용하였다. continue문 위치에 break문이 사용되었다면 결과는 3만 출력되었을 것이다. □

Checklists

· if와 if-else의 차이점
· 참, 거짓 값이 종류
· 중첩된 if-else의 사용법
· switch-case 사용법
· for() 사용법
· 반복문의 제어변수
· while() 사용법
· do-while() 사용법
· break문의 기능
· continue문의 기능

5장

배열 (Arrays)

5.1 배열의 기초
5.2 인덱스 배열
5.3 연관 배열
5.4 배열과 반복문
5.5 배열의 응용
5.6 다차원 배열
5.7 배열 연산자

5장. 배열

2장에서 다룬 변수는 프로그램에서 필요한 값을 저장하기 위하여 사용하였다. 변수의 값과 타입은 시점에 따라 변할 수 있으나, 특정 시점에 하나의 변수에는 하나의 값이 저장될 수 있다. 프로그램에서 필요로 하는 값을 저장할 수 있다는 점에서 배열은 변수와 유사하나, 배열에는 여러 개의 값을 동시에 저장할 수 있다는 점에서 변수와 다르다. 그래서 배열은 특별한 변수로 다뤄진다. 프로그램의 규모가 커지면 필요로 하는 데이터도 많아진다. 대량의 데이터를 효율적으로 저장하고 처리하는 방법이 없다면 프로그램의 규모를 키우는 것은 사실상 불가능하다. 이 장에서는 대량의 데이터를 저장하고 처리할 수 있는 배열에 대하여 다룬다.

5.1 배열의 기초

배열은 다수의 변수를 대체할 수 있는 "집단 데이터"이다. 즉, 하나의 배열에는 여러 개의 값을 저장할 수 있다는 의미이다. 하나의 이름에 여러 개의 값을 저장해야 하므로, 각 값들은 구별되어야 하는데, 이를 위해 첨자(index)나 키(key)를 사용한다.

배열의 필요성을 이야기하기 전에 먼저 변수를 사용하여 학생 5명의 점수를 저장하여 평균을 구하는 방법을 생각해보자.

```
// 할당
$s1=90;
$s2=87;
...
$s5=82;

// 출력
print $s1;
print $s2;
..
print $s5;
```

```
// 평균 계산
$ave = ($s1+$s2+$s3+$s4+$s5)/5;
```

이 과정을 학생 100명으로 확장한다고 가정하면 100개의 다른 이름을 가진 변수를 만들고 값을 일일이 할당해야 할 것이다. 이 과정에서 프로그래머는 변수 이름을 잘못 쓸 수도 있고, 유사한 기능의 문장을 반복적으로 사용하게 되어 코드는 불필요하게 길어지고 오류가 발생할 확률은 높아진다. 이 상태에서는 변수의 이름이 모두 달라서 반복문을 사용할 수도 없다. 따라서 100개의 성적과 같은 여러 개의 값들을 좀 더 쉽게 저장하고 처리하는 방법이 필요하다. 이것을 가능하게 하는 것이 바로 배열이다.

여러 개의 값들을 저장하는 배열도 변수와 같이 이름을 가지며, 여러 개의 값들을 구분하기 위해 첨자나 키를 사용한다. PHP에서는 배열을 만들 때 array() 생성자를 사용한다. 간단히게 5개의 성적을 저장하는 배열을 정의해보자. 생성자는 객체지향에서 클래스의 객체를 생성하는 방법이나, array()의 괄호 안에 저장하고 싶은 만큼의 값을 나열하면 배열이 생성된다고 생각하면 된다. 저장하려는 값이 정수 점수 5개이니, 다음과 같이 작성한다.

```
$scores = array(90, 87, 67, 73, 82);
```

여기서 $scores는 배열의 이름이고, 배열의 생성자 array()에 나열된 5개의 값이 한꺼번에 저장된다. C나 C++의 배열에 익숙하다면 첨자를 이용한 다음과 같은 방법으로도 배열을 생성할 수 있다.

```
$score[0]=90;
$score[1]=87;
```

문자열로 된 세 개의 이름을 저장하는 배열 $names를 정의하면 다음과 같다.

```
$names = array("kim", "lee", "park");
```

배열의 이름을 만들 때는 변수 이름 작명 규칙과 동일한 방법을 사용한다. 이름은 문자열이므로 “ ” 를 사용하여 생성한다.

다음으로 배열의 각 값을 접근하는 방법에 대하여 알아보자. 배열에 저장된 90, 87과 같은 값들을 “요소(element)” 라고 한다. 이 요소들은 첨자에 의해 구별되는데 첨자는 [ ] 안에 기술된다. 즉, 다음과 같다.

$scores[0] → 90
$scores[4] → 82
$names[2] → “park” ;

배열의 첫 번째 요소의 첨자는 0부터 시작하므로 n개의 값을 가진 배열의 첨자 범위는 0~(n-1)이다. 이를 그림으로 그려보면 [그림 5.1]과 같다.

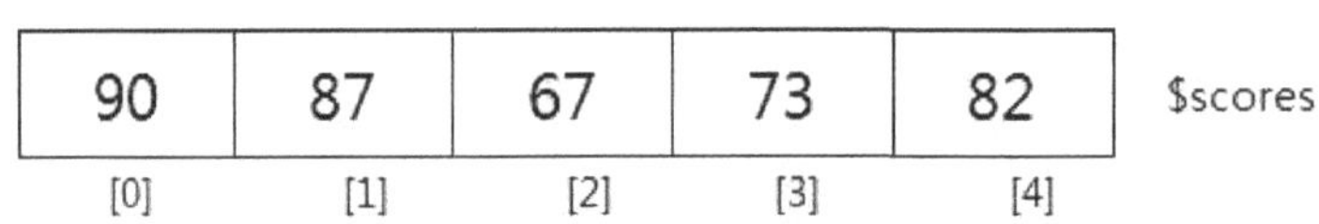

[그림 5.1] 배열의 요소와 첨자

용어	**요소와 첨자**

- 요소(element) : 배열에 저장된 하나 하나의 값
- 첨자(index, subscript) : 배열의 요소를 구별하기 위해 사용하는 정수. 0부터 시작하며 [ ]안에 기술한다.

5.2 인덱스 배열

PHP의 배열은 첨자의 유형에 따라 인덱스 배열과 연관 배열로 분류된다. 인덱스(indexed) 배열은 5.1절에서 배운 바와 같이 0부터 시작되는 “정수” 첨자를 사용하는 배열이고, 연관(associative) 배열은 첨자로 “문자열” 을 사용하는 배열이다. 배열은 첨자의 규칙성으로 인하여 반복문과 쉽게 연결된다는 점도 강력한 점 중 하나이다. 5개의 요소를 가진 배열을 반복문과 연계하여 다루는 예제를 살펴보자.

[예제 5.1] 인덱스 배열

```
<?php
  $scores=array(13, 39, 23, 85, 46);

  for($i=0; $i<5; $i++) { // for($i=0; $i<=4; $i++)
    print "arr[".$i."]=".$scores[$i]."<br>";
  }
?>
```

[실행 결과]

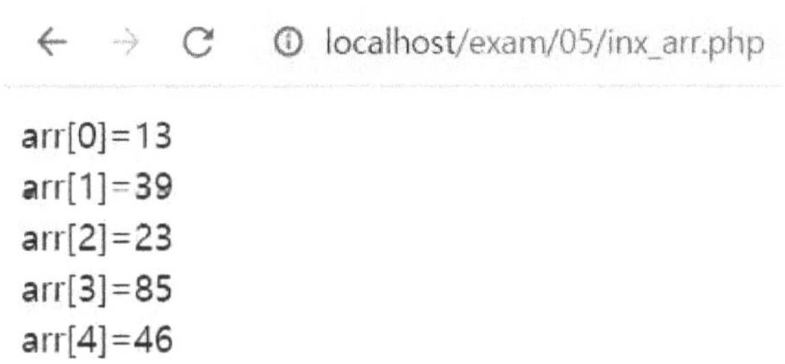

예제설명 5개의 점수를 저장하는 배열 $scores를 생성한 후 for() 반복문을 이용하여 각 요소를 출력하였다. 첨자의 범위가 0~4이므로 for() 반복문의 제어 변수를 0~4까지 변하도록 만들어 첨자로 사용하였다. □

5.3 연관 배열 (associative array)

배열의 첨자를 정수로 사용하는 인덱스 배열에 대하여 살펴보았는데, PHP에는 정수가 아닌 문자열을 첨자로 사용할 수 있는 배열도 있다. 이런 배열을 "연관(associative) 배열"이라고 한다. 하지만 모든 프로그래밍 언어가 연관 배열을 지원하지는 않는다. 첨자로 문자열을 사용하게 되면, 의미를 표현할 수 있어 유용하다.

예를 들어, 배열의 요소들을 정수 첨자가 아니라 "이름"과 "취미"로 사용하고 싶다고 가정하자. 배열 $person은 다음과 같이 정의될 수 있다.

```
$person = array("name"=>"kim", "hobby"=>"walk");
```

배열 $person에서 "name"의 값은 "kim"이고, "hobby"의 값은 "walk"이다. 이 때 "name"과 "hobby"를 "키(key)"라고 하고, "kim"과 "walk"을 값(value)이라 한다. 연관 배열에서 키와 값은 "=>" 기호에 의해 구별되며, 다른 요소와는 ','로 구분된다. 과일 이름과 색깔로 표현된 배열을 정의해보자.

```
$fruits = array("apple"=>"red", "grape"=>"purple", "corn"=>"yellow");
```

연관 배열에서 각 요소들은 어떻게 구분될까?

```
$fruits["apple"] : "red";
$fruits["grape"] : "purple";
```

위와 같이 연관 배열에서는 첨자로 문자열 키를 사용한다. 문자열 키를 사용하면 정수 첨자를 사용하는 것에 비해 요소의 의미를 표현할 수 있다.

용어	연관 배열, 키와 값

· 연관 배열(associative array) : 첨자로 문자열을 사용하는 배열. 키와 값을 따로 저장한다.
· 키 : 연관 배열에서 사용하는 문자열 형태의 첨자.
· 값 : 연관 배열의 각 키에 저장된 값

5.4 배열과 반복문 : foreach()

배열에는 여러 개의 값을 동시에 저장할 수 있기 때문에 여러 개의 요소를 가진 배열의 각 값을 출력하기 위해서는 출력문도 여러 번 수행되어야 한다. [예제 5.1]에서 보는 바와 같이 5번의 출력문은 for() 반복문 안에서 수행하였다. 배열을 다루는 명령문은 반복문과 연결될 때 효율적인데 이 절에서는 PHP에서 배열에 최적화되어 있는 foreach() 반복문의 사용법에 대하여 다룬다.

인덱스 배열의 경우에 특정 요소는 정수 첨자에 의해 접근된다. 배열의 첫 번째 요소의 첨자가 0이기 때문에, $scores 배열의 두 번째 요소는 $scores[1]로 접근가능하다. 인덱스 배열의 모든 요소를 접근하고 싶다면 첨자 0부터 순서적으로 접근하면 된다. $scores 배열의 경우, 첨자는 0부터 4까지 1씩 변화한다. 이 규칙을 for 반복문과 연결해보면 다음과 같은 문장이 만들어진다.

```
for ($i=0; $i<5; $i++) // $i는 0부터 4까지 변화
    print $scores[$i];      // $i 값에 따라 5개의 요소를 출력
```

PHP에서 배열에 최적화된 반복문으로 foreach() 문이 있다. foreach() 문의 문법은 다음과 같다. 배열의 이름(array_expression)과 각 요소를 저장할 변수 이름($value)를 설정하면 배열을 쉽게 접근할 수 있다. $value 변수의 이름은 프로그래머가 바꿀 수 있다. 여기서 as는 키워드이다.

```
foreach (array_expression as $value)
    statement;
```

for()와 foreach() 반복문으로 배열의 요소들을 출력하는 [예제 5.2]를 보자,

[예제 5.2] 인덱스 배열 요소의 접근

```
<?php
  $names=array("may", "june", "july");
  $scores=array(98, 78, 57, 76, 95);

  for ($i=0; $i<3; $i++)
          print $names[$i]." ";
  print "<br>";
  for ($i=0; $i<5; $i++)
          print $scores[$i]." ";
  print "<br>";

  foreach($names as $value) // $names 배열의 각 요소를 $value에 저장
     print $value." ";
```

```
  print "<br>";

  foreach($scores as $val) // $scores 배열의 각 요소를 $val에 저장
     print $val." ";
  print "<br>";
?>
```

[실행 결과]

← → C ⓘ localhost/exam/05/arr1.php

may june july
98 78 57 76 95
may june july
98 78 57 76 95

예제설명 인덱스 배열에서 각 요소들은 for 반복문이나 foreach 문에 의해 접근 가능하다. for 반복문을 사용하는 경우에는 첨자를 제어 변수로 사용하고, foreach 문에서는 각 값을 변수($value)로 분류하여 접근한다. foreach 문을 사용하면 배열 첨자의 범위를 몰라도 사용할 수 있다는 장점이 있다는 장점이 있다. □

위 예제에서 알 수 있는 바와 같이 for() 반복문으로 배열을 접근하기 위해서는 배열의 크기를 알아야 하는 불편함이 있다. 이것은 5.5절의 count() 함수를 이용하면 해결된다.

연관 배열을 foreach() 반복문에 적용하는 방법을 살펴보자. 연관 배열의 각 요소들은 키에 의해 구별된다. 연관 배열을 foreach()로 접근하는 방법은 아래 그림과 같다. 역시 배열의 이름(array expression), 키($key)와 값($value)를 저장할 변수 이름을 설정한 뒤, as 키워드와 '=>' 기호로 분리하여 사용한다. 키($key)와 값($value)의 이름은 프로그래머가 변경할 수 있다.

```
foreach (array_expression as $key => $value)
    statement;
```

연관 배열 요소들의 접근 방법을 알아보자.

[예제 5.3] 연관 배열 요소의 접근 : foreach()

```
<?php
  $person = array ("name"=>"Kim", "hobby"=>"walk", "tel"=>"123-1234");
  $fruits = array ("apple"=>"red", "grape"=>"purple", "corn"=>"yellow");

  foreach($person as $key=>$value) {
          print $key."=>".$value."<br>";
  }
  foreach($fruits as $k=>$v) {
          print $k."=>".$v."<br>";  // $key 대신 $k, $value 대신 $v 사용
  }
?>
```

[실행 결과]

← → C ⓘ localhost/exam/05/asso.php

```
name=>Kim
hobby=>walk
tel=>123-1234
apple=>red
grape=>purple
corn=>yellow
```

예제설명 연관 배열은 전형적으로 foreach() 반복문으로 접근할 수 있다. 연관 배열에는 키와 값이 따로 존재하므로 “=>” 기호를 사용하여 분리한다. 만약 출력할 때 값만 출력하고 싶다면, print $value; 와 같은 문장을 사용할 수 있다. □

5.5. 배열의 응용

PHP에서는 배열을 보다 편리하게 사용할 수 있는 많은 시스템 정의 함수들이 정의되어 있다. 이 중 유용한 몇 개의 함수를 소개하고자 한다. 배열과 관련된 함수 목록은 http://php.net/manual/es/function.count.php를 참고하기 바란다. 여기서는 자주 사용되는 몇 가지 함수들을 소개한다.

5.5.1 count(), sizeof()

count() 함수는 배열 요소의 수를 계산한다. sizeof()와 count() 함수는 동일하다.

```
count ( mixed $array_or_countable [, int $mode = COUNT_NORMAL ] ) : int
```

[예제 5.4] count() 함수

```
<?php
  $fruits = array ("apple"=>"red", "grape"=>"purple", "corn"=>"yellow");
  $scores=array(98, 78, 57, 76, 95);

  print "count of fruits : ".count($fruits)."<br>";
  print "count of scores : ".count($scores)."<br>";

  print "sizeof fruits : ".sizeof($fruits)."<br>";
  print "sizeof of scores : ".sizeof($scores)."<br>";

  for ($i=0; $i<count($scores); $i++)
          print $scores[$i]." ";
?>
```

[실행 결과]

← → C ⓘ localhost/exam/05/count.php

```
count of fruits : 3
count of scores : 5
sizeof fruits : 3
sizeof of scores : 5
98 78 57 76 95
```

예제설명 count() 함수는 배열의 요소의 수를 계산하여 반환한다. $fruits 배열에는 3개의 요소가, $scores 배열에는 5개의 요소가 저장되어 있다. count() 함수와 sizeof() 함수의 결과는 같으며, for()문에서 배열의 크기를 모르더라도 count() 함수를 사용하면 배열의 첨자 범위 안에서 안전하게 접근할 수 있다. □

5.5.2 array_push(), array_slice()

이미 만들어진 배열에 요소를 추가하는 방법과 배열을 쪼개는 방법을 알아보자. array_push()는 배열의 끝에 새로운 요소를 추가하는 함수이고, array_slice()는 배열의 일부분을 추출하는 방법을 제공한다.

```
array_push ( array &$array , mixed $value1 [, mixed $... ] ) : int
```

```
array_slice ( array $array , int $offset [, int $length = NULL [, bool $preserve_keys = false ]] ) : array
```

array_slice() 함수의 첫 번째 매개변수는 추출을 실행할 대상 배열의 이름이고, 두 번째 매개변수는 음수가 아닌 경우는 배열의 처음부터 얼마나 떨어져 있는지를 나타내는 offset이다. 즉, 추출을 시작할 배열의 첨자이다. 그리고 두 번째 매개변수가 음수로 주어지면 배열의 끝에서부터의 떨어진 위치를 나타내게 된다.

[예제 5.5] array_push(), array_slice()

```
<?php
  $arr = array(1, 3, 5);
  print "count of arr = ".count($arr)."<br>";
  array_push($arr, 9); // {1, 3, 5, 9}
  print "after push = ".count($arr)."<br>";

  for($i=0; $i<count($arr); $i++)
          print $arr[$i]." ";
  print "<br>";

  $slice = array_slice($arr, 2); // {5, 9}
  for($i=0; $i<count($slice); $i++)
          print $slice[$i]." ";
  print "<br>";

  $slice = array_slice($arr, -1);  // {9}
  for($i=0; $i<count($slice); $i++)
          print $slice[$i]." ";
?>
```

[실행 결과]

← → C ⓘ localhost/exam/05/push.php

```
count of arr = 3
after push = 4
1 3 5 9
5 9
9
```

예제설명 array_push() 함수는 기존 배열의 마지막에 요소를 추가한다. 추가한 후 배열 요소의 수를 알아보고자 count() 함수를 사용하였다. array_slice()는 두 번째 매개변수에 따라 배열 앞에서부터 추출되거나 끝에서 추출될 수 있다. □

5.5.3 array_key_exists(), in_array(), array_search()

배열에서 특정 요소나 키를 찾는 함수들을 소개한다. array_key_exists()는 배열 내에 주어진 키나 인덱스가 존재하는지 검사한다. in_array()는 배열에 특정 값이 존재하는지 검사하는 함수이다. array_search()는 주어진 값에 해당하는 요소를 찾아 반환한다.

```
array_key_exists (mixed $key , array $array) : bool
```

```
in_array (mixed $needle , array $haystack [, bool $strict = FALSE ]) : bool
```

```
array_search (mixed $needle , array $haystack [, bool $strict = false ]) : mixed
```

[예제 5.6] array_key_exists(), in_array(), array_search()

```
<?php
 $menu = array("카푸치노"=>6000,"허브티"=>5000,"레몬티"=>8000);

 print "### 메뉴 ### <br>";
 foreach($menu as $key=>$value)
   print $key." : ".$value."원. <br>";
 print "#############<br><br>";

 // 특정 키 확인
 print "카푸치노를 찾으시나요? : ";
 if (array_key_exists('카푸치노', $menu))
          print "카푸치노가 있습니다. <br>";

 // 특정 값 확인
  print "5000원 가격의 메뉴를 찾으시나요? : ";
 if (in_array(5000, $menu))
          print "허브티가 있습니다. <br>";
```

```
  // 특정 요소의 값 반환
  $result = array_search(6000, $menu);
  print "값이 6000원인 요소의 키 : ".$result."<br>"
?>
```

[실행 결과]

```
← → C  ⓘ localhost/exam/05/in_array.php

### 메뉴 ###
카푸치노 : 6000원.
허브티 : 5000원.
레몬티 : 8000원.
#############

카푸치노를 찾으시나요? : 카푸치노가 있습니다.
5000원 가격의 메뉴를 찾으시나요? : 허브티가 있습니다.
값이 6000원인 요소의 키 : 카푸치노
```

예제설명 array_key_exists() 함수와 in_array() 함수는 반환값이 부울 타입이어서 함수를 수행한 결과를 참 또는 거짓으로 돌려준다. 따라서 함수의 성공 여부를 판단하기 위해 if() 문을 사용하였고, 특정 키를 가진 요소를 찾기 위해 array_key_exists() 함수를, 특정 값을 가진 요소를 찾기 위해 in_array() 함수를 사용하였다. in_array() 함수는 특정 값을 가진 요소가 존재하는지만 알려주므로, 요소의 값을 찾기 위해서는 array_search() 함수를 사용한다. □

5.5.4 배열 요소의 수정과 삭제

배열에 이미 저장된 값을 수정할 때는 첨자나 키를 통하여 요소를 접근한 뒤, 값을 갱신하면 된다. 기존 값을 삭제할 때는 unset() 함수를 사용한다.

```
unset ( mixed $var [, mixed $... ] ) : void
```

[예제 5.7] 배열 요소의 수정과 삭제

```
<?php
 $menu = array("cappucino"=>6000, "herb_tea"=>5000, "smoothe"=>8000);

 print "### 원래 메뉴 ### <br>";
 foreach($menu as $key=>$value)
   print $key.":".$value."원. <br>";
 print "#############<br><br>";

 // 요소 수정
 $menu['smoothe']=7000;
 print "### 수정된 메뉴 ### <br>";
 foreach($menu as $key=>$value)
   print $key.":".$value."원. <br>";
 print "###############<br><br>";

 // 요소 추가
 $menu['icecream']=4000;
 print "### 메뉴 추가 ### <br>";
 foreach($menu as $key=>$value)
   print $key.":".$value."원. <br>";
 print "###############<br><br>";

 // 요소 삭제
 unset($menu['herb_tea']);
 print "### 허브티 삭제 후 메뉴 ### <br>";
 foreach($menu as $key=>$value)
   print $key.":".$value."원. <br>";
 print "###############<br><br>";
?>
```

[실행 결과]

```
← → C ⓘ localhost/exam/05/unset.php

### 원래 메뉴 ###
cappucino:6000원.
herb_tea:5000원.
smoothe:8000원.
#############

### 수정된 메뉴 ###
cappucino:6000원.
herb_tea:5000원.
smoothe:7000원.
###############

### 메뉴 추가 ###
cappucino:6000원.
herb_tea:5000원.
smoothe:7000원.
icecream:4000원.
###############

### 허브티 삭제 후 메뉴 ###
cappucino:6000원.
smoothe:7000원.
icecream:4000원.
###############
```

예제설명 연관 배열로 배열 $menu를 만들고, 스무디의 가격을 수정하기 위해 "smoothe" 키를 사용하여 요소를 수정한 후, 연관 배열의 모든 요소를 출력하기 위해 foreach() 문을 사용하였다. 기존에 사용되지 않은 'icecream' 키를 사용하여 값을 저장함으로써 새로운 요소를 추가할 수 있고, unset() 함수를 사용하여 'herb_tea'라는 키를 가진 요소를 삭제하였다. □

5.5.5 implode(), explode()

앞 절에서는 배열의 요소들을 출력하기 위해 for()문이나 foreach() 문을 함께 사용하는 방법을 소개하였다. 만약 배열의 요소들을 하나의 문자열로 연결할 수 있다면 연결된 하나의 문자열을 출력하는 것으로 모든 요소를 출력할 수 있다. 이러한 기능을 implode() 함수가 담당한다. 반대로 explode()는 문자열을 분리하여 배열의 요소로 저장하는 방법을 제공한다. 배열의 요소를 문자열로 합치거나 분리할 때는 구분자($glue, $delimiter)를 사용한다. 두 함수의 형식은 다음과 같다.

```
implode ( string $glue , array $pieces ) : string
```

```
explode ( string $delimiter , string $string [, int $limit = PHP_INT_MAX ] ) :
array
```

[예제 5.8] implode(), explode()

```
<?php
 $arr = array("car", "bike", "boat");

 print '$arr = (';
 foreach ($arr as $val)
   print $val." ";
 print ")<br>";

 print "### 1. implode 공백 ### <br>";
 print implode (" ", $arr)."<br>";  // 구분자 " "
 $str1 = implode (" ", $arr);
 print $str1."<br><br>";

 print "### 2. implode ',' ### <br>";
 print implode (",", $arr)."<br>";  // 구분자 ,
 $str2 = implode (",", $arr);
 print $str2."<br><br>";

 print "### 3. explode 공백 ### <br>";
 $arr = explode (" ", $str1);  // 공백으로 분리
 foreach ($arr as $val)
   print $val." ";
 print "<br>arr[0] = ".$arr[0];
 print "<br><br>";

 print "### 4. explode ',' ### <br>";
 $arr1 = explode (",", $str2); // ,를 기준으로 분리
 foreach ($arr1 as $val)
   print $val." ";
 print "<br>";
 print "arr1[0] = ".$arr1[0];
?>
```

[실행 결과]

← → C ⓘ localhost/exam/05/implode.php

```
$arr = (car bike boat )
### 1. implode 공백 ###
car bike boat
car bike boat

### 2. implode ',' ###
car,bike,boat
car,bike,boat

### 3. explode 공백 ###
car bike boat
arr[0] = car

### 4. explode ',' ###
car bike boat
arr1[0] = car
```

예제설명 $str1에는 $arr 배열의 요소들을 공백으로 구분하여 연결된 문자열이 저장되고, $str2에는 쉼표(,)를 구분자로 사용하여 연결된 문자열이 저장된다. 따라서 foreach() 문을 사용하지 않고 바로 문자열을 출력함으로써 배열 요소를 모두 출력할 수 있다. 반대로 explode() 함수에서 문자열을 배열로 분리할 때는 공백이나 쉼표를 사용하여 구분한 뒤 배열에 저장한다. □

5.5.6 배열의 정렬

배열은 배열 값이나 키에 의해 정렬할 수 있다. 여기서는 인덱스 배열에 대한 오름차순 정렬과 내림차순 정렬, 연관 배열에서 값에 의한 오름차순 정렬, 내림차순 정렬, 키에 의한 오름차순 정렬과 내림차순 정렬에 사용되는 함수에 대하여 알아보자.

[표 5.1] 주요 정렬함수 목록

함수 이름	기 능
sort()	배열의 오름차순 정렬

rsort()	배열의 내림차순 정렬
asort()	연관배열의 값에 의한 오름차순 정렬
arsort()	연관배열의 값에 의한 내림차순 정렬
ksort()	연관배열의 키에 의한 오름차순 정렬
kesort()	연관배열의 키에 의한 내림차순 정렬

```
sort ( array &$array [, int $sort_flags = SORT_REGULAR ] ) : bool
```

```
rsort ( array &$array [, int $sort_flags = SORT_REGULAR ] ) : bool
```

```
asort ( array &$array [, int $sort_flags = SORT_REGULAR ] ) : bool
```

```
arsort ( array &$array [, int $sort_flags = SORT_REGULAR ] ) : bool
```

```
ksort ( array &$array [, int $sort_flags = SORT_REGULAR ] ) : bool
```

```
krsort ( array &$array [, int $sort_flags = SORT_REGULAR ] ) : bool
```

[예제 5.9] 함수를 이용한 배열의 정렬 (1)

```
<?php
  $arr1 = array(1, 3, 2, 7, 5);
  $arr2 = array("appple", "mango", "Apple", "pear", "banana");
  $arr3 = array("강아지", "돼지", "고양이", "코끼리", "사자", "상괭이");

  sort($arr1);
  print "1. ### sort(arr1) ### <br>";
  foreach ($arr1 as $val)
    print $val." ";
```

```
    print "<br><br>";

    sort($arr2);
    print "2. ### sort(arr2) ### <br>";
    foreach ($arr2 as $val)
      print $val." ";
    print "<br><br>";

    rsort($arr2);
    print "4. ### rsort(arr2) ### <br>";
    foreach ($arr2 as $val)
      print $val." ";
    print "<br><br>";
?>
```

[실행 결과]

```
← → C ⓘ localhost/exam/05/sort1.php

1. ### sort(arr1) ###
1 2 3 5 7

2. ### sort(arr2) ###
Apple appple banana mango pear

4. ### rsort(arr2) ###
pear mango banana appple Apple
```

예제설명 정렬을 적용한 세 개의 배열은 모두 인덱스 배열이다. 배열 요소는 정수, 문자열(한글, 영문)로 구성되어 있다. sort($arr1)과 같이 정렬을 실시하면 배열의 요소들은 정렬된 순서대로 저장된다. 내림차순으로 정렬하기 위해 rsort() 함수를 사용하였으며, 영문이나 한글에서도 정확하게 작동함을 확인할 수 있다. □

[예제 5.10] 함수를 이용한 배열의 정렬 (2)

```
<?php
 $arr1 = array("서가루"=>"과장", "아비오"=>"대리", "김뿌까"=>"사장");

 print "### sort ### <br>";
 foreach ($arr1 as $key=>$val)
     print $key."=>".$val." ";
  print "<br><br>";

 // key로 정렬 (오름차순)
 ksort($arr1);
 print "1. ### ksort(arr1) ### <br>";
  foreach ($arr1 as $key=>$val)
     print $key."=>".$val." ";
  print "<br><br>";

 // value로 정렬 (오름차순)
 asort($arr1);
 print "2. ### asort(arr1) ### <br>";
  foreach ($arr1 as $key=>$val)
     print $key."=>".$val." ";
  print "<br><br>";

 arsort($arr1);  // value로 내림차순 정렬
 print "3. ### arsort(arr1) ### <br>";
  foreach ($arr1 as $key=>$val)
     print $key."=>".$val." ";
  print "<br><br>";
?>
```

[실행 결과]

← → C ⓘ localhost/exam/05/sort2.php

```
### sort ###
서가루=>과장 아비오=>대리 김뿌까=>사장

1. ### ksort(arr1) ###
김뿌까=>사장 서가루=>과장 아비오=>대리

2. ### asort(arr1) ###
서가루=>과장 아비오=>대리 김뿌까=>사장

3. ### arsort(arr1) ###
김뿌까=>사장 아비오=>대리 서가루=>과장
```

예제설명 연관 배열의 키와 값에 대한 정렬 결과이다. ksort()는 키에 대해서 오름차순으로 정렬된 결과를 보여주며, asort() 함수는 값으로 오름차순 정렬한 결과를 보여준다. 한글에 대해서도 작동함을 알 수 있다. □

5.6 다차원 배열 (Multi-dimensional array)

다차원 배열이란 2차원 이상의 배열을 말하며, 배열 안에 배열이 포함된 구조이다. 앞서 정의한 $person 배열을 살펴보자.

```
$person = array("name"=>"kim", "hobby"=>"walk");
```

이 배열에 저장된 값은 한 사람의 이름과 취미이다. 만약에 두 사람의 이름과 취미를 저장하고 싶다면 어떻게 해야 하는가?

```
$persons = array(array("name"=>"kim", "hobby"=>"walk"),
                 array("name"=>"lee", "hobby"=>"yoga"));
```

$persons는 배열의 각 요소가 배열인 다차원 배열이다. 다차원 배열에 대한 본격적인 논의를 하기 전에, PHP의 강력한 특징을 엿볼 수 있는 불규칙 배열에 대해 먼

저 알아보자.

[예제 5.11] 불규칙 배열

```
<?php
  // 다양한 배열
  $arr1 = array(1=>"a", 2=>"b", 3=>"c");
  // 다양한 키 값 타입
  $arr2 = array(1=>"a", 1.5=>"b", false=>"d");
  // 키 값 건너뛰기
  $arr3 = array("a", "b", 5=>"c", "d");

  var_dump($arr1); print "<br>";
  var_dump($arr2); print "<br>";
  var_dump($arr3); print "<br>";
?>
```

[실행 결과]

```
←  →  C    ⓘ localhost/exam/05/reg.php

array(3) { [1]=> string(1) "a" [2]=> string(1) "b" [3]=> string(1) "c" }
array(2) { [1]=> string(1) "b" [0]=> string(1) "d" }
array(4) { [0]=> string(1) "a" [1]=> string(1) "b" [5]=> string(1) "c" [6]=> string(1) "d" }
```

예제설명 $arr1은 키와 값에 규칙을 가진 연관 배열이다. $arr2의 배열에서 알 수 있는 점은 키의 타입이 정수, 실수, 논리값 등이 자유롭게 사용될 수 있다는 것이다. $arr3과 같이 키 값이 불규칙하게 주어지는 경우, "d"는 직전 키 값보다 큰 6으로 저장된다. var_dump()를 사용하여 배열의 정보와 요소 값을 상세하게 출력할 수 있다. □

이번에는 배열 안에 배열이 정의되는 다차원 배열을 다뤄보자.

[예제 5.12] 다차원 배열

```
<?php
  // 2차원 배열의 선언
  $arr_m = array(array(1, 2, 3), array(10, 11, 12));
  $names=array(array("fname"=>"a", "mname"=>"b", "lname"=>"c"),
               array("fname"=>"d", "mname"=>"e", "lname"=>"f"));

  print "### 2차원 연관배열의 사용. ### <br>";
  for ($i=0; $i<count($arr_m); $i++) {
          foreach ($names[$i] as $key=>$value)
            print $key."=>".$value." ";
          print "<br>";
  }
?>
```

[실행 결과]

```
←  →  C   ⓘ localhost/exam/05/multi.php

### 2차원 연관배열의 사용. ###
fname=>a mname=>b lname=>c
fname=>d mname=>e lname=>f
```

예제설명 array() 안에 array()를 정의함으로써 다차원 배열을 정의할 수 있다. 여기서는 두 사람에 대한 이름을 저장하였다. 2차원 배열의 각 요소를 접근하기 위해 for()문과 foreach()문을 중첩하여 사용하였다. 왜냐하면 $arr_m[0]과 $arr_m[1]은 3개의 요소를 가진 또 하나의 배열이다. 그 배열을 통째로 출력할 수는 없기 때문에 foreach() 문을 사용하여 다시 1차원 배열로 쪼개는 과정이 필요하다. 만약 3차원 배열을 정의한다면 array() 생성자는 세 번 중첩될 것이고, for()문과 foreach() 문 또한 세 번 중첩되게 작성해야 할 것이다. □

5.7 배열 연산자

3장에서 연산자를 다룰 때 배열 연산자를 다루지 못했다. 배열 연산자는 피연산자가 배열인 경우에 적용할 수 있는 연산자이다. 배열과 배열을 연결하고, 배열의 각 요소들이 동일하거나 그렇지 않은지를 평가할 수 있다. 단순 변수의 기능과 다르지 않으나, 배열에 적용하는 연산은 배열의 각 요소들에 적용해야 한다는 것이 다르다. 즉, 두 배열이 같다는 것은 배열에 저장된 모든 요소가 같다는 것을 의미한다. 배열 연산자의 종류와 기능은 [표 5.2]와 같다.

[표 5.2] 배열 연산자

Example	Name	Result
$a + $b	Union	Union of *$a* and *$b*.
$a == $b	Equality	**true** if *$a* and *$b* have the same key/value pairs.
$a === $b	Identity	**true** if *$a* and *$b* have the same key/value pairs in the same order and of the same types.
$a != $b	Inequality	**true** if *$a* is not equal to *$b*.
$a <> $b	Inequality	**true** if *$a* is not equal to *$b*.
$a !== $b	Non-identity	**true** if *$a* is not identical to *$b*.

[예제 5.13] 배열 연산자

```
<?php
  $a = array("a" => "apple");
  $b = array("a" => "pear", "b" => "strawberry");

  $c = $a + $b; // Union of $a and $b
  echo "Union of ₩$a and ₩$b: <br>";
  var_dump($c);

  echo "<br>";
  $c = $b + $a; // Union of $b and $a
  echo "Union of ₩$b and ₩$a: <br>";
  var_dump($c);

  echo "<br>";
```

```
    $a += $b; // Union of $a += $b is $a and $b
    echo "Union of ₩$a += ₩$b: <br>";
    var_dump($a);
?>
```

[실행 결과]

```
localhost/exam/03/arrop.php

Union of $a and $b:
array(2) { ["a"]=> string(5) "apple" ["b"]=> string(10) "strawberry" }
Union of $b and $a:
array(2) { ["a"]=> string(4) "pear" ["b"]=> string(10) "strawberry" }
Union of $a += $b:
array(2) { ["a"]=> string(5) "apple" ["b"]=> string(10) "strawberry" }
```

예제설명 두 개의 연관 배열이 선언되었고, $c에 두 배열을 합친 내용을 저장하였다. $a+$b와 $b+$a는 어떤 배열이 먼저 저장되느냐에 따라 값이 달라진다. □

Checklists

- 변수와 배열의 차이점
- 인덱스 배열의 첨자
- 연관 배열의 정의
- 키와 값의 구별
- foreach() 반복문 사용법
- count() 함수 기능
- 배열 요소의 추가와 분리 함수
- 배열에서 요소와 키를 찾는 함수
- 배열 요소의 수정과 삭제
- implode(), explode() 함수의 차이점, 사용법
- 배열 정렬 함수
- 다차원 배열 정의 방법
- 배열 연산자의 종류

6장

함수 (Function)

6.1 함수의 기초
6.2 함수의 인수와 매개변수
6.3 함수의 반환값
6.4 call by value/call by reference
6.5 지역 변수와 전역 변수
6.6 정적 변수
6.7 시스템 정의 함수

6장. 함수

프로그램은 목적에 따라 서너 줄만으로도 필요한 기능을 구현할 수 있지만, 기업, 학교, 은행, 병원 등 현실에서 실질적으로 사용되는 프로그램은 복잡한 기능을 구현해야 하므로 프로그램의 규모가 상당히 커질 수 있다. 급여 관리, 성적 처리, 진료 관리 등 현실적으로 유용한 프로그램은 몇 만 라인을 훌쩍 넘어갈 수도 있다. 컴퓨터 하드 디스크에 저장되는 파일이 몇 개 안 되는 경우에는 별도의 폴더를 만들지 않아도 되지만, 파일 수가 많아지면 그 성격에 따라 폴더를 구분하여 저장하는 것이 파일 관리에 편리하다. 변수 하나가 하나의 값만 저장하는 문제를 해결하기 위해 여러 개의 값을 동시에 저장할 수 있는 배열을 사용했듯이, 프로그램의 규모가 커질 때는 생산성 향상과 코드의 기능별 구조적 분리를 위한 방법이 필요하다. 장난감으로 사용하는 블록들을 조립하여 배나 집을 만들듯이 코드를 분할하여 작성한 후 하나로 합쳐서 큰 프로그램을 만드는 방법이 필요하다. 이런 기능을 프로그램의 모듈화라고 하는데, 함수는 모듈화를 가능하게 하는 방법이며 대부분의 절차적 언어에서 지원하는 특징이다.

6.1 함수의 기초

함수는 여러 가지 이름으로 불린다. function이라는 이름으로 불리기도 하지만 sub-program이라는 이름으로 불리기도 한다. sub라는 단어는 전체(main)에 대한 부분(part)이라는 의미를 갖는데, 하나의 큰 프로그램을 쪼개놓은 부분 프로그램이라는 의미로 이해할 수 있다. 함수는 이름 붙여진 명령문들의 그룹으로, 재사용이 가능하며, 호출하여 실행하는 프로그램 단위이다. 한 사람이 작성하기 힘든 규모의 대규모 프로그램을 협업으로 작성할 때 프로그래머들 사이에 업무 분담을 할 수 있는 좋은 단위가 함수이다. 함수는 PHP 문장과 명령어의 모임이며, 그 자체가 이름을 가질 수 있으며 입력과 출력이 존재할 수 있다.

함수는 사용자 정의 함수(user-defined function)와 시스템 정의 함수(system-defined function)로 분류할 수 있다. 사용자 정의 함수는 그 기능을 프로그래머가 직접 정의하여 만든 함수이며, 시스템 정의 함수는 isset()이나 empty()처럼 시스템에서 만들어 제공하는 함수이다. 6장에서 다루는 대부분의 내용은 사용자 정의 함수에 대한 내용이며, 시스템 정의 함수는 마지막 절에서 다룬다. 함수에 이해해야 할 내용으로는 함수를 정의하는 방법과, 실행하는 방법, 함수를 호출하는 프로그램과 데이터 교환 방법 등이다.

먼저, 함수를 정의하는 문법은 다음과 같다.

```
function 함수이름 (인수 리스트) {
    문장들;
}
```

함수를 정의한다는 것은 독립된 하나의 기능을 수행하는 코드의 부분을 정의하는 것이다. PHP에서 함수의 몸체(body)는 "function"이라는 키워드로 시작한다. 함수의 이름은 기능에 따라 프로그래머가 부여하는데 변수 이름 부여 규칙과 유사하다.

함수 이름 다음의 () 안에는 " 인수(argument) " 리스트가 오는데, 인수는 함수 밖에서 함수로 전달되는 입력이다. 그리고 시작되는 '{' 는 함수 몸체의 시작을 알리며 '}' 가 나오면 함수 정의는 끝난다.

함수는 " 호출 "되어야 실행된다. 함수를 호출하는 방법은 함수 이름과 괄호 안에 인수가 되는 변수의 이름을 순서적으로 나열하는 것이다. PHP에서는 변수나 인수에 대한 타입을 기술하지 않기 때문에 인수를 사용할 때는 괄호 안에 인수의 이름만 작성하면 된다. 인수는 함수 밖에서 함수로 전달하는 값이기 때문에 상수나 변수에 값을 저장하여 전달할 수 있다. 인수가 없다면 빈 괄호만을 작성한다.

함수가 " 반환값" 을 갖는 경우에는 함수 호출이 할당문의 오른쪽에 나타나도록 작성되어야 하며, 반환값이 없는 함수는 독립된 문장으로 함수 이름과 인수만 작성하면 된다. 인수와 반환값은 뒤에서 자세하게 다루기로 하고, 여기서는 함수를 정의하고, 호출하여 실행하는 방법을 먼저 다룬다.

함수 관련 용어

함수 몸체(body) : 함수의 몸체. 기능을 수행하기 위한 문장들을 { }안에 정의

인수(argument) : 함수 밖에서 함수로 전달되는 값(변수)

반환값(return value) : 함수에서 함수 밖으로 전달되는 값(변수)
함수 호출(call) : 함수 실행을 위해 함수 이름과 인수로 작성된 문장

간단한 함수를 만들어 실행해보자.

[예제 6.1] 함수의 정의 및 호출 (delare.html)

```
<!doctype html>
<html>
<head> <title> 함수 연습 </title> </head>
<body>
<form method="post" action="declare.php">
  사용자 이름 : <input type="text" size="10" name="user">
  <input type="submit" name="submit" value="전송하기">
  <input type="reset" name="reset" value="다시쓰기">
</form>
</body>
</html>
```

[예제 6.1] 함수의 정의 및 호출 (declare.php)

```
<?php
  function hello() {  // 함수 정의
    print "Hello ... in hello()... <br>";
  }

  function welcome($user) {  // 함수 정의
    print "Welcome, ".$user."님..<br>";
  }

  $user = $_POST['user'];
```

```
    hello(); // 함수 호출
    welcome($user); // 함수 호출
?>
```

[실행 결과]

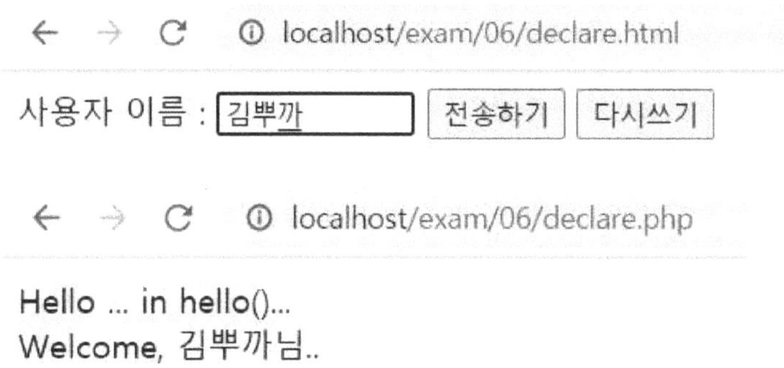

예제설명 *.html의 폼에서 입력한 사용자 이름(김뿌까)을 *.php로 전달한다. *.php에서 맨 처음 실행되는 문장은 $user=$_POST['user']이다. 그 위의 문장들은 함수 정의이기 때문에 호출되기 전까지는 실행되지 않는다. 그리고 나서 hello()가 실행되는데 이 문장이 함수의 호출문이다. hello()는 괄호 안이 비어 있어서(인수가 없어서) 함수로 값을 전달하지 않는다. 함수 welcome($user)은 인수가 있기 때문에 변수 $user의 값을 함수로 전달한다. 함수 welcome()에서는 $user의 값을 출력한다. hello() 호출에 의해 함수의 수행이 끝나면 호출문 다음으로 제어가 복귀하여 함수 welcome($user)이 호출되고 $user에는 폼에서 입력한 사용자 이름이 전달되어 메시지가 출력된 후 함수가 종료되고, welcome() 호출문 이후에 실행할 문장이 없으므로 프로그램도 종료된다. □

함수가 실행될 때 프로그램의 실행 순서는 [그림 7-1]과 같다. 기억해야 할 것은 함수는 호출되어야 실행되며, 함수의 끝을 만나서 함수가 종료되면 함수를 호출한 다음 문장으로 제어가 복귀된다는 점이다. PHP에서는 함수의 호출문과 함수의 정의가 어떤 순서로 기술되어도 상관없다. 즉, 함수 호출문이 먼저 나오고 함수 정의가 나와도 되고, 함수 정의가 먼저 나오고 호출문이 뒤에 와도 된다. (C 언어의 경우는 함수 호출보다 함수 정의가 선행해야 한다. 함수 정의가 선행하지 않으면 함수 원형이라도 선행해야 한다.)

```
<?php

(3) function hello() {  // 함수 정의
      print "Hello ... in hello()... <br>";
(4) }

(6) function welcome($user) {  // 함수 정의
      print "Welcome, ".$user."님..<br>";
(7) }

(1) $user = $_POST['user'];
(2) hello();
(5) welcome($user); // 호출
(8) ?>
```

[그림 7.1] 프로그램의 실행 순서

6.2 함수의 인수와 매개변수

함수는 전체 프로그램의 부분 프로그램이기 때문에 함수의 바깥에서 안으로, 또는 안에서 바깥으로 데이터를 전달하거나 값을 공유해야 하는 경우가 발생한다. 함수 밖에서 안으로 값을 전달해야 할 필요가 있을 때 인수(argument)와 매개변수(parameter)를 사용한다. 인수는 다른 이름으로 실매개변수(actual parameter)라고도 부르며, 매개변수는 형식매개변수(formal parameter)라고도 부른다.

함수를 호출하면서 함수의 몸체로 값을 전달할 때 그 값이 나타나는 위치에 따라 인수와 배개변수를 구분할 수 있다. 인수는 함수의 호출문에 나타나며, 매개변수는 함수 몸체의 첫 줄(헤더)에 나타난다.

```
function sum($var) {   // 함수의 헤더, $var을 "매개변수"라고 한다.
   ...
}
sum(10); // 함수 호출문, 괄호 안의 10을 "인수"라고 한다.
```

일반적으로 인수와 매개변수는 타입과 개수가 일치한다. 인수는 전달하는 값이고, 매개변수는 전달받는 값이기 때문이다. 타입 검사를 엄격하게 하는 C와 같은 언어에서는 이런 제약이 엄격하게 지켜지나 PHP에서는 조금 더 유연하게 지켜진다. PHP는 타입에 대한 제약이 약하기 때문에 매개변수와 인수에 대한 타입 검사가 유연하며, 개수에 대한 제약도 뒤에서 언급할 디폴트 인수로 완화할 수 있다.

예를 들어 두 개의 정수들 사이의 합을 구하는 sum() 함수가 있다고 가정하자. 함수에서 1부터 n까지의 합을 구한다고 가정하면, n이 달라질 수 있기 때문에 이 값을 인수로 사용할 수 있다. 1부터 10까지 합을 구하기를 원한다면 10을 인수로 전달한다. 함수를 정의해보자.

```
function sum($var) {  // 함수 정의, $var은 매개변수
   ...
}
sum(10); // 호출문, 10은 인수
```

함수 호출을 위해 sum(10)을 사용하고 있는데, 이 때 10은 함수 정의문에 있는 매개변수 $var에 전달되어 저장된다.

인수와 매개변수는 여러 개 사용할 수 있다. 이 경우에는 쉼표(,)에 의해 구분하여 사용한다. 정수 n부터 m까지의 합을 구하는 함수를 생각해보자. 이 때에는 1부터 10인지, 10부터 100인지 구별해야 하므로 두 개의 값이 필요한데 이를 인수로 전달해보자. 아래와 같이 매개변수를 전달한다면, $var1에는 10이, $var2에는 20이 전달된다.

```
function sum($var1, $var2) {  // 두 개의 매개변수 사용
   ...
}
$x=10; $y=20;
sum($x, $y); // 변수를 사용한 인수, 2개의 인수 전달
```

6.2.1 디폴트 매개변수 (default parameter)

PHP의 함수에서 인수와 매개변수는 최소한 그 개수를 동일하게 사용하는 것이 일반적이다. 호출문에서 인수를 두 개 전달하면 함수에서는 두 개의 매개변수로 받는 것이 가장 일반적이다. 하지만 특별한 경우에 그 개수가 다를 수 있다. 예를 들어, PHP에서는 함수가 세 개의 매개변수를 가질 때 인수를 한 개나 두 개만 전달할 수도 있다. 이렇게 매개변수와 인수의 수가 다를 때 값이 없는 매개변수에 대한 초기값을 설정할 수 있는데, 이를 "디폴트 매개변수"라고 한다. 다만, 인수의 수가 매개변수의 수보다 많을 수는 없다.

디폴트 매개변수는 사용 순서에 유의해야 하는데, 디폴트 매개변수를 사용할 때는 오른쪽에서 왼쪽으로만 생략가능하다. [예제 6.2]에서 디폴트 매개변수의 예를 살펴보자.

디폴트 매개변수의 사용
function def($a, $n, $f="game") : 사용 가능
function def($a, $n="game", $f) : 사용 불가능. $f의 default가 있어야 한다.

[예제 6.2] 디폴트 매개변수

```
<?php
  $age=23;
  $name="Kim";
  $favorites="movie";

  function def($a, $n, $f="game") {  // formal parameter
         print "age = $a <br>";
         print "name = $n <br>";
         print "favorites = $f <br><br>";
  }
  def($age, $name, $favorites); // actual parameter
```

```
  def($age, $fname); // $favorites가 없다.
?>
```

[실행 결과]

예제설명 함수 def()의 호출문을 보자. 첫 번째는 세 개의 인수를 가지고 호출되었고, 두 번째는 두 개의 인수만 가지고 호출되었다. 첫 번째 호출의 경우에 매개변수 $f에는 "movie" 가 전달되고, 두 번째 호출의 경우에 $f에는 "game" 이 전달된다. 함수의 몸체에 세 번째 매개변수에 대한 디폴트 값이 정의되어 있기 때문에, 세 번째 인수가 생략되면 "game"을 기본값으로 갖게 된다. □

함수의 매개변수에서 마지마으로 살펴볼 부분은 배열을 함수에 전달하는 방법이다. 함수에 배열을 전달하는 방법은 중요하다. 왜냐하면 하나의 인수로 여러 개의 값을 전달할 수 있기 때문이다. 많은 언어에서 인수로 배열을 전달하는 것은 변수를 전달하는 것보다 복잡한 명령문을 요구한다. C 언어의 경우, 배열을 전달하기 위해서는 배열의 시작 주소를 포인터로 넘겨야 한다. 하지만 PHP에서 배열을 함수의 인수로 전달하는 방법은 변수를 전달하는 것과 다른 점이 없다. 예제를 통해 살펴보자.

[예제 6.3] 배열 전달하기

```
<?php
  $arr1 = array ("kim", "lee", "park");
  $arr2 = array (1, 2, 3, 4, 5);
```

```
  $arr3 = array ("apple"=>"red", "grape"=>"purple");

  f1($arr1);  // 배열 전달
  f2($arr2);  // 배열 전달
  f3($arr3);  // 배열 전달

  function f1($arr1) {  // $arr1은 배열
          $str = implode(" ", $arr1);
          print "in f1( ),    ".$str."<br><br>";
  }
  function f2($arr2) {  // // $arr2는 배열
          $sum=0;
          foreach($arr2 as $v)
                  $sum+=$v;
          print "in f2( ), sum=$sum <br><br>";
  }
  function f3($arr3) {  // $arr3는 배열
          print "in f3( ),   ";
          foreach ($arr3 as $key=>$value)
            print $value." ";
  }
?>
```

[실행 결과]

← → C ⓘ localhost/exam/06/arr_para.php

in f1( ), kim lee park

in f2( ), sum=15

in f3( ), red purple

예제설명 예제에서는 변수와 동일하게 배열의 이름을 인수로 사용하였고, 매개 변수를 기술할 때도 변수와 동일한 방법으로 기술하였다. 문자열 배열 $arr1에 대해

서는 각 요소들을 문자열로 연결하였고, 정수 배열 $arr2에 대해서는 각 요소의 합을 구하였고, 연관배열 $arr3에 대해서는 키와 값을 출력하는 문장을 수행하였다. □

6.3 함수의 반환값

매개변수가 함수로 들어가는 입력이라면 함수에서 나오는 출력도 있다. 이를 " 반환값(return value) "이라 한다. PHP의 함수에서 값을 반환하기 위해서는 "return" 키워드를 사용한다. 인수를 사용할 때와 비교하면 return 문을 사용할 때 훨씬 더 많은 주의를 기울여야 한다. 왜냐하면 return 문을 사용하면 함수의 호출문과 프로그램의 제어 방법 등에 충분히 알고 사용해야 하기 때문이다.

함수 내에서 문장들을 수행하다가 return 문을 만나면 함수의 실행은 종료되며, 함수를 호출했던 다음 문장으로 프로그램의 제어가 이동한다. 즉, return 문을 만나는 순간 함수는 종료되기 때문에, 일반적으로 return 문은 함수의 맨 마지막에 위치하게 된다. 문장들 중간에 위치하게 되면 사실상 return문 아래에 있는 문장들은 실행되지 않기 때문이다.

함수에서 값을 반환하지 않는 경우에 return 문은 생략가능하며(위에서 본 함수들은 모두 return 문을 가지고 있지 않다) 변수, 배열 등 어떤 값도 반환 가능하다. 마지막으로 return 문에 대하여 알아야 할 것은 return문을 통해 반환할 수 있는 값이나 변수의 개수는 하나라는 점이다. 즉. return $a, $b;와 같은 형태는 허용되지 않는다.

함수에서 값을 반환하게 되면 반환하는 값을 저장할 변수가 필요하며 이는 함수 호출문에 반영되어야 한다. 위의 그림에서 $result=f1();의 문장 형태를 보자. 함수 f1()에서는 $a를 반환한다. $a는 정수이거나 문자열이거나 심지어 배열일 수도 있다. 중요한 점은 함수에서 값을 반환하면 함수 밖에서 그 값을 저장해야 하기 때문에 함수 호출문은 할당문을 동반하게 된다. 함수 f1()에서는 $a를 반환하고, 할당을 통해 그 값이 변수 $result에 저장된다. 이 문장이 $result=f1();이다. 함수 f1()은 필요하다면 인수를 가질 수 있다. 다양한 경우에 함수 호출문의 예는 다음과 같다.

```
<?php
 function f1() {
     ...
     return $a; // 함수 f1()의 종료, f1() 호출문 아래로 제어 이동
 }
 print "hello";
 $result = f1(); // 함수 호출
 print "... ";
?>
```

함수 호출문의 예

인수와 반환값이 없을 때 : f1();

인수 $a를 전달하고, 반환값이 없을 때 : f1($a);

인수가 없고, 반환값이 있을 때 : $result=f1();

인수 $a, $b를 전달하고 반환값이 있을 때 : $result=f1($a, $b);

다음 [예제 6.4]에서 반환값을 가진 함수의 예를 살펴보자.

[예제 6.4] 반환값을 가진 함수

```
<?php
  $x=10;

  $result=f1($x);
  print "### 1. result = $result <br>";

  $result=f2();
  print "### 2. result = $result <br>";
```

```
  $result=f3();
  print "### 3. result = ";
  foreach ($result as $value)
    print $value." ";

  function f1($x) {
    return $x*$x;  // 정수
  }

  function f2() {
          $str = "hello ";
          return $str; // 문자열
  }

  function f3() {
          $arr=array(1, 2, 3);
          return $arr; // 배열
  }
?>
```

[실행 결과]

```
← → C ⓘ localhost/exam/06/return.php

### 1. result = 400
### 2. result = happy
### 3. result = 1 2 3
```

예제설명 반환값을 가진 세 개의 다른 함수를 정의하여 실행하였다. 함수 f1()은 정수 $x를 인수로 받아 제곱을 계산하여 반환하였다. 함수 f2()에서는 $str에 “happy“를 저장한 후 반환하였다. 함수 f3()에서는 배열을 만들어 반환하였다. 어떤 경우에도 반환되는 값의 개수는 하나이다. 값이 하나라는 의미는 return문 다음에 기술되는 값이나 변수가 하나라는 의미이다. return 10;이나 return $a;와 같은

문장을 사용하면 하나의 상수 값이나 변수 값을 반환할 수 있다. □

6.4 call by value/call by reference

이 절에서는 함수에 매개변수를 전달하는 두 가지 방법에 대해 설명한다. 매개변수를 가진 다음 함수 호출문을 살펴보자.

```
<?php
  $x=10;
  f1($x); // $x는 인수
  ..
  function f1($a) {  // $a는 매개변수
     print $a;
     ...
  }
?>
```

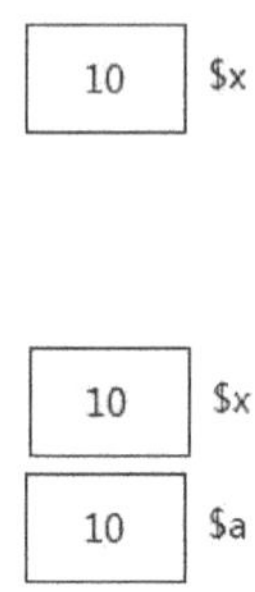

함수 내부에서 출력되는 $a의 값은 얼마일까? 맞다, 10이다. 이 과정에 대한 상세한 이해가 필요하다. 함수 밖에서 변수 $x에 10을 할당하고, $x를 함수 f1()의 매개변수로 전달하였다. 이 때 $x와 $a는 어떤 관계일까? 매개변수 $a는 인수 $x의 사본이다. 위 그림에서 함수가 시작된 후 $x와 $a가 동시에 존재하도록 그림이 그려졌는지 이해해야 한다. 변수 $x가 정의된 위치는 함수보다 바깥쪽이며 함수의 몸체 { .. }보다 〈?php ...?〉의 영역이 더 넓다. $x는 〈?php ... ?〉 영역 안에서 존재하며, $a는 함수의 몸체 안에서만 존재할 수 있다. 따라서 함수가 수행 중인 동안에는 $x와 $a는 별도로 존재한다. 물론, $a는 $x의 사본이기 때문에 값은 같다. 위의 그림처럼 매개변수가 전달될 때 $x의 값인 10이 $a로 복사되어 전달되는 방법을 "call by value"(값에 의한 전달)이라 한다. 일반적으로 많은 경우의 매개변수 전달 방법이 값에 의한 전달이다.

다른 하나의 매개변수 전달 방법은 "call by reference(address)"이다. 이 방법은 값이 아니라 변수의 " 주소 "를 전달하는 방법이다. 아래 프로그램을 다시 살펴보자.

```
<?php
  $x=10;
  f1($x); // (1) 함수 호출문, $x는 인수
  print $x; // (4) 얼마일까?

  function f1($a) {  // (2)
     $a = $a + 10;
     print $a;  // 얼마일까?  // (3)
  }
?>
```

위 프로그램의 주석문에 붙은 번호가 프로그램이 실행되는 순서이다. 순서대로 따라가면서 결과를 예측해보자. (1)에서 $x를 함수 f1()에 전달한다. 값에 의한 전달이라고 했기 때문에 (2)의 $a에 10이 복사될 것이다. 함수 안에서 $a에 10을 더하기 때문에 $a는 20이 될 것이다. (3)에서 출력된 결과는 20이다. 문제는 마지막 (4)번이다. (4)에서 출력되는 결과는 얼마일까? 20이라고 대답하는 소리가 더 크게 들리는 듯 하다. 하지만 (4)의 결과는 10이다. $a는 함수의 매개변수이기 때문에 함수가 종료되면 $a는 사라진다. 그러면 남아있는 $x는 얼마이겠는가? 바로 10이다. 이것이 call by value가 가진 특징이다. 즉, 인수로 전달한 값을 함수에서 변경해도 함수가 종료되면 이 영향은 사라진다. 그러면 $x에 20을 남길 방법은 없는가? 이 방법이 바로 "call by reference"이다.

인수를 call by reference로 전달하는 이유는 함수에서 인수를 변경했을 때 함수 밖에서도 그 결과를 유지하기 위해서이다. call by reference로 인수를 전달하기 위해서는 특별한 기호를 사용하는데 그것이 바로 주소연산자 "&" (ampersand)이다. [예제 6.5]를 통하여 두 가지 방법을 비교해보자.

[예제 6.5] call by value/call by reference

```
<?php
  $x=10;
  $y=20;
```

```
    print "### 1. before val(), x=$x, y=$y <br>";
    val($x, $y); // call by values
    print "###2. after val(), x=$x, y=$y <br>";
    ref($x, $y);  // by reference
    print "###3. after ref(), x=$x, y=$y <br>";

    function val($x, $y) { // call by value
            $x=20;
            $y=40;
            print "in val(), x=$x, y=$y <br><br>";
    }
    function ref(&$x, &$y) { // call by reference
            $x=20;
            $y=40;
            print "in ref(), x=$x, y=$y <br><br>";
    }
?>
```

[실행 결과]

← → C ⓘ localhost/exam/06/val_ref.php

```
### 1. before val(), x=10, y=20
in val(), x=20, y=40

###2. after val(), x=10, y=20
in ref(), x=20, y=40

###3. after ref(), x=20, y=40
```

예제설명 두 개의 변수 $x, $y를 두 가지 전달 방법으로 전달하였다. 함수 호출문에는 아무 차이도 없다는 점에 유의하자. 함수를 정의하는 문장을 보면 인수 앞에 &가 있는 함수와 없는 함수가 있다. 매개변수 앞에 &가 있는 문장이 call by reference이다. ###3의 결과에 보면, 함수에서 변경한 $x, $y의 값이 함수가 끝난

후에도 유지됨을 알 수 있다. □

값에 의한 매개변수 전달과 참조에 의한 매개변수 전달의 차이점을 [그림 6.2]로 알아보자. 그림에서 (a)는 값에 의한 전달로 변수와 매개변수가 다른 공간을 차지하고 있고, 값도 각각이다. (b)는 변수와 매개변수가 같은 공간을 공유함으로써 값도 하나이다. 따라서 함수가 종료되어 $a가 사라진다 해도 변경된 값은 계속 유효하게 된다.

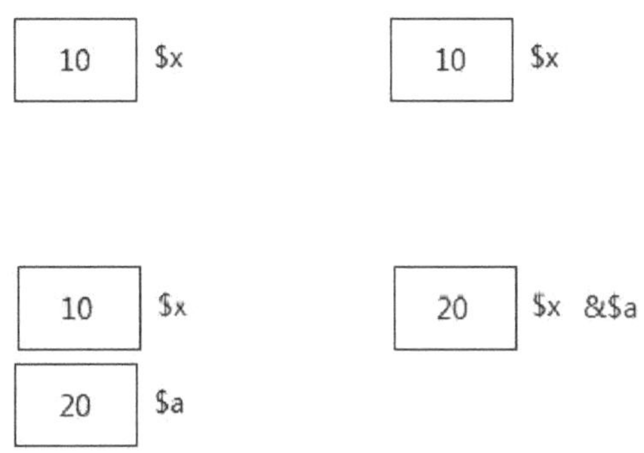

(a) 값에 의한 전달　　(b) 참조에 의한 전달

[그림 6.2] 값에 의한 전달과 참조에 의한 전달

6.5 지역 변수와 전역 변수

프로그램에서 함수를 사용하게 되면 독립된 블록들({...})이 함수 수만큼 나타나게 된다. 변수를 사용하는 위치가 블록을 기준으로 다양하게 나타나는데 이 때 변수가 보여지는 범위가 다를 수 있다. 이를 변수의 범위(scope)이라 하는데, 이 절에서 변수의 범위(scope)에 대해서 배워보자.

변수는 지역(local) 변수와 전역(global) 변수로 분류된다. 간단히 설명하면 함수와 같이 특정 블록({ }) 안에서 사용된 변수는 지역 변수이고, 블록 밖에서 사용된 변수는 전역 변수이다. 전역 변수라는 의미는 스크립트 전체에서 접근이 가능하다는 의미이다. 어떤 변수이냐에 따라 변수가 보여지는 범위가 달라진다. 앞시 설명한 매개변수는 지역 변수의 일종이다. 매개변수는 함수 블록 안에서만 유지된다.

다음 [예제 6.6]과 그 결과를 보자. 함수 밖에서 정의한 $x를 함수 안에서 출력했는데 결과가 없다. 즉, 접근이 안 된다. 이유는 무엇인가? 이 프로그램에서 $x는 함수 밖에서 정의된 전역 변수이다. 함수 안에서 $x를 접근하려면 다른 방법이 필요하다.

[예제 6.6] 전역 변수의 접근

```
<?php
  $x=10;

  function f1() {
    echo '$x='.$x."<br>";  // $x의 출력
?>
```

[실행 결과]

다음 예제를 보자. 추가된 문장은 global $x;이다. 이 문장은 PHP에서 $x가 전역 변수임을 알리는 문장이다. 이 문장의 존재로 결과가 나온다.

[예제 6.7] 전역 변수의 접근

```
<?php
  $x=10;

  function f1() {
    global $x; // 전역 변수 $x
    echo '$x='.$x."<br>";  // $x의 출력
?>
```

[실행 결과]

```
← → C ⓘ localhost/exam/06/global.php

$x=10
```

순수한 지역 변수를 사용하고 싶다면 다음과 같이 해야 한다.

```
<?php
  function f1() {
     $x=30; // 지역 변수 x
     echo '$x = '.$x."<br>";
  }
  f1(); //함수 호출
?>
```

```
← → C ⓘ localhost/le

$x = 30
```

[예제 6.8]을 통해 전역 변수와 지역 변수의 작동 방식을 이해해보자. 프로그램에 두 개의 함수 f1(), f2()가 정의되어 있고, 함수 정의 위에 두 개의 변수 $x와 $y가 정의되어 있다. 위에서 정의한 대로 $x와 $y는 함수 밖에서 정의된 전역 변수이다. 변수는 정의된 위치가 범위를 결정한다. 두 변수 $x와 $y는 전체 프로그램에서 접근가능한 변수이다. 함수 f1()을 보자. 그 안에 $x=30;이라는 문장이 있다. 이 $x는 함수 밖의 $x와 같은 변수인가? 답은 "no"이다. 이름은 같지만 정의된 블록이 다르기 때문에 f1() 안의 $x는 지역 변수로서 $x이다. 함수 밖에서 정의된 $x를 접근하고 싶다면 초전역변수 $GLOBALS['x']를 사용해야 한다. 함수 f2()의 변수 $y도 마찬가지 원리가 적용된다.

[예제 6.8] 지역변수와 전역변수

```
<?php
 $x=10;  // global
 $y=20;

 function f1() {
         $x=30;  // local
```

```
        print "in f1(), local x=$x <br>";
        print "   global x : ".$GLOBALS['x']."<br>";
 }

 function f2() {
        $y=100;
        print "in f2(), y=$y <br>";
        print "in f2(), global y=".$GLOBALS['y']."<br>";
 }
 f1();
 f2();
?>
```

[실행 결과]

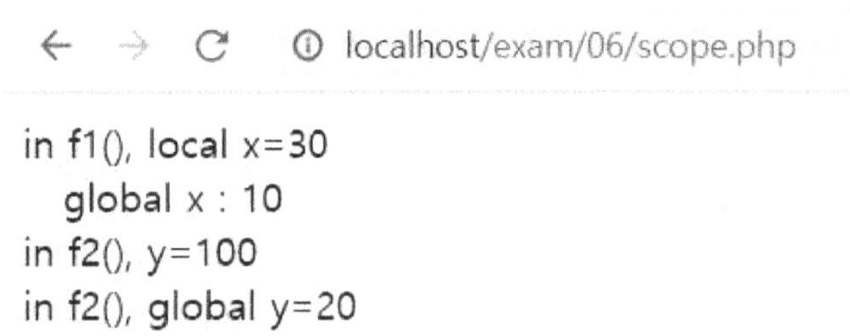

예제설명 변수가 정의된 위치에 따라 지역 변수, 전역 변수가 결정된다. 전역 변수와 지역 변수의 이름이 같다면 가장 가까운 변수가 접근된다. 즉, 함수 안에서는 지역 변수가 더 가깝기 때문에 지역 변수가 접근된다. 함수 안에서 전역 변수를 접근하기 위해서는 초전역 변수 $GLOBALS[]를 사용해야 한다. □

6.6 정적(static) 변수

지역 변수가 함수 블록 안에서 사용된 변수임을 배웠다. 함수 밖에서 정의된 전역 변수를 함수 안에서 접근하고 싶다면 $GLOBALS[]를 사용해야 한다는 것도 꼭 기억하기 바란다. 마지막으로 남은 변수의 부류는 정적(static) 변수이다.

일반적인 지역 변수는 함수가 호출될 때마다 초기화된다. 내부적인 메모리에서 지역 변수는 스택에 저장된다. 함수 블록을 시작하면 지역 변수를 위한 공간이 생성되어 값을 저장하고, 함수가 종료되면 그 공간이 사라진다. 지역 변수는 함수와 생사를 함께 한다. 그에 비해 정적 변수는 프로그램이 시작되어 종료될 때까지 유지되며, 값이 유지되는 공간 또한 스택이 아닌 정적 공간에 유지된다는 점이 지역 변수와 다르다. 정적 변수는 프로그램과 생사를 함께 한다. 누구의 수명이 더 긴 것인가?

다음의 코드에 이 내용을 적용해보자. 함수 f1() 안에서는 지역 변수 $x를 10으로 초기화한 후 1을 증가하고 출력한다. 함수 밖에는 두 번의 함수 호출문이 있다. 출력 결과는 얼마일까? 두 번 모두 11이다. 함수에서 $x는 지역 변수이기 때문에 함수가 호출될 때마다 만들어져서 1 증가되고, 함수가 종료되면 사라진다. 이 과정을 두 번 수행했을 뿐이다. 함수 f1()이 100번 호출되면 지역 변수 $x가 100개 만들어져 호출될 때마다 10으로 초기화되고 1이 증가된 상태에서 끝난다.

```
<?php
  function f1() {
    $x=10;
    $x++;
    print $x;
  }
  f1();
  f1();
?>
```

위 코드에서 $x를 정적 변수로 바꾸면 어떤 변화가 일어나는지 살펴보자. 지역 변수를 정적 변수로 바꾸어 정의하기 위해서 “static“ 키워드를 붙이면 된다. 정적 변수는 프로그램이 시작되어 종료될 때까지 유지되며, 따라서 초기화는 단 한 번만 일어난다. 다음 [예제 6.9]를 통하여 정적 변수의 기능을 이해해보자.

[예제 6.9] 정적 변수

```
<?php
```

```
    function f1() {
        static $x=0;
        $y=0;
        $x++;
        echo 'static $x = '.$x."<br>";
        $y++;
        echo 'local $y = '.$y."<br>";
    }
    f1();
    f1();
    f1();
?>
```

[실행 결과]

← → C ⓘ localhost/exam/06/static.php

```
static $x = 1
local $y = 1
static $x = 2
local $y = 1
static $x = 3
local $y = 1
```

예제설명 함수 f1()의 변수 $x를 정적 변수로 정의하였다. 함수 밖에서 세 번의 함수 호출이 일어나는데, 세 번의 함수 호출 동안 $x의 값은 유지되어 매번 증가되는 값을 출력한다. static로 정의되지 않은 지역 변수 $y는 반복되는 함수 호출에서 값이 바뀌지 않음을 확인할 수 있다. 정적 변수를 지역 변수를 전역 변수처럼 활용하고 싶을 때 사용할 수 있다. □

6.7 시스템 정의 함수

시스템 정의 함수는 빌트인(built-in) 함수라고도 하며, 특정한 기능을 수행하기 위해 PHP가 내부적으로 제공하는 함수이다. 이런 함수는 원형에서 정의된 대로 적절한 매개변수를 전달하고, 반환값에 따라 호출문을 작성하면 수행가능하다.

PHP는 아래 그림의 카테고리에 대하여 대략 1000개가 넘는 시스템 정의 함수가 존재한다. 여기서는 Math 카테고리에 해당하는 몇 개의 예제를 보인다.

Array	Calendar	Date	Directory	Error
Exception	Filesystem	Filter	FTP	JSON
Keywords	Libxml	Mail	Math	Misc
MySQLi	Network	Output	RegEx	SimpleXML
Stream	String	Var Handling	XML Parser	Zip
Timezones				

[예제 6.10] 절대값 함수 : abs()

```
?php
    echo(abs(-6.7));  // 절대값 함수
?>
```

[실행 결과]

← → C ⓘ localhost/exam/06/abs.php

6.7

[예제 6.11] 제곱근 함수 : sqrt()

```
<?php
    echo(sqrt(64));  // 제곱근
?>
```

[실행 결과]

← → C ⓘ localhost/exam/06/sqrt.php

8

[예제 6.12] 반올림 함수 : round()

```
<?php
  echo "반올림(0.6) :".(round(0.60))."<br>";   // returns 1
  echo "반올림(0.49) :".(round(0.49))."<br>";   // returns 0
?>
```

[실행 결과]

← → C ⓘ localhost/exam/06/round.php

반올림(0.6) :1
반올림(0.49) :0

[예제 6.13] 난수(random number) 함수 : rand()

```
<?php
  echo "난수 : ".(rand())."<br>";
  echo "난수(1-100) : ".(rand()%100+1)."<br>";
  echo "난수 (1-6) : ".(rand()%6+1)."<br>";
?>
```

[실행 결과]

← → C ⓘ localhost/exam/06/r

난수 : 2137238834
난수(1-100) : 74
난수 (1-6) : 1

← → C ⓘ localhost/exam/06/

난수 : 1432141151
난수(1-100) : 4
난수 (1-6) : 1

예제설명 절대값, 제곱근, 반올림 함수는 이해하는데 어렵지 않지만, 난수 함수에 대해서는 몇 가지 알아야 할 사항이 있다. 많은 프로그래밍 언어에서 난수를 다루는 함수를 제공하고 있지만 발생되는 난수의 범위와 함수 이름은 조금씩 다르다. 난수는 사전에 예측되지 않은 수이기 때문에 게임과 같은 불확실성이 높은 프로그램에 유용하게 사용된다. PHP에서 난수는 rand() 함수에 의해 정수형으로 발생된다. min과 max사이의 값으로 난수를 발생시키고 싶다면 rand(min,max)와 같은 문장을 사용하면 되고, 주사위 눈처럼 만들고 싶다면 % 연산자를 통한 조작도 가능하다. □

Checklists

- 함수 정의 문법
- 인수, 반환값, 매개변수, 호출의 의미
- 인수와 매개변수의 차이점
- 디폴트 매개변수 사용법
- 반환값을 가진 함수의 사용법
- call by value의 특징
- call by reference의 특징
- 전역변수 사용법
- $_GLOBALS[]
- 정적 변수와 지역 변수의 차이점
- 난수 함수의 특징

7장

폼(Form) 다루기

7장. 폼(Form) 다루기

HTML에서 폼은 사용자로부터 데이터를 입력받는 요소이다. 폼은 로그인 창에서 사용자의 아이디와 비밀번호를 입력하거나 회원 가입 시 라디오 버튼으로 만들어진 성별을 선택하는 등의 방법을 제공한다. 데이터를 입력한 후 submit 버튼을 누르면 입력한 데이터를 PHP 프로그램에 보내 처리할 수 있다. 7장에서는 HTML 폼에서 입력된 데이터를 PHP에서 다룰 때 발생하는 다양한 이슈에 대해 다룬다. 폼의 기본적인 작동 방식과 데이터를 전달하는 방식, 폼과 관련된 초전역 변수의 의미와 사용법, 그리고 폼에서 입력된 데이터의 유효성을 검증할 수 있는 방법에 대해 다룬다.

7.1 Form의 기초

Form은 HTML의 주요 입력 요소들을 묶어주는 부모 요소이다. 폼 요소 안에 포함되는 입력 요소로는 텍스트 박스, 라디오 버튼, 체크박스, 버튼 등이 있다. 입력 요소에 대한 자세한 내용은 여기에서 생략한다. 관련한 상세 내용이 필요하다면 HTML 관련 문서를 참고하기 바란다.

폼 요소	<form> 요소 안에 포함될 수 있는 입력 요소들
<input> <lable> <select> <textarea> <button> <fieldset> <legend> <datalist> <output> <option> <optgroup>	

<form> 요소가 갖는 주요 속성으로 action, method, target이 있다. 이 중 PHP 프로그램과 관련 있는 속성은 action과 method이다. action 속성에는 폼 핸들러라 불리는 폼을 처리할 PHP 스크립트 이름을 기술한다. 폼 핸들러란 폼에서 입력된 데이터를 처리하기 위한 서버 스크립트를 말한다. 예를 들어, 폼을 전달하여 처리할 코드가 test.php라면 <form> 요소는 다음과 같이 정의된다. 폼을 전달받아 수행할 기능을 test.php 스크립트로 작성한다.

```
<form action="test.php">
```

<form> 요소가 갖는 두 번째 속성인 method는 폼에서 입력한 데이터를 전송하는

방식을 정의한다. 전송 방식으로는 post와 get을 사용할 수 있는데, 전송 방식에 대해서는 7.2절에서 다루기로 하고, 그 때까지는 post를 사용한다고 가정한다. 전송 방식까지 정의한 <form> 요소는 다음과 같다.

```
<form action="test.php" method="post">
```

간단한 폼 예제를 통해 폼의 기초를 먼저 살펴보기로 한다.

[예제 7.1] 기본적인 폼

```
<!doctype html>
<html>
<body>

<form action="first.php" method="post">
  이름 : <input type="text" name="name"><br>
  비밀번호 : <input type="password" name="pass"><br>
  <input type="submit" value="제출" name="submit">
</form>

</body>
</html>
```

[실행 결과]

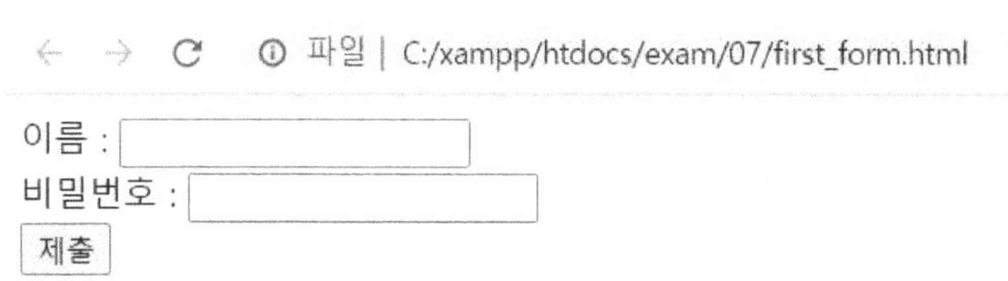

예제설명 예제의 <form> ~ </form> 요소 안에는 두 개의 텍스트박스와 하나의 submit 버튼이 포함되어 있다. <form> 요소의 action 속성은 제출(submit) 버튼이 눌러졌을 때 수행해야 할 스크립트를 명세하는데 여기서는 first.php를 지정하고, 전송

방식은 "post"를 사용하였다. first.php는 아직 정의하지 않았다. 이 예제에서는 일단 <form> 요소에 필요한 두 개의 속성을 지정하는 방법을 보여주었다. □

폼에 포함되는 입력 요소로서 submit(제출) 버튼에 대하여 조금 더 살펴보려 한다. <form>의 action 속성에 실행할 폼 핸들러(PHP 스크립트)를 지정한다고 설명하였는데, 폼 핸들러가 실행되도록 트리거의 역할을 하는 것이 제출 버튼이다. 사용자는 폼 데이터를 입력한 후 반드시 제출 버튼을 눌러야 폼의 데이터가 폼 핸들러로 전달되고 실행된다. 또한 하나의 폼에 제출 버튼은 반드시 하나만 존재할 수 있다.

제출 버튼이 폼에서 입력된 데이터를 스크립트로 전달하는 역할을 한다면 폼에서 입력된 데이터를 지우고 초기화하는 버튼도 있다. 그 버튼은 바로 reset 버튼이다.

```
<input type="reset">
```

본격적인 폼을 다루기 전에 폼을 전송하는 전송 방식에 대해 먼저 살펴보기로 한다.

7.2 전송방식 : POST/GET

HTML 폼에서 입력된 데이터는 method 속성에 기술된 전송 방식으로 스크립트에 전달된다. 전송 방식을 결정하는 method 속성에 기술할 수 있는 값은 post 또는 get이다.

post 방식은 일반적으로 폼 데이터를 전달하는데 많이 사용되며 비교적 대량의 데이터를 안전하게 전달한다. POST 방법을 통해 전달된 정보는 외부에서 보여지지 않으며, 전달하는 정보의 양에 제한이 없다. 서버에 파일을 업로드할 때 여러 부분으로 나누어 업로드하는 것도 지원한다. post 방식은 일반적으로 개발자들이 선호하는 방식이다.

그에 비해, get 방식은 간단한 데이터를 브라우저의 URL에 실어 전달한다. URL에 전달하는 데이터가 노출되므로 검색어와 같이 노출되어도 상관없는 데이터를 전달할 때 사용하고, 비밀번호와 같이 민감한 정보를 전송하지 않아야 한다. get 방식에서 전송할 수 있는 데이터는 약 2천 문자 정도로 전송량에 제한이 있다.

폼에서 method 속성을 post나 get으로 사용하면 각각에 대해 키와 값을 가진 연관 배열이 생성된다. 배열의 키는 폼에서 사용된 요소의 이름이고, 값은 사용자로부터 입력된 데이터이다. 생성된 배열의 이름은 $_POST[]와 $_GET[]인데, 이 배열을 이용하여 전송된 데이터를 접근할 수 있다. [예제 7.1]의 일부분을 다시 살펴보자.

```
<form action="first.php" method="post">
  이름 : <input type="text" name="name"><br>
  비밀번호 : <input type="password" name="pass"><br>
  <input type="submit" value="제출" name="submit">
</form>
```

위 폼에서 제출 버튼을 눌렀을 때 스크립트 first.php로 전달되는 데이터는 세 개로, 이름, 비밀번호, 그리고 제출 버튼의 상태이다. first.php에서는 이 세 개의 데이터를 구별해야 필요한 처리를 할 수 있다. 이 폼에서는 post 방식을 사용하고 있기 때문에 $_POST[]라는 연관 배열이 만들어지는데 이 배열에 세 개의 데이터가 저장된다. 그리고 그 데이터를 구별할 때는 HTML 요소의 "name" 속성에 저장된 값을 사용한다. 즉, 사용자 이름을 접근하고 싶다면 $_POST['name'], 비밀번호를 접근하고 싶다면 $_POST['pass']를 사용한다. (돌려 말하면 HTML 요소들을 정의할 때 name 속성을 반드시 지정해야 한다는 의미이다)

이제 폼에서 입력된 데이터를 PHP 스크립트로 전달하여 처리하는 일반적인 방법에 대해 살펴보자.

[예제 7.2] 기본적인 폼 처리

```
<?php
  if (isset($_POST['submit'])
    print $_POST['name']."님 환영합니다. ";
  else {
?>
```

```
    <form method="POST" action = "form1.php" >
      이름 : <input type="text" name="name">  
      <input type="submit" value="전송" name="submit">
    </form>

  <?php
    }  // else
  ?>
```

[실행 결과]

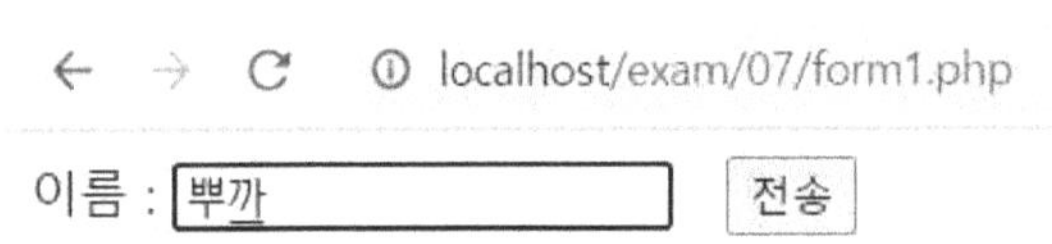

예제설명 결과의 첫 번째 그림은 실행 후 초기 폼의 결과이고, 두 번째 그림은 폼에 이름을 입력하고 있는 상태이다. 마지막 그림은 입력한 이름을 스크립트에서 출력하는 결과이다. 코드의 첫 번째 줄인 isset($_POST['submit'])과 같이 사용하면 폼에서 submit 버튼이 눌러졌는지 판단할 수 있다. submit 버튼의 name이 submit이고, post 방식으로 전송하고 있기 때문에 isset() 함수와 연결하면 버튼의 클릭 여부를 판단할 수 있다. 또한 $_POST['name']은 입력 요소 중 name 속성에 'name' 으로 설정된 입력 요소의 값을 의미하게 되어 텍스트 박스에 입력된 "뿌까" 를 의미하게 된다. 폼에서 submit 버튼이 눌러져 if() 문이 참이 되면 입력된 이름이 출력되고, 버튼이 눌러지기 전이라면 이름을 입력할 수 있는 폼이 출력된다. □

이제 get 방식으로 데이터를 전달하는 [예제 7.3]에 대해 살펴보자.

[예제 7.3] get 방식으로 데이터 전달하기 (get.html)

```
<html>
<body>
<form method="get" action="get.php">
  <input type="hidden" name="h1" value="hoho">
  <input type="hidden" name="h2" value="haha">
  <input type="submit" name="submit" value="get으로 전송하기">
</form>
</body>
</html>
```

[예제 7.3] get 방식으로 데이터 전달하기 (get.php)

```
<?php
  echo "h1=".$_GET['h1']."<br>";   // hoho
  echo "h2=".$_GET['h2']."<br>";   // haha
?>
```

[실행 결과]

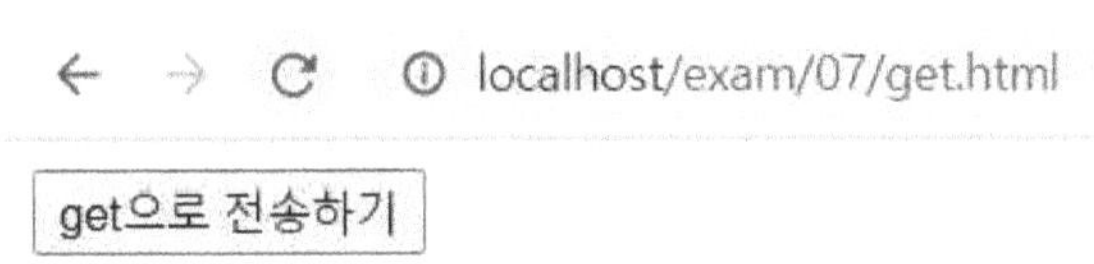

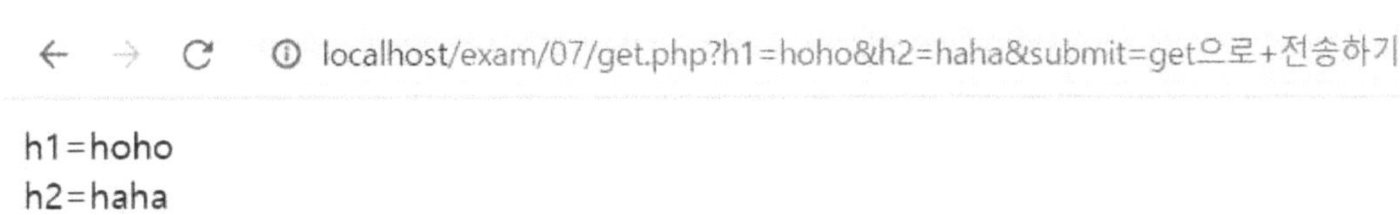

예제설명 폼에서 method를 get으로 사용하였고, *.php에서 연관 배열 $_GET[]을 사용하여 데이터를 접근하였다. []의 작은 따옴표 안에 사용된 h1, h2는 HTML 요소의 name 속성 값이다. get.php의 주소창에 h1과 h2의 값이 그대로 노출되어 보

여진다. □

get 방식으로 데이터를 넘기는 좀 더 일반적인 방법은 링크를 통해 보내는 방법이다. [예제 7.4]를 살펴보자.

[예제 7.4] get 방식으로 데이터 전달하기 2 (get2.html)

```
<html>
<body>
  <a href="get2.php?name=kim&amp;id=20209827"> get으로 전달하기 </a>
</body>
</html>
```

[예제 7.4] get 방식으로 데이터 전달하기 2 (get2.php)

```
<?php
  echo "name=".$_GET['name']."<br>";
  echo "id=".$_GET['id']."<br>";
?>
```

[실행 결과]

← → C ⓘ localhost/exam/07/get2.html

get으로 전달하기

← → C ⓘ localhost/exam/07/get2.php?name=kim&id=20209827

name=kim
id=20209827

예제설명 *<a href="get.php?name=kim&id=20209827"> get으로 전달하기 </a>*의 의미는 링크를 누르면 get.php를 실행하되, name에는 "kim"을, id에는 "20129827"을 전달하라는 의미이다. get.php에서는 $_GET[]을 통하여 name과 id

를 접근할 수 있다. get.php의 주소창에 두 개의 값이 노출됨을 알 수 있다. &amp는 문자 '&' 를 출력하는 HTML 특수 코드이다. □

이제 한 걸음 더 나아가 좀 더 응용된 방식의 코드를 만들어보자.

[예제 7.5] 응용된 폼 처리

```
<?php
  if ($_SERVER['REQUEST_METHOD'] == 'POST')
    print $_POST['name']."님 환영합니다. ";
  if (!isset($_POST['submit'])) {
?>
  <form method="POST" action = "form1.php" >
    이름 : <input type="text" name="name">  
    <input type="submit" value="전송" name="submit">
  </form>
<?php
  }
?>
```

[실행 결과]

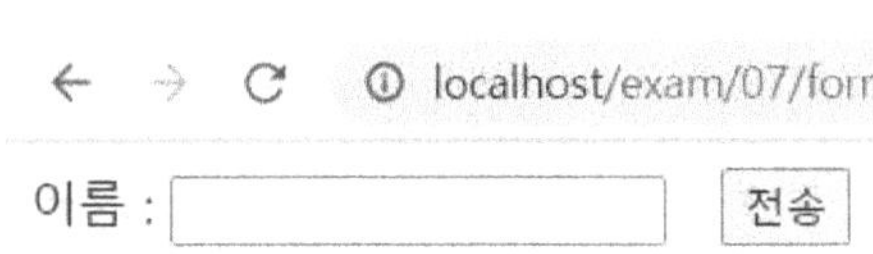

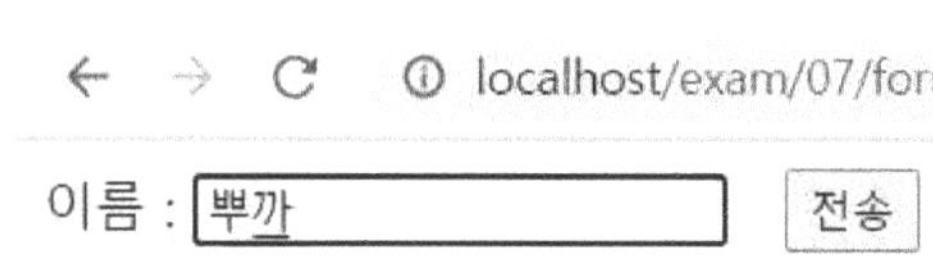

예제설명 앞의 예제와 달라진 부분은 isset()으로 submit 버튼이 눌러졌는지를 판단했던 부분을 ($_SERVER['REQUEST_METHOD'] == 'POST') 문장으로 수정한 것이다. $_SERVER[]는 초전역 변수로 연관 배열이다. 그 연관 배열의 값 중 'REQUEST_METHOD' 는 폼에서 사용한 전송 방식을 의미한다. 위 예제에서는 전송 방식으로 post를 사용하고 있기 때문에 이 문장이 참이 되는 때는 폼이 전송되

었을 때이다. 따라서 ($_SERVER['REQUEST_METHOD'] == 'POST')는 isset($_POST['submit'])과 동일한 의미를 갖는다. 는 한 칸의 공백(spacebar)을 의미하는 HTML의 특수 문자이다. □

7.3 폼과 결과의 분리

[예제 7.5]는 비교적 간단한 코드이지만 폼에 대해서 기본적으로 이해해야 할 것들이 많이 있다. 추가로 몇 가지를 더 살펴보고자 한다. 폼을 사용할 때 프로그램은 입력 양식으로서 폼을 출력하는 단계와 폼에서 사용자 입력이 제출된 후 처리 결과를 출력하는 단계로 나누어진다. 예제의 첫 번째 결과가 폼을 출력하는 단계이다.

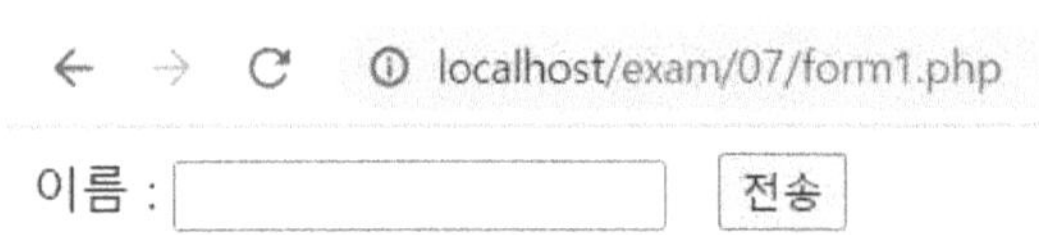

위 상태에서 사용자가 이름을 입력한 후 전송 버튼을 누른 후의 결과는 두 가지로 설계할 수 있다.

[결과의 출력]

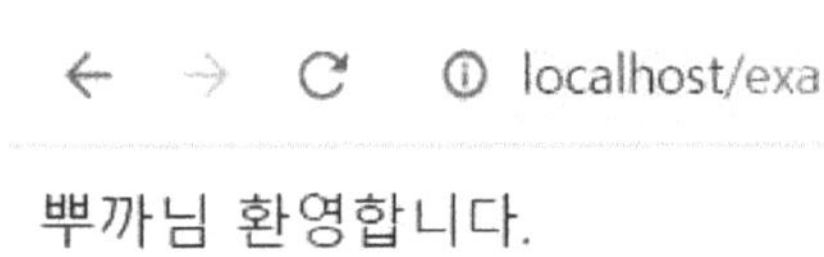

[결과와 폼의 출력]

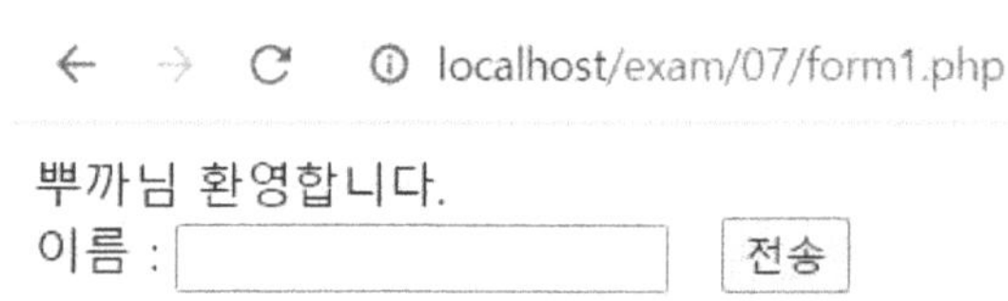

왼쪽 그림은 입력한 이름만 출력하고 폼이 출력되지 않았고, 오른쪽 그림은 입력한 이름을 출력한 후 입력 폼이 다시 출력되었다. 두 개의 결과는 사용자의 선호도나 프로그래머의 의도에 따라 선택가능한 결과이나, 폼 출력과 처리 결과를 분리하는 의도라면 왼쪽 그림이 더 적합하다. 오른쪽과 같은 결과를 출력하려면 코드를 다음과 같이 변형하면 된다. 위 예제와 비교를 위해 삭제할 문장을 주석으로 처리하였다. 차이점은 제출 버튼이 눌러지지 않은 경우에만 실행되도록 한 if ()문을 제외하면 입력한 이름과 폼이 같이 출력된다. if () 블록이 (2)번에서 종료되도록 코드가 작성되어 있는데, 블록 사이에 HTML 태그가 코딩되는 것이 가능하다.

폼과 결과가 함께 출력되는 코드

```
<?php
  if ($_SERVER['REQUEST_METHOD'] == 'POST')
     print $_POST['name']."님 환영합니다. ";
  // if (!isset($_POST['submit'])) {  // (1) 문장 제외
?>
  <form method="POST" action = "form1.php" >
     이름 : <input type="text" name="name">  
     <input type="submit" value="전송" name="submit">
  </form>
<?php
  // } (2) 문장 제외
?>
```

마지막으로 위 예제 문장들의 수행 순서를 [그림 7.1]에서 살펴보자.

프로그램	수행순서	
<?php	1	12
if ($_SERVER['REQUEST_METHOD'] == 'POST')	2(F)	13(T)
print $_POST['name']."님 환영합니다. ";		14
if (!isset($_POST['submit'])) {	3(T)	15(F)
?>	4	
<form method="POST" action = "form1.php" >	5	
이름 : <input type="text" name="name">	6	
<input type="submit" value="전송" name="submit">	7	
</form>	8	
<?php	9	
} // end of if	10	
?>	11	

[그림 7.1] 프로그램의 수행 순서

위 표에서 2(F)의 의미는 두 번째로 수행되며 조건이 거짓(False)라는 의미이고(그

래서 다음의 print 문장을 수행하지 않는다), 3(T)는 세 번째로 수행되며 조건이 참(True)이라는 의미이다. 폼에서 제출 버튼이 눌러지면 코드는 다시 호출되어 12번부터 수행되는데, 15번에서 조건이 거짓이 되어 프로그램을 종료하게 된다.

위 예제에는 폼에서 입력된 데이터를 검사하는 isset() 함수를 사용하고 있다. 이 함수와 더불어 폼에서 자주 사용되는 empty() 함수에 대해 배워보자.

isset() 함수는 변수가 값이 들어 있고, NULL이 아닌지를 판단하는 함수이다. isset() 함수를 사용하면 입력 요소에서 널이 아닌 값이 입력되었는지를 판단할 수 있다.

```
isset ( mixed $var [, mixed $... ] ) : bool
```

empty() 함수는 변수의 값이 비어있는지를 판단한다. 어떤 값이 비어있다고 판단되는 경우는 존재하지 않거나 FALSE에 해당하는 값을 갖는 경우이다. 즉, 변수에 값이 할당되어 있더라도 FALSE에 해당하는 0, 0.0, “”, ‘’ 등의 값이 할당되어 있다면 참으로 판단한다.

FALSE에 해당하는 값
0, 0.0, “”, ‘’ FALSE

empty() 함수의 원형은 다음과 같다.

```
empty ( mixed $var ) : bool
```

isset(), empty() 함수의 기능을 이해할 수 있는 [예제 7.6]을 살펴보자.

[예제 7.6] isset(), empty() 함수의 기능

```
<?php
```

```
    $v1='aloha';
    $v2='';

    if (isset($v1))
            echo '$v1 is set. <br>';
    if (empty($v1))
            echo '$v1 is empty. <br>';

    if (isset($v2))
            echo '$v2 is set. <br>';
    if (empty($v2))
            echo '$v2 is empty. <br>';

    if (isset($v3))
            echo '$v3 is set. <br>';
    if (empty($v3))
            echo '$v3 is empty. <br>';
?>
```

[실행 결과]

localhost/exam/07/set_empty.php

$v1 is set.
$v2 is set.
$v2 is empty.
$v3 is empty.

예제설명 변수 $v2의 결과에 주목하기 바란다. $v2는 널 문자열을 가진 변수이다. 값이 설정되어 있기 때문에 isset()도 참이 되지만, 값이 FALSE에 해당하는 값이기 때문에 empty() 함수의 결과도 참이 된다. 정의되지 않은 변수인 $v3에 대해서는 empty()만 참이 된다. □

7.4 초전역 변수와 폼

PHP에는 초전역(super global)이라는 변수가 미리 정의되어 있다. 전역 변수란 하나의 스크립트에서 접근할 수 있는 변수라는 의미인데, 초전역 변수란 모든 스크립트에서 접근할 수 있는 변수이다. http://php.net을 참고해보면 아래와 같은 초전역 변수의 의미와 종류를 찾을 수 있다.

Several predefined variables in PHP are "superglobals", which means they are available in all scopes throughout a script. There is no need to do **global $variable;** to access them within functions or methods.

These superglobal variables are:

- *$GLOBALS*
- *$_SERVER*
- *$_GET*
- *$_POST*
- *$_FILES*
- *$_COOKIE*
- *$_SESSION*
- *$_REQUEST*
- *$_ENV*

이 중에서 $_SERVER에 대하여 배워보자. 2장에서도 언급한 바가 있지만 $_SERVER는 헤더, 경로, 스크립트 위치 등과 같은 정보를 저장하고 있는 연관 배열이다. 이 배열의 모든 정보들을 웹 서버에 의해 생성된다. $_SERVER에 의해 접근되는 주요 정보들은 다음 [표 7.1]과 같다.

[표 7.1] $_SERVER에 저장되는 정보

연관배열 인덱스	의 미
DOCUMENT_ROOT	PHP 문서가 저장되는 홈 디렉토리
REMOTE_ADDR	사용자의 IP 주소, 127.0.0.1
SERVER_NAME	서버 이름, localhost
PHP_SELF	현재 수행중인 스크립트 자신
REQUEST_METHOD	페이지를 접근하기 위해 사용된 메소드

이 값들을 [예제 7.7]을 통하여 접근해보자.

[예제 7.7] $_SERVER[ ]

```
<?php
  echo "PHP_SELF : ".$_SERVER['PHP_SELF']."<br>";
  echo "DOCUMENT_ROOT : ".$_SERVER['DOCUMENT_ROOT']."<br>";
  echo "SERVER_NAME : ".$_SERVER['SERVER_NAME']."<br>";
  echo "REMOTE_ADDR : ".$_SERVER['REMOTE_ADDR']."<br>";
?>
```

[실행 결과]

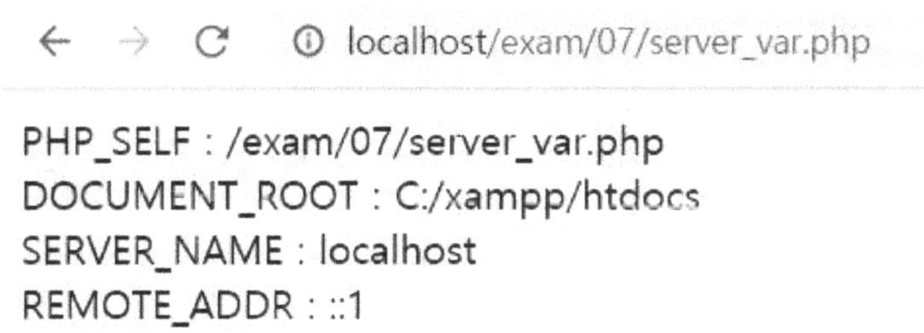

예제설명 연관배열 $_SERVER[]에서 출력되는 값들이다. 폼의 action 속성에서 자기 자신을 호출할 때 'PHP_SELF' 를 사용할 수 있다. □

$_SERVER['PHP_SELF']에 대하여 조금 더 살펴보자. *.html에서 *.php를 실행하고자 할 때는 <form> 요소의 action 속성에 *.php를 등록하였다.

```
<form mcthod-"post" action="test.php">
```

이런 방식으로 코드를 실행하려면 매번 두 개의 코드가 필요하다. 이를 하나로 통합할 방법이 있을까?

■ **test.html**

```
<form method="post" action="test.php">
<input type="hidden" name="name" value="<?php echo $name; ?>">
<input type="submit" name="submit" value="다음으로">
```

```
</form>
```

■ **test.php**

```
<?php
 $name = $_POST['name'];
 print $name."님 환영합니다. ";
?>
```

■ **test.php로 통합한 프로그램**

```
<form method="POST" action = "test.php" >
  이름 : <input type="text" name="name">  
  <input type="submit" value="전송" name="submit">
</form>

<?php
  if (isset($_POST['submit'])) {  // 전송 버튼이 눌러졌다면
   $name = $_POST['name'];
   print $name."님 환영합니다.";
  }
?>
```

■ **$_SERVER['PHP_SELF']를 사용한 코드**

```
<form method="POST" action = "<?php echo $_SERVER['PHP_SELF']; ?>" >
  이름 : <input type="text" name="name">  
  <input type="submit" value="전송" name="submit">
</form>

<?php
  if (isset($_POST['submit'])) {  // 전송 버튼이 눌러졌다면
   $name = $_POST['name'];
```

```
    print $name."님 환영합니다.";
  }
?>
```

현재 수행중인 스크립트에서 스크립트 자신을 참조한다는 의미로 이러한 폼은 "스스로를 참조하는 폼" 이라고 한다. 코드의 이름에 상관없이 스스로를 깔끔하게 호출할 수 있다. 다만, 폼에서 입력한 데이터를 출력하는 경우는 submit 버튼이 눌러졌는지를 검사해 볼 필요가 있다.

7.5 입력 요소와 폼

HTML의 입력 요소는 가장 기본적으로 텍스트 박스와 submit 버튼을 주로 사용하지만 라디오 버튼이나 체크 박스도 많이 사용한다. 이들을 폼에서 사용했을 때 PHP에서 다루는 방법에 대해 알아보자.

폼에서 텍스트 박스, 라디오 버튼, 체크 박스를 사용했을 때 그 값을 접근해보자.

[예제 7.8] 폼에서 입력 요소 다루기

```
<!doctype html>
<html>
<body>
<?php
 if (isset($_POST['submit'])) {
   echo "text 입력: ".$_POST['text']."<br>";
   echo "라디오 버튼 입력 : ".$_POST['gender']."<br>";
   echo "체크 박스 입력 : ";
   if (isset($_POST['v1'])) echo "bike<br>";
   if (isset($_POST['v2'])) echo "car<br>";
   if (isset($_POST['v3'])) echo "boat<br>";
 }
 else {
```

```
?>
<form method="post" action="<?php echo $_SERVER['PHP_SELF'] ?>">
  텍스트 박스 : <input type="text" name="text"> <br>
  라디오 버튼 :
  <input type="radio" id="male" name="gender" value="male">
  <label for="male">Male</label>
  <input type="radio" id="female" name="gender" value="female">
  <label for="female">Female</label><br>
  체크 박스 : <br>
  <input type="checkbox" name="v1" value="Bike">
  <label for="vehicle1"> I have a bike</label><br>
  <input type="checkbox" name="v2" value="Car">
  <label for="vehicle2"> I have a car</label><br>
  <input type="checkbox" name="v3" value="Boat">
  <label for="vehicle3"> I have a boat</label> <br>
  <input type="submit" name="submit" value="제출">
</form>
<?php
 }
 ?>
</body>
</html>
```

[실행 결과]

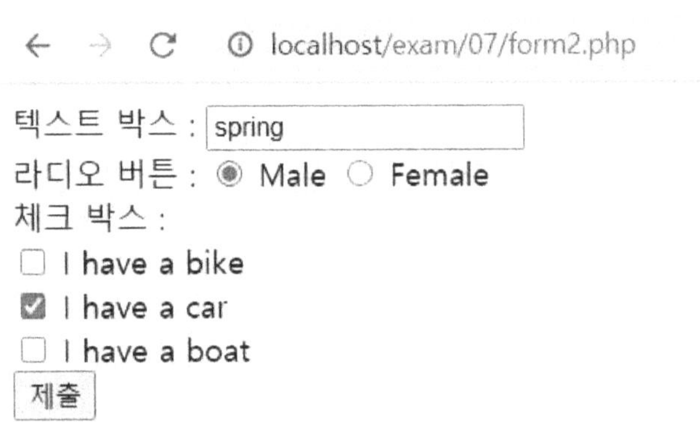

← → C ⓘ localhost/exam/07/form2.php

text 입력: spring
라디오 버튼 입력 : male
체크 박스 입력 : car

예제설명 폼에 텍스트 박스, 라디오 버튼, 체크 박스를 배치하고, 적당한 값을 입력하거나 선택한 후 폼을 제출하여 선택된 값을 출력하였다. 라디오 버튼은 복수 선택이 되지 않는 입력 요소이므로, name 속성으로 접근하였다. 체크 박스는 복수 선택이 가능한 입력 요소이며, 어떤 박스가 선택되었는지를 판단하기 위해 isset() 함수를 사용하였다. □

[예제 7.9] 다중 선택 데이터 다루기

```
<form method="post" action="select.php">
<select name="menu[]" multiple size="6">
  <option value="튀김"> 튀김 </option>
  <option value="치킨"> 치킨 </option>
  <option value="피자"> 피자 </option>
  <option value="맥주"> 맥주 </option>
  <option value="콜라"> 콜라 </option>
</select>
<input type="submit" value="선택" name="submit">
<input type="reset" value="다시 선택">
</form>

<?php
  if(isset($_POST['submit'])) {
    foreach($_POST['menu'] as $choice)
          print $choice."를 선택하였습니다. <br>";
  }
?>
```

[실행 결과]

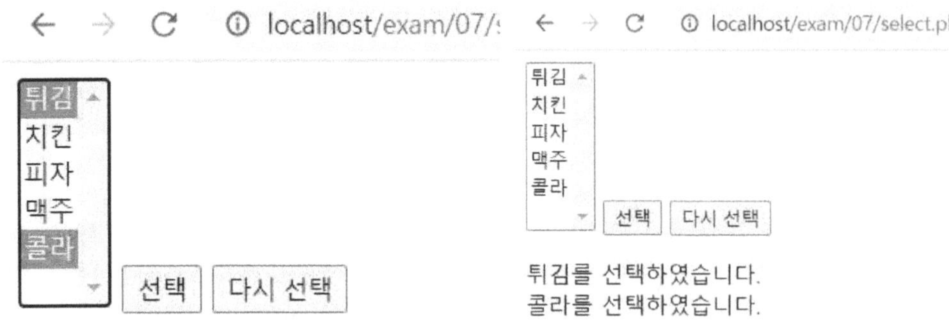

예제설명 <select> 요소를 정의할 때 name 속성에 배열을 정의하였다. 선택의 다중 값을 저장하기 위해서이다. 또한 여러 항목을 동시에 선택할 수 있도록 "multiple" 속성을 정의하였다. 여러 개의 항목을 동시에 선택할 때에는 키보드에서 ctrl 키나 shift 키를 함께 누르면 된다. 선택한 다중 항목이 저장된 menu 배열을 foreach() 문으로 접근하여 선택된 항목을 알 수 있다. □

7.6 데이터 검증

폼의 데이터는 비어있거나 숫자나 문자열의 구분, 입력된 수치의 범위, 이메일 등에 따라 입력된 값의 유효성을 검증할 필요가 있다. 이를 위해 사용되는 방법에 대해 배워보자.

7.6.1 공백 데이터의 검증

첫 번째로 공백 데이터를 검증할 방법을 알아보자. 앞 절에서 배운 isset()이나 empty() 함수를 이용하는 것도 방법이나 이 절에서는 strlen() 함수를 이용한 방법에 대해 알아보자.

[예제 7.10] 공백 데이터의 검증

```
<?php
if ($_SERVER['REQUEST_METHOD']=="POST") {
        if (validate_form())
```

```
                process_form();
        else
                show_form();
}
else    show_form();

        function process_form() {
                print $_POST['name']."님 안녕하세요?";
        }
        function show_form() {
?>
        <form method="post" action="<?php echo $_SERVER['PHP_SELF'] ?>">
        이름 : <input type="text" name="name">  
        <input type="submit" value="전송">
        </form>

<?php
    } // end of show_form()
    function validate_form() {
                if (strlen($_POST['name']) == 0)
                        return false;
                else
                        return true;
    }
?>
```

[실행 결과]

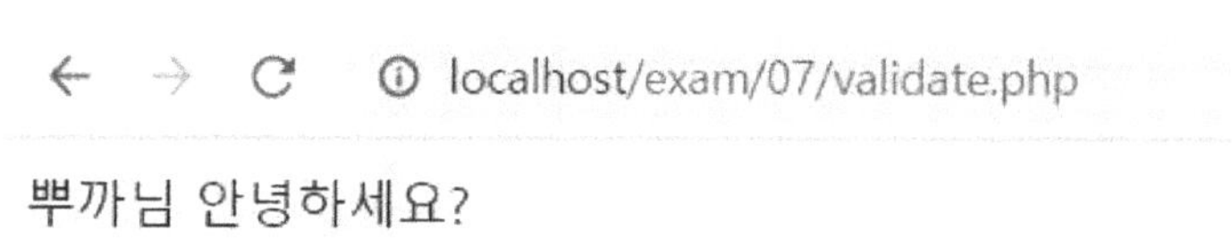

예제설명 strlen() 함수는 문자열의 길이를 반환하는 함수이다. 이름을 입력하지 않고 제출 버튼을 누르면 strlen() 함수 값이 0이 되고, false를 반환하여 폼이 다시 보여지도록 작동한다. □

7.6.2 문자열, 숫자 데이터의 검증

이 절에서는 문자열, 숫자를 검증하는 방법을 살펴보자.

[예제 7.11] 숫자 데이터의 검증

```
<?php
$error="";
if ($_SERVER['REQUEST_METHOD']=="POST") {   // 폼 데이터를 POST로 전송했다면
        if ($error=validate_form()) // validate_form() 함수의 결과를 $error에 저장
                show_form($error);  // $error가 참이면
        else                        // $error가 거짓이면
                process_form();
}
else show_form($error);  // 전송하지 않았다면 show_form() 실행

function process_form() {
        print $_POST['name']."님 안녕하세요? <br>";
        print "나이 데이터도 정상입니다. <br>";
}
function show_form($error) {
        if ($error)
                print $error;
?>

<form method="post" action="<?php echo $_SERVER['PHP_SELF'] ?>">
        이름 : <input type="text" name="name">  
        나이 : <input type="text" name="age">
        <input type="submit" value="전송">
```

```
</form>
<?php
} // end of show_form()

function validate_form() {
        global $error;  // 전역 변수로서 $error
        if (strlen($_POST['name']) == 0)  // 문자열 길이 검증
            $error="이름을 입력해주세요...<br>";
        $age=$_POST['age'];
        //if ($age<0 || $age<=100)
        if (!filter_var($_POST['age'], FILTER_VALIDATE_INT))
            $error.="나이를 정확하게 입력해주세요...<br>";
        return $error;
} // end ot validate_form()
?>
```

[실행 결과]

예제설명 프로그램이 처음 실행되면 제출 버튼이 눌러지지 않았으니 show_form() 함수가 실행되어 폼이 출력된다. 폼에서 이름과 나이를 입력한 후에는 validate_form() 함수가 실행되어 이름과 나이의 유효성을 평가하는데, 이름의 경우에는 문자열의 길이가 0이 아니어야 하며, 나이는 정수값이어야 한다. 결과로 $error 변수에 정상이거나 정확한 입력을 요구하는 문자열이 저장되어 최종 결과로 출력된다. 폼에서 입력한 이름에 대해서는 문자열 길이를 반환하는 strlen() 함수로 검증을 하고, 나이 데이터는 정수를 판단하기 위해 filter_var() 함수를 사용하여 검증하였다. □

filter_var() 함수에서는 다양한 필터 상수를 이용하여 데이터를 검증한다. 필터 상수의 종류를 모두 나열하기에는 너무 많아 주요하게 사용되는 일부만 [표 7.2]에 명시한다. (https://www.php.net/manual/en/filter.filters.validate.php 참조)

[표 7.2] 필터 상수

FILTER_VALIDATE_BOOLEAN	Validates a boolean
FILTER_VALIDATE_EMAIL	Validates value as a valid e-mail address
FILTER_VALIDATE_FLOAT	Validates value as float
FILTER_VALIDATE_INT	Validates value as integer
FILTER_VALIDATE_IP	Validates value as IP address
FILTER_VALIDATE_MAC	Validates value as MAC address
FILTER_VALIDATE_REGEXP	Validates value against a regular expression
FILTER_VALIDATE_URL	Validates value as URL
FILTER_SANITIZE_EMAIL	Removes all illegal characters from an e-mail address

7.6.3 이메일 데이터의 검증

데이터 검증의 마지막으로 이메일 데이터를 검증할 수 있는 방법을 알아보자. 앞 절에서 사용하였던 filter_var()의 FILTER_VALIDATE_EMAIL 필터를 사용하면 데이터를 검증할 수 있다.

[예제 7.12] 이메일 데이터의 검증

```
<?php
  $a="3"; // $a=3;
  $b="41.2";
  $c="aaaa";
  $d="gomsuni11@naver.com";

  print "3 : ".filter_var($a, FILTER_VALIDATE_INT)."<br>";
  print "3 : ".filter_var($a, FILTER_VALIDATE_FLOAT)."<br>";
  print "41.2 : ".filter_var($b, FILTER_VALIDATE_FLOAT)."<br>";
  print "aaaa : ".filter_var($c, FILTER_VALIDATE_EMAIL)."<br>";
  print "email: ".filter_var($d, FILTER_VALIDATE_EMAIL)."<br>";
?>
```

[실행 결과]

```
← → C ⓘ localhost/exam/07/filter.php

정수 : 10
실수 : 10
실수 : 3.14
이메일(good) :
이메일: gomsuni11@naver.com
```

예제설명 filter_var() 함수의 이메일 필터를 사용하여 검증하였다. 정상적인 이메일인 경우와 그렇지 않은 경우에 출력이 다름을 알 수 있다. □

7.6.4 IP 주소와 URL의 검증

URL과 IP 주소의 유효성을 검증하는 예제를 살펴보자.

[예제 7.13] IP 주소와 URL 검증

```
<?php
$ip = "127.0.0.1";
if (!filter_var($ip, FILTER_VALIDATE_IP) === false) {
  echo $ip."은 유효한 ip <br>";
} else {
  echo $ip."은 유효하지 않은 ip <br>";
}

$url = "http://www.mmu.ac.kr";
$url = filter_var($url, FILTER_SANITIZE_URL);
if (!filter_var($url, FILTER_VALIDATE_URL) === false) {
  echo $url."은 유효한 URL <br>";
} else {
  echo $url."은 유효하지 않은 URL <br>";
}
?>
```

[실행 결과]

localhost/exam/07/ip_url_vali.php

127.0.0.1은 유효한 ip
http://www.mmu.ac.kr은 유효한 URL

예제설명 filter_var() 함수의 필터 상수를 사용하여 URL과 IP의 유효성을 검증하였다. FILTER_SANITIZE_URL 상수는 이메일 주소에서 불법적인 문자를 제거하는 역할을 한다. □

Checklists

· <form> 요소의 속성 : action, method
· submit 버튼의 기능
· post/get 방식의 특징
· $_SERVER[] 초전역 변수의 특징
· isset() 함수, empty() 함수의 기능
· $_POST[]의 특징
· 라디오 버튼 값 전달하기
· 체크 박스 값 전달하기
· 공백 데이터 검증 방법
· filter_var() 함수 사용법, 필터 상수 종류

2부

고급 PHP와 응용

8장

쿠키와 세션

8.1 http 프로토콜
8.2 cookie
8.3 session
8.4 header() 함수

8장. 쿠키와 세션

8장부터는 PHP 프로그래밍의 고급 부분을 다룬다. URL로 표현된 웹 페이지를 접근할 때 사용하는 http 프로토콜은 클라이언트와 서버 사이에서 요청과 응답을 처리하는 프로토콜이다. 이 프로토콜의 특성 중 하나는 이동하는 페이지들 사이에 정보 공유가 어렵다는 것이다. 따라서 웹에서 사용자가 서로 다른 페이지들을 옮겨다닐 때 필요한 아이디나, 장바구니에 넣은 상품들을 계속 유지하기 위해서는 다른 방법이 필요하다. 이 장에서는 쿠키와 세션을 이용하여 페이지들 사이에서 데이터를 공유하는 방법에 대하여 배워보자.

8.1 http 프로토콜

특정 웹 문서에 접근하기 위해서 우리는 URL(Uniform Resource Locator)을 사용한다. 익스플로러나 크롬과 같은 브라우저의 주소 창에 “http:// ~“ 또는 ” https:// ~ “로 시작하는 웹 문서의 고유 주소를 입력함으로써 문서를 볼 수 있다. 웹 문서의 속성을 이해하기 위해 먼저 http나 https와 같은 프로토콜에 대해 이해해보자.

http 프로토콜은 hypertext를 전송하기 위한 프로토콜로, 이 프로토콜의 가장 큰 특징은 사용자의 상태 정보가 유지되지 않는다(stateless)는 점이다. 이 때문에 발생하는 문제를 쇼핑몰을 예로 들어 설명해보자. 전자상거래 쇼핑몰에서 물건을 구매하려면 일단 로그인 과정을 거친다. 로그인을 위해 아이디와 비밀번호를 입력할 수 있는 폼이 있는 페이지에서 정보를 입력한다. 그 후 페이지를 옮겨 다양한 상품들을 검색하고, 필요한 경우 찾은 상품을 장바구니에 넣거나 구매한다. 사용자의 상태 정보가 유지되지 않는다는 것은 로그인을 한 페이지에서 다음 페이지로 넘어가는 순간 로그인 페이지에서 입력한 아이디와 비밀번호가 다음 페이지로 전달되지 않는다는 의미이다. 쇼핑몰을 돌아다니며 검색했던 상품에 대한 히스토리나 장바구니에 담긴 상품에 대한 정보 또한 전달되지 않는다. 로그인을 한 후 로그아웃을 할 때까지 본인의 아이디가 페이지 상단에 동일하게 노출되는 것만 구현하려고 해도 현재까지 배운 방법으로는 불가능하다. 물론 7장에서 배운 폼과 제출 버튼을 이용하면 폼 핸들러로 연결되는 페이지로는 $_POST[]나 $_GET[]으로 데이터를 전달할 수 있다. 하지만 제출 버튼으로 데이터를 전달하려면 모든 페이지마다 폼이 있어야 한다.

웹에서 보여지는 한 페이지 한 페이지들은 독립된 문서이고, 웹 문서를 접근하기 위해 사용하는 http 프로토콜로는 페이지들 사이에 정보를 공유할 수 없기 때문에 로그인 기능의 구현이나 장바구니 구현을 위해서는 페이지들 사이에 정보를 공유할 수 있는 방법이 필요하다. 웹 페이지들 사이의 정보 공유 문제를 다음의 코드를 통하여 이해해보자.

■ **test.html**

```
<form method="post" action="test.php">
  이름 : <input type="text" name="name">
  <input type="submit" value="전송" name="submit">
</form>
```

간단한 폼을 가진 html 코드이고, 실행 화면은 아래와 같다. 이 코드에서 이름을 입력한 후 전송 버튼을 누르면 test.php가 실행될 것이다.

■ **test.php**

```
<?php
 if (isset($_POST['submit'])) {
   $name = $_POST['name'];
   print $name."님 환영합니다" ;
 }
 ?>
```

test.php에서는 test.html에서 넘어온 사용자 이름을 $_POST[]로 받아서 출력한다. 여기까지는 잘 작동한다. 명확하게 전달하고 받았으니 가능하다.

test.php에서 test2.php로 연결되도록 test.php를 다음과 같이 변형해보자.

- **test.php**

```
<?php
 if (isset($_POST['submit'])){
   $name = $_POST['name'];
   print $name."님 환영합니다" ;
 }
 print "<a href='test2.php'> 다음 </a>";
 ?>
```

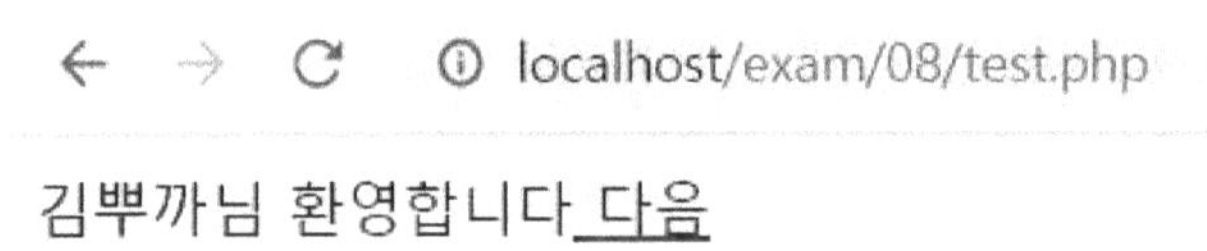

- **test2.php**

```
<?php
  print "test2.php <br>";
  print "name : ".$name;
?>
```

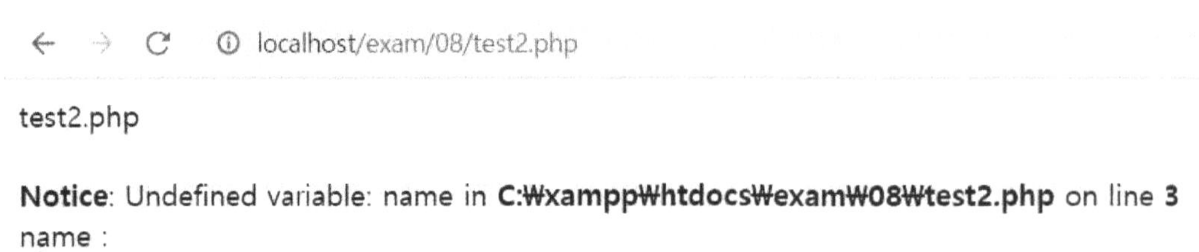

test2.php에서는 $name의 값이 출력되지 않는다. test.php에서는 $name이 "kim" 으로 저장되어 있었는데 하나의 페이지를 더 건너오자 $name은 전달되지 않는다. 링크나 버튼으로 이동하는 웹 문서들의 고유한 특징이 이렇기 때문에 로그인이나 장바구니 같이 수많은 페이지를 이동하면서 정보를 유지하기 위해서는 다른 방법이 필요하다. 그것이 바로 쿠키와 세션이다.

8.2 쿠키

쿠키(cookie)는 사용자가 옮겨다니는 여러 페이지들 사이에서 지속적으로 정보를 유지하는 첫 번째 방법이다. 여러 페이지들 사이에서 공유되어야 할 정보가 있다면 이것은 페이지 단위가 아니라 브라우저나 서버에 유지되어야 한다.

쿠키는 브라우저에 의해 사용자의 컴퓨터에 저장되는 정보의 조각이다. PHP 변수와 유사하지만 브라우저를 종료하거나 컴퓨터를 꺼도 유지된다. 물론 필요하지 않을 때는 삭제도 가능하다. 로그인의 경우, 아이디와 비밀번호를 쿠키에 저장하면 페이지를 옮겨 다녀도 로그인 정보를 유지할 수 있다. 쿠키는 고유의 이름과 값을 가지도록 생성가능하며, 브라우저에 저장된다. 공유할 정보가 필요할 때마다 고유한 쿠키 이름을 사용하여 값을 접근할 수 있다. 더 이상 쿠키가 필요하지 않을 때는 만료 시간을 조절하여 쿠키를 삭제할 수 있다.

일반적으로 쿠키는 사용자를 식별하기 위해 사용된다. 쿠키는 사용자의 컴퓨터에 저장되는 작은 파일이다. 하나의 컴퓨터가 브라우저로 동일한 페이지를 요구한다면 쿠키를 같이 전송할 것이다. PHP에서는 쿠키를 생성하고 검색하는 것이 가능하다.

8.2.1 쿠키 설정

먼저 쿠키를 설정(생성)하는 방법에 대해 알아보자. 쿠키를 설정하는데 사용되는 함수는 setcookie()이다. 함수의 원형은 다음과 같다.

```
setcookie ( string $name [, string $value = "" [, int $expire = 0 [, string $path
= "" [, string $domain = "" [, bool $secure = false [, bool $httponly = false
]]]]]] ) : bool
```

setcookie() 함수의 주요 매개변수로 설정할 쿠키이름 $name과 쿠키값 $value, 그리고 쿠키가 언제까지 유지될 것인지 만료시간 $expire 등을 들 수 있다. setcookie() 함수는 HTTP 헤더와 함께 보내질 쿠키를 정의하는 함수이며, 쿠키는 사용자의 스크립트로부터 생성되는 어떤 출력보다도 먼저 보내져야 한다. 그래서, 스크립트에서 setcookie() 함수의 사용 위치는 임의의 <html>, <head> 등과 같은 태그나 공백보다도 선행해야 한다는 점에 유의한다.

setcookie() 함수에 의해 설정된 쿠키는 초전역변수 $_COOKIE[]에 의해 접근할 수 있다. 쿠키를 설정하는 문장의 예는 다음과 같다.

```
<?php
  $taste = "sweet";
  setcookie("choco", $taste);  // 쿠키 이름(choco)과 값("sweet") 설정
  print $_COOKIE['choco'];  // 쿠키값의 출력
?>
```

[예제 8.1]을 통하여 본격적으로 쿠키를 사용하는 예를 살펴보자.

[예제 8.1] 쿠키 설정

```
<?php
  $taste = "sweet";
  setcookie("choco", $taste);  // 임의의 출력보다 선행해야 한다.
?>

<!DOCTYPE html>
<html xmlns="http://www.w3.org/1999/xhtml" xml:lang="en" lang="en">
<head>
   <meta http-equiv="Content-Type" content="text/html; charset=utf-8" />
</head>
<body>
<form method="post" action="next.php">
<input type="submit" name="submit" value="SEND">
```

```
</form>
</body>
</html>
```

[실행 결과]

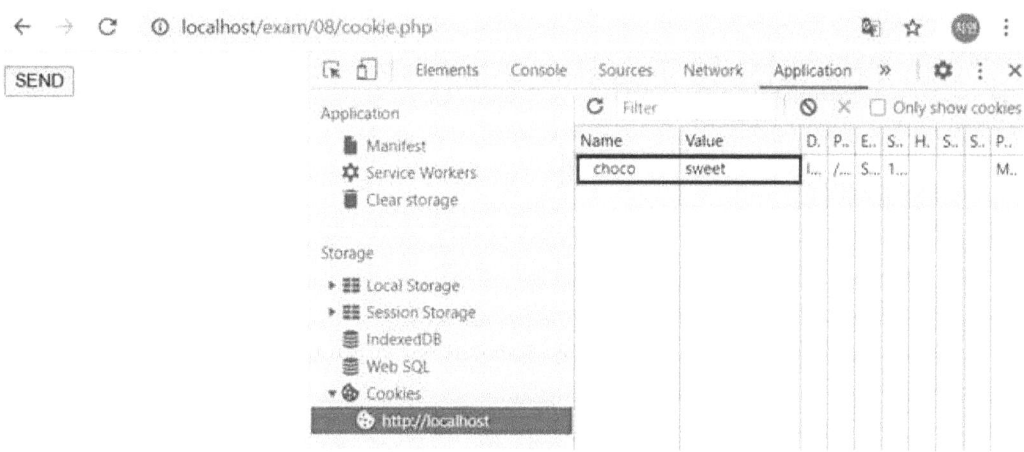

예제설명 cookie.php에서 SEND 버튼을 누르면 쿠키가 새로 생성되는 예제이다. 생성된 쿠키는 크롬 브라우저에서 결과화면 오른쪽과 같이 확인할 수 있다. 이 코드를 작성할 때 setcookie() 문장의 위치에 주의하자. 임의의 html 요소나 출력보다도 선행해야 한다. setcookie() 함수에서는 쿠키 이름과 값만 명시하고 만료 시간을 명시하지 않았다. 이런 경우, 명시적으로 쿠키를 삭제하기 전까지는 쿠키가 유지된다. 아직 next.php는 구현하지 않았다. □

setcookie() 함수는 스크립트에서 어떤 출력보다도 선행해야 함을 계속 강조하고 있는데, 이를 지키지 않았을 때는 오류 메시지를 만나게 된다. (PHP7에서는 이 오류가 완화된 듯 하다.)

```
<?php
  echo "setcookie";  // 출력이 있어도 수행된다.
  $taste = "sweet";
```

```
    setcookie("choco", $taste);
?>
```

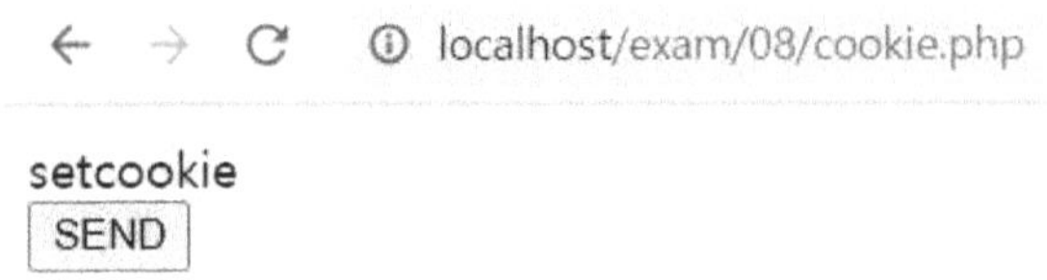

하지만 php.net에서 제공하는 setcookie() 함수에 대한 설명에는 여전히 이 부분에 대해 주의하라고 설명하고 있다.

> **setcookie()** defines a cookie to be sent along with the rest of the HTTP headers. Like other headers, cookies must be sent *before* any output from your script (this is a protocol restriction). This requires that you place calls to this function prior to any output, including `<html>` and `<head>` tags as well as any whitespace.

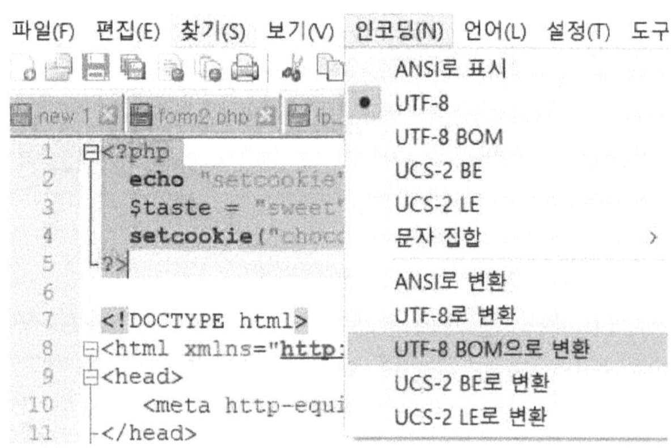

setcookie() 함수를 사용했을 때 발생하는 헤더 오류 메시지는 코드의 인코딩 방법에 따라서도 발생할 수 있다. Notepad++을 사용한다면 오른쪽 그림과 같이 "UTF-8 BOM으로 변환" 인코딩을 활용하여 오류를 제거하도록 한다. BOM(byte Order Mark) 문자는 utf-8인 코딩 방식을 사용할 때 파일의 맨 처음에 추가되는 눈에 보이지 않는 문자이다. 이 BOM 문자는 헤더에 영향을 주기 때문에 BOM 문자 없는 utf-8 인코딩을 사용해야 정상적인 결과를 확인할 수 있다.

8.2.2 쿠키 삭제

생성된 쿠키가 더 이상 필요하지 않다면 쿠키를 삭제할 수 있다. 로그아웃했다면 쿠키로 만들어진 아이디와 비밀번호를 삭제할 수 있고, 장바구니에 넣은 상품들을 삭제할 수 있다. 쿠키를 삭제하는 방법은 쿠키의 만료 시간을 현재보다 과거로 설정함으로써 가능하다. 따라서 setcookie() 함수를 다음과 같이 사용하면 된다.

```
setcookie('choco', '', time()-3600);  // 이름, 값, 만료시간
```

위 문장의 의미는 쿠키 이름은 'choco', 값은 널 문자열(''), 만료 시간은 현재 시간을 초로 환산한 time()함수의 결과보다 3600초만큼 과거로 설정한다는 의미이다. 즉, choco 라는 쿠키는 3600초 전에 만료된 쿠키라는 의미가 되어 쿠키를 삭제하는 효과를 준다. time() 함수는 현재의 시간을 1970년 1월 1일 0시 0분 0초 이후부터 초 단위로 계산한 값을 반환한다.

[예제 8.2] 현재 시간 time() 함수

```php
<?php
  print "2021년 1월 24일, 11시 15분 근처 : ".time();
?>
```

[실행 결과]

← → C ⓘ localhost/exam/08/time.php

2021년 1월 24일, 11시 15분 근처 : 1611454529

예제설명 2021년 1월 21일 오후 10시 30분 즈음의 time() 함수 값이다. □

8.3 세션

앞 절에서는 서로 다른 페이지들 사이에서 정보를 공유하기 위하여 브라우저 저장되는 쿠키를 사용하는 방법을 배웠다. 페이지들 사이에 정보 공유를 위해 사용할 수 있는 두 번째 방법은 세션(session)이다.

쿠키는 비교적 단순하지만 효율적으로 정보를 저장하는 방법이다. 쿠키는 브라우저에 저장되는데, 모든 브라우저가 쿠키를 지원하지는 않는다. 스크립트에서 쿠키를 사용하여 정보를 저장하도록 프로그램한다 해도 브라우저가 쿠키를 지원하지 않으

면 쿠키를 사용할 수 없다. 따라서 클라이언트의 브라우저가 아닌 곳(서버)에 정보를 저장할 또 따른 방법이 필요하게 되었는데 이것이 바로 세션이다. 세션은 브라우저가 아닌 서버에 정보를 저장하므로 브라우저의 특성에 영향받지 않는다.

세션은 사용자가 여러 개의 페이지를 방문할 때 필요한 정보를 저장하는 한 가지 방법이다. 쿠키와 다르게 세션은 정보를 사용자 컴퓨터에 저장하지 않는다. 세션 변수는 사용자가 여러 페이지들을 방문할 때 정보를 저장해야 하는 문제를 해결할 수 있다. 기본적으로 세션 변수는 사용자가 브라우저를 닫을 때까지 유지된다. 세션을 사용하기 위해서는 session_start(), session_destroy(), session_name() 등의 함수와 연관배열 $_SESSION[]의 사용법을 알아야 한다.

8.3.1 세션의 설정

세션을 설정하는데 사용되는 함수는 session_start()이다. 함수의 원형은 다음과 같다. session_start() 함수는 쿠키를 통해 전달되거나 GET이나 POST를 경유하여 전달된 세션 식별자에 기반을 둔 하나의 새로운 세션을 시작하거나 기존에 존재하는 세션을 재시작하는 기능을 수행한다. 특별한 매개변수 없이 사용한다.

```
session_start ([ array $options = [] ] ) : bool
```

[예제 8.3] 세션의 설정

```
<?php
  session_start();  // 세션 시작
?>
<!DOCTYPE html>
<html>
<body>
<?php
  // 세션 변수의 설정
  $_SESSION["favcolor"] = "yellow";
```

```
  $_SESSION["favanimal"] = "dog";
  echo "세션 변수가 설정되었습니다.";
?>
</body>
</html>
```

[실행 결과]

세션 변수가 설정되었습니다.

예제설명 매개변수 없이 사용된 session_start() 함수로 세션을 시작한다. session_start() 함수는 setcookie() 함수와 마찬가지로 임의의 출력에 선행해야 하므로 코드의 맨 첫줄에 작성해야 한다. 초전역 변수 $_SESSION[]을 이용하여 키(favcolor, favaninal)와 값(yellow, dog)을 설정하였다. □

[예제 8.4] 세션 변수의 접근

```
<?php
  session_start();
?>
<!DOCTYPE html>
<html>
<body>
<?php
  // 세션 변수의 출력
  echo "Favorite color is " . $_SESSION["favcolor"] . ".<br>";
  echo "Favorite animal is " . $_SESSION["favanimal"] . ".";
?>
</body>
</html>
```

[실행 결과]

예제설명 설정한 세션 변수 $_SESSION[]을 echo문으로 출력하였다. [예제 8.3]에서 설정한 yellow와 dog가 출력됨을 확인할 수 있다. □

세션을 설정한 후, 크롬의 개발자 도구를 통해 세션 ID를 확인할 수 있다.

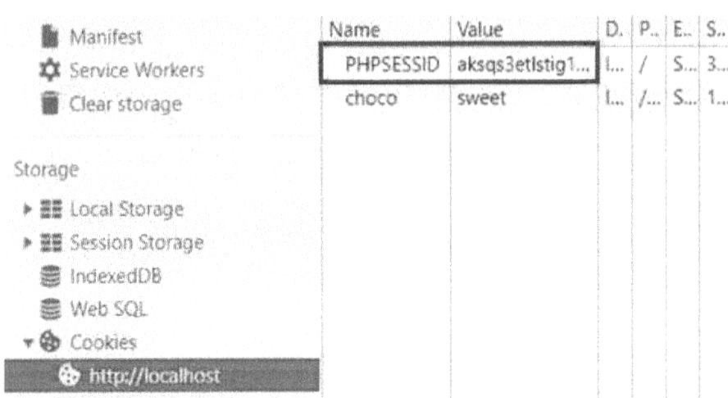

8.3.2 세션의 삭제

session_unset() 함수는 현재 등록된 모든 세션 변수들을 해제한다. session_destroy() 함수는 현재의 세션과 연관 있는 모든 데이터를 삭제한다. 하지만 세션과 관련된 임의의 전역 변수는 삭제하지 않는다. 두 함수의 원형은 다음과 같다.

```
session_destroy ( void ) : bool
```

```
session_unset ( ) : bool
```

[예제 8.5] 세션의 삭제

```
<?php
  session_start();
?>
<!DOCTYPE html>
<html>
<body>
<?php
  // 세션 변수의 삭제
  session_unset();

  // 세션의 종료
  session_destroy();
  echo "세션이 삭제되었습니다. ";
?>
</body>
</html>
```

[실행 결과]

← → C ⓘ localhost/exam/08/ss_unset.php

세션이 삭제되었습니다.

예제설명

8.3.3 $_SESSION[]

연관 배열 $_SESSION[]에는 현재의 스크립트에서 이용가능한 세션 변수를 저장하고 있다.

8.4 header() 함수

이 절에서 마지막으로 소개할 함수는 header() 함수이다. 위의 프로그램에서

header() 함수는 이미 사용되었는데 매우 유용한 함수의 하나이다. header() 함수의 원형은 다음과 같다.

```
header ( string $string [, bool $replace = true [, int $http_response_code ]] ) :
void
```

header() 함수는 가공되지 않은 HTTP 헤더를 보내는데 사용된다. header() 함수도 setcookie() 함수처럼 임의의 HTML 태그나 공백, 임의의 출력보다 선행하여 호출되어야 한다. header() 함수를 사용하는 두 가지 특별한 경우가 있다. 첫 번째는 "HTTP/"로 시작하는 문자열을 가진 경우인데, 이 경우에는 HTTP 상태 코드를 보내는데 사용된다. 예를 들면 다음과 같이 사용된 경우이다.

```
<?php
  header("HTTP/1.0 404 Not Found");
?>
```

두 번째 특별한 경우는 "Location:" 으로 시작하는 문자열 헤더이다. 이것은 헤더를 브라우저로 다시 보내 리다이렉트한다. 즉, Location에 명시된 새로운 주소로 이동하게 하는 효과가 있다. 위의 세션을 이용한 로그인과 로그아웃에서 사용된 형태가 바로 이 형태이다. 예를 들어,

```
header("Location:http://php.net");
```

와 같은 함수를 사용했다면 php.net으로 옮겨간 페이지가 보이게 될 것이다. 이는 링크나 버튼을 대체할 수 있는 유용한 방법이다.

Checklists

- http 프로토콜의 특징
- 쿠키의 정의
- 쿠키 설정 방법
- 쿠키 삭제 방법
- setcookie() 함수 사용법
- $_COOKIE[] 변수 값
- time() 함수 사용법
- 세션의 정의, 쿠키와의 차이점
- 세션 설정 방법
- 세션 삭제 방법
- session_start() 함수
- $_SESSION[] 변수 값
- session_destroy() 함수
- session_unset() 함수
- header() 함수의 기능, 사용법

9장

File

9장. File

9.1 파일의 필요성

대량의 입력 데이터를 필요로 하는 프로그램을 경험해 본 적이 있는가? 예를 들어, 40명 학생의 성적을 처리하는 프로그램을 작성한다고 가정해보자. 한 학생당 5~6과목을 수강할 수 있으니 성적 처리를 위해 필요한 점수의 개수는 최대 6*40개가 될 것이다. 이런 데이터를 매번 프로그램을 수행할 때마다 입력해야 한다면 그 번거로움과 불편함은 이루 말할 수 없다. 중간에 숫자 하나라도 잘못되면 처음부터 다시 입력해야 한다.

PHP에서는 프로그램 실행에 필요한 데이터를 별도의 파일로 만들어 사용할 수 있다. 데이터가 파일에 유지되면 컴퓨터를 종료해도 유지되고, 프로그램을 실행할 때마다 매번 입력하지 않아도 되며, 프로그램과 별도로 데이터를 체계적으로 유지할 수 있다.

또한 파일은 데이터베이스를 대체할 수 있다. 특히, PHP에서는 엑셀에서 호환되는 *.csv 파일 형식을 다룰 수 있어 편리하다. 파일에 접근하기 위해서는 먼저 파일을 열고, 작업이 끝난 다음에는 파일을 닫아야 한다.

파일은 웹 프로그램에서 중요한 부분이지만 주의 깊게 사용해야 한다. 파일을 잘못 사용하게 되면 전혀 상관없는 파일을 편집하게 되거나 하드 디스크 전체를 쓸데없는 데이터로 채울 수도 있다. 또한 부주의한 사용으로 파일의 콘텐츠를 지워버릴 수도 있다. 다음 절에서는 파일을 사용하는데 가장 기본이 되는 파일을 열고 닫는 방법에 대하여 다룬다.

9.2 파일 열기와 닫기

9.2.1 파일 열기

fopen() 함수의 원형은 다음과 같다.

```
fopen ( string $filename , string $mode [, bool $use_include_path = false [,
resource $context ]] ) : resource
```

fopen() 함수의 필수 매개변수에 대해 알아보자. 첫 번째 매개변수는 접근할 대상이 되는 파일의 이름이고, 두 번째 매개변수는 접근 모드이다. 대부분 사용자의 컴퓨터에 저장된 파일(로컬 파일)을 접근하게 되는데 이 때에는 PHP가 파일을 접근할 수 있도록 접근 권한을 가지고 있어야 한다. 예를 들어, 파일을 접근하는 스크립트 file.php와 데이터 파일 file.dat가 동일한 폴더에 저장되어 있다면 첫 번째 매개변수는 "file.dat"이면 충분하다.

fopen() 함수의 두 번째 매개변수인 접근 모드는 파일을 접근하는 목적을 표현한다. 즉, 읽기 위해서 접근하는지, 쓰기 위해서 접근하는지, 덧붙이기 위해 접근하는지 등을 명세할 수 있다. 다음 [표 9.1]은 주요 접근 모드를 보여준다.

[표 9.1] 파일 접근 모드

접근모드	의미
r	읽기 전용, 파일 포인터는 파일의 처음에 위치
r+	읽기와 쓰기 가능
w	쓰기 전용, 파일이 존재하면 기존 내용은 사라짐
w+	읽기와 쓰기 가능, 파일이 존재하지 않으면 생성
a	쓰기 전용, 파일 포인터는 파일의 맨 마지막에 위치
a+	읽기와 쓰기 가능, 파일이 존재하지 않으면 생성
x	생성과 쓰기 전용
x+	생성, 읽기와 쓰기 전용
c	쓰기 전용
c+	읽기와 쓰기 가능

접근 모드 r(read)은 파일을 읽기 전용으로 접근하므로, 접근할 파일이 반드시 존재하는 상태에서 실행할 수 있다. 파일이 존재하지 않으면 fopen()에 실패하게 된

다. w(write) 모드는 쓰기 전용으로 접근하는데, 파일이 존재하는 상태라면 파일 포인터는 파일의 맨 처음에 위치하게 되어, 기존의 내용이 사라지고 새로운 내용으로 대체된다. 파일이 존재하지 않는다면 새로운 파일을 생성해주므로 오류가 발생하지 않는다. a(append) 모드는 쓰기 전용이지만, 파일 포인터가 파일의 맨 마지막에 위치한다는 점이 w 모드와 다르다. 즉, 기존에 파일이 존재하고 있다면 기존의 내용을 삭제하지 않고 마지막에 덧붙이기(append)를 하게 되고, 파일이 존재하지 않는다면 w 모드와 마찬가지로 새로운 파일을 생성한다.

fopen() 함수의 반환값은 resource이다. 즉, 정상적으로 fopen()에 성공한다면 접근할 파일에 대한 핸들을 얻을 수 있고, 실패한다면 FALSE를 반환한다.

9.2.2 파일 닫기

fopen()으로 파일을 연 뒤, 성공적으로 사용하였다면 프로그램을 종료하기 전에 해당 파일을 닫아주어야 한다. 이를 위해 fclose() 함수를 사용하는데 함수의 원형은 다음과 같다.

```
fclose ( resource $handle ) : bool
```

fclose() 함수의 매개변수는 fopen() 함수에서 사용한 핸들이다. 반환값은 성공했을 때 TRUE, 실패했을 때 FALSE를 반환한다. [예제 9.1]을 통하여 파일 열기와 닫기에 대한 예제를 살펴보자.

[예제 9.1]을 실행하려면 먼저 데이터 파일을 준비해야 한다. 편집기를 사용하여 다음과 같은 세 줄짜리 파일을 준비하자. (파일을 저장할 때 그림과 정확히 같은 폴더일 필요는 없다. 실행할 스크립트 *.php와 같은 폴더이면 된다. 파일 이름은 test.txt.로 가정한다.)

■ **test.txt**

test.txt

```
first line
second line
third line

```

[예제 9.1] 파일 열기와 닫기

```
<?php
  $handle = @fopen("./test.txt", "r");  // 읽기 모드 open()
  if ($handle) {
    while (($buffer = fgets($handle, 4096)) !== false) {  // 파일 읽기
        echo $buffer;
    }
  fclose($handle);
  }
  else print "fopen error...";
?>
```

[실행 결과]

localhost/exam/09/gets.php

first line second line third line

예제설명 fopen()함수의 첫 번째 매개변수인 “./text.txt“의 의미는 현재(.) 디렉토리(/) 아래의 text.txt 파일이라는 의미이고, 두 번째 매개변수 ‘r’ 은 파일을 읽기 위해 접근한다는 의미이다. .과 /와 같은 기호는 유닉스에서도 같은 의미로 공통으로 사용하는 기호이다. fopen()의 결과를 $handle에 저장한 후, if() 문으로 성공 여부를 확인하였다. fopen() 함수 앞에 붙은 ‘@’ 기호는 함수 실행 중 발생하는 오류를 무시하기 위한 방법이다. 삭제하고 실행해도 결과는 확인할 수 있다. fgets() 함수는 다음 절에서 다룰 예정이며, 결과를 보면 test.txt 파일의 내용을 읽어와 그

대로 출력한 것임을 알 수 있다. 코드의 맨 마지막에 줄에서 fclose() 함수를 사용하여 파일을 닫았다. □

fopen() 함수로 파일을 열 때 몇 가지 원인으로 실패할 수 있다. 읽기 모드에서는 파일이 사전에 존재하지 않는다면 실패하고, 쓰기 모드에서는 메모리의 용량이 남아 있지 않다면 실패할 수 있다. 또한 파일에 대한 접근 권한을 가지고 있지 않다면 역시 fopen()은 실패한다. fopen()에 실패한다면 어떻게 될까? 아래의 코드를 보면 fopen()에서 접근한 파일 이름이 test1.txt이다. 이 파일이 존재하지 않는다면 아래와 같이 오류 메시지를 볼 수 있다. 이는 프로그램에서 else 절이 실행된 결과이다. fopen() 함수는 언제든지 실패할 수 있으므로 실패할 때 수행할 부분을 프로그램에 포함하는 것이 프로그램의 신뢰성을 위해 좋다.

```
<?php
$handle = @fopen("./test1.txt", "r");
if ($handle) {
    while (($buffer = fgets($handle, 4096)) !== false) {
        echo $buffer;
    }
    fclose($handle);
}
else print "fopen error...";
?>
```

[실행 결과]

← → C ⓘ localhost/exam/09/gets.php

fopen error...

9.3 파일 읽기와 쓰기

9.3.1 파일 읽기 : fgets()

파일을 다루기 위해 기본이 되는 fopen() 함수와 fclose() 함수에 이어, 다음에는 파일로부터 데이터를 읽거나 쓰는 방법을 알아야 한다. 파일 관련 함수에는 문자열

__get__이나 __put__이 들어간 함수 이름이 많은데, 공통적으로 get은 파일로부터 가져오기, 즉 읽기와 관련된 함수이고, put은 쓰기와 관련된 함수이다. 사실, 파일을 접근하는 가장 큰 두 가지 목적은 읽기 아니면 쓰기이다. 먼저 파일로부터 읽기 위한 fgets() 함수의 원형부터 살펴보자.

```
fgets ( resource $handle [, int $length ] ) : string
```

fgets() 함수는 주어진 핸들로부터 줄 단위로 읽어들이는 함수이다. 첫 번째 매개변수는 함수의 핸들이고, 두 번째 매개변수는 읽어들일 바이트 수이다. 파일 포인터는 명시된 (length-1) 바이트를 읽거나 개행 문자(newline character), 또는 파일의 끝을 의미하는 EOF(End Of File) 문자를 만나면 읽기를 종료한다. 길이를 생략하면 라인의 끝에 다다를 때까지 읽는다.

예를 들어, fgets($handle, 4096)이라고 했다면 한 라인에서 4096 바이트를 읽으라는 의미이다. 하지만 파일의 데이터는 한 줄에만 존재하는 것이 아니므로 파일 안에 저장된 모든 라인을 모두 읽으려면 반복문을 사용해야 한다.

```
while (($buffer = fgets($handle, 4096)) !== false) {
        echo $buffer;
```

위 while()문은 다음의 순서로 수행된다.

① fgets($handle, 4096))   // $handle로부터 4096 바이트 읽기
② fgets($handle, 4096)) !== false) // 그 결과가 false가 아니면
③ $buffer = fgets($handle, 4096)) !== false // 라인을 $buffer에 할당
④ echo $buffer; // $buffer 출력

9.3.2 파일 쓰기 : fputs(), fwrite()

다음으로 파일에 쓰는 함수 fwrite()에 대해 살펴본다. fwrite() 함수의 원형은 아래와 같다.

```
fwrite ( resource $handle , string $string [, int $length ] ) : int
```

fwrite() 함수의 첫 번째 매개변수 $handle은 fopen() 함수에서 반환한 값이고, 두 번째 매개변수는 기록할 문자열 또는 그 문자열을 저장하고 있는 변수이다. fputs() 함수는 fwrite()와 동일하다.

[예제 9.2]에서 fputs() 함수에 대한 예제를 살펴보자.

[예제 9.2] fputs()

```
<?php
  $fn = "test.txt";
  $msg = "File handling";
  $fp = fopen($fn, "w");  // 쓰기 모드로 open()
  if ($fp) {
                fputs($fp, $msg);  // 화일 쓰기
                echo "화일 쓰기가 완료되었습니다. ";
  }
  fclose($fp);
?>
```

[실행 결과]

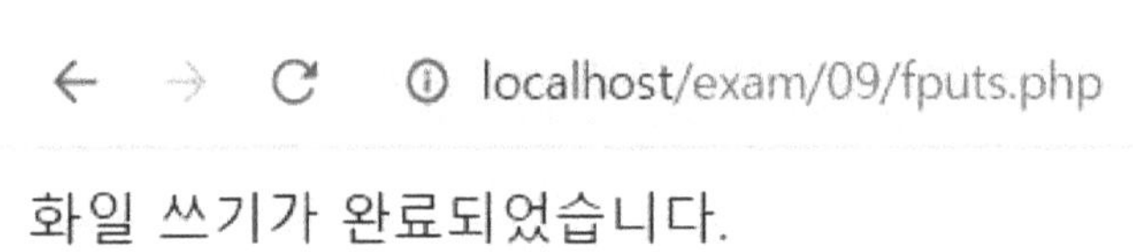

// 새로 생성된 파일의 내용 : test.txt

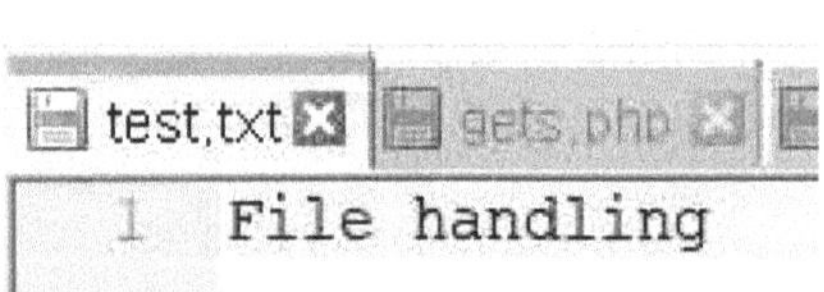

예제설명 예제를 실행하면 text.txt.라는 파일에 "File handling" 문자열을 기록한다. text.txt 파일은 [예제 9.1]을 통해 미리 만들었던 파일인데, 쓰기 모드로 접근하여 fputs()를 실행하면, 기존의 내용은 사라지고 새로운 내용으로 교체된다. 사전에 존재하는 파일에 쓰기를 적용하면 기존의 내용이 사라진다는 점에 유의해야 한다. □

파일 쓰기를 적용할 수 있는 'a' 모드에 대하여 살펴본다. [예제 9.3]을 통하여 'a' 모드로 파일을 접근한 결과를 살펴보자.

[예제 9.3] 'a' 모드로 파일 접근하기

```
<?php
  $fn = "test.txt";
  $msg = " Hello!!!";
  $fp = fopen($fn, "a");
  if ($fp) {
              fputs($fp, $msg);
              echo "화일 쓰기가 완료되었습니다. ";
  }
  fclose($fp);
?>
```

[실행 결과] : **덧붙이기로 변경된 test.txt 파일의 내용**

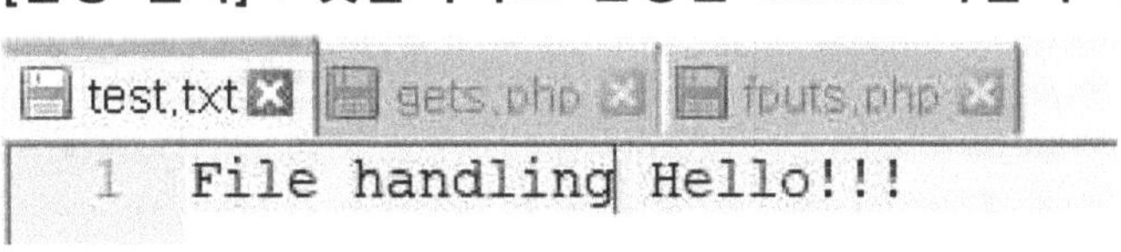

예제설명 파일의 접근 모드를 'a'로 변경하여 fputs()를 실행하였다. 기존의 파일 내용의 끝에 새로운 문자열 " Hello!!! "가 추가되었음을 알 수 있다. □

파일의 쓰기 모드가 존재하지 않은 파일에 대해 실행되면 파일을 생성한다고 설명했는데, 기존에 test2.txt가 없는 상황에서 다음 예제를 실행하면 새로운 파일이 생성됨을 확인할 수 있다.

[예제 9.4] 새로운 파일의 생성

```
<?php
  $fn = "test2.txt";
  $msg = "hello";
  $fp = fopen($fn, "w");
  if ($fp) {
               fputs($fp, $msg);
               echo "화일 쓰기가 완료되었습니다. ";
  }
  fclose($fp);
?>
```

[실행 결과]

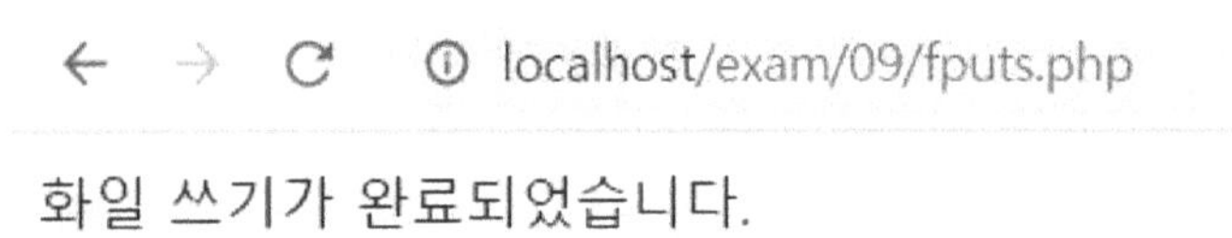

// text2.txt 파일이 생성된 폴더 상태

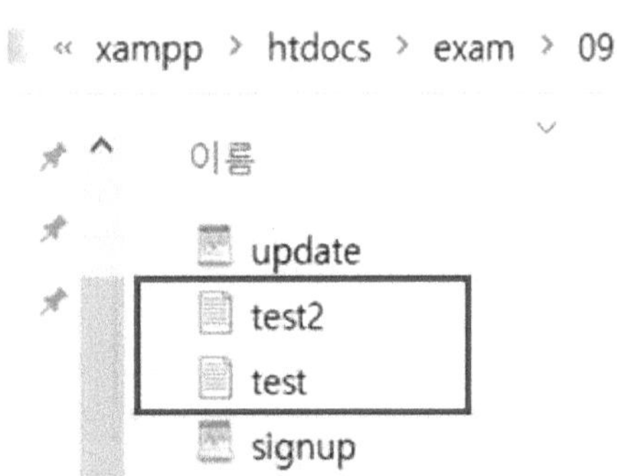

예제설명 기존에 존재하지 않는 파일 이름을 핸들로 사용하여 fputs() 함수를 실행하면 새로운 파일 test2.txt가 생성됨을 확인할 수 있다. □

9.4 CSV 파일 다루기

csv 파일 형식에 대해 알아보자. csv 파일은 comma separated values의 약어로 [그림 9.1]과 같이 데이터의 각 필드가 쉼표로 분리된 데이터 형식이다.

[그림 9.1] csv 파일의 예

이 형식은 오래전부터 데이터베이스나 스프레드시트에서 사용되어 왔으나, 무엇보다 엑셀과 호환이 된다는 점은 매우 편리한 점이다. 이 절에서는 csv 파일을 다루기 위해 대상 파일을 열고, 읽거나 쓰고, 닫는 방법을 살펴본다. 실행을 위해 먼저 test.csv 파일을 만들어 스크립트가 저장되는 동일한 폴더에 저장한다.

■ **test.csv**

```
1,1111
2,2222
3,3333
```

csv 파일 형식의 파일에 접근하려면 fgetcsv(), fputcsv()와 같은 함수를 사용해야 한다. fgetcsv()는 fgets()와, fputcsv()는 fputs()와 유사하다.

```
fgetcsv ( resource $handle [, int $length = 0 [, string $delimiter = "," [, string $enclosure = '"' [, string $escape = "₩" ]]]] ) : array
```

[예제 9.5] fgetcsv()

```
<?php
$row = 1;
if (($handle = fopen("test.csv", "r")) !== FALSE) {
    while (($data = fgetcsv($handle, 1000, ",")) !== FALSE) {
        $num = count($data);
        echo "<p> $num fields in line $row: <br/></p>";
        $row++;
        for ($c=0; $c < $num; $c++) {
            echo $data[$c] . "<br />₩n";
        }
    }
    fclose($handle);
}
?>
```

[실행 결과]

← → C ⓘ localhost/exam/09/getcsv.php

2 fields in line 1:

1
1111

2 fields in line 2:

2
2222

2 fields in line 3:

3
3333

예제설명 text.csv 파일을 열어서 각 라인을 읽되, 필드는 ‘,’ 구분자로 분리하여 $data 배열에 저장한다. 파일의 각 라인은 $data 배열에 저장되는데, 배열의 각 라인에 들어있는 필드(단어)의 수를 count() 함수로 계산하여 $num 변수에 저장하여 출력한다. 변수 $row는 한 줄을 읽을 때마다 증가되므로 $row를 출력하면 줄 번호가 된다. $c를 배열의 첨자로 사용함으로써 필드의 내용을 출력하게 된다. □

fgetcsv() 함수는 파일 포인터로부터 라인을 읽고, 필드들을 파스(parse)한다. 이는 fgets() 함수와 유사한데, fgetcsv()는 csv 파일 형식으로부터 라인을 읽는다는 점과 읽은 필드들을 배열에 저장한다는 점이 다르다. fgetcsv() 함수의 매개변수로 읽을 대상이 되는 핸들과 길이, 필드를 구별하는 구분자 등을 사용한다.

csv 파일이 위와 같이 규칙적이지 않고 불규칙한 필드를 가지고 있을 때도 잘 작동함을 알 수 있다.

■ **불규칙한 필드를 가진 csv 파일**

test.txt | gets.php | fputs.php | test.csv

```
1,1111
2,2222,2211
3,3333
```

[실행결과]

localhost/exam/09/getcsv.php

```
2 fields in line 1:

1
1111

3 fields in line 2:

2
2222
2211

2 fields in line 3:

3
3333
```

다음으로 csv 파일에 내용을 기록할 수 있는 fputcsv() 함수에 대해 알아보자. 함수의 원형은 다음과 같다.

```
fputcsv ( resource $handle , array $fields [, string $delimiter = "," [, string
$enclosure = '"' [, string $escape_char = "₩" ]]] ) : int
```

fputcsv() 함수는 파일 포인터가 가리키는 파일에 라인을 출력한다. 출력할 핸들이 필요하며, 쓸 내용이 담긴 배열이 필요하다. [예제 9.6]을 통해 fputcsv() 함수의 사용법을 익혀보자.

[예제 9.6] fputcsv()

```php
<?php
$list = array (
    array('spring', 'summer', 'fall', 'winter'),
    array('010', '2333', '4444'),
    array('"aa"', '"bb"')
);

$fp = fopen('file.csv', 'w');
foreach ($list as $fields) {
    fputcsv($fp, $fields);
}
echo "화일에 기록되었습니다.";
fclose($fp);
?>
```

[실행 결과]

예제설명 fopen() 함수를 사용하여 file.csv 파일을 w 모드로 열었다. file.csv는

기존에 존재하지 않는 파일이다. 파일에 기록할 내용은 $list 배열에 저장되어 있다. foreach() 문으로 배열에 있는 각 필드를 분리하여 csv 파일에 저장하였다. □

9.5 파일의 접근 권한

9장에서 다룬 파일 함수들은 PHP가 파일에 대한 권한을 가지고 있어야 수행가능하다. 이를 위해 파일의 접근 권한을 알 수 있는 몇 가지 함수를 배워보자. is_readable() 함수는 파일이 존재하고, 읽을 수 있는지를 논리값으로 알려준다. is_writable() 함수는 파일이 쓸 수 있는지를 논리값으로 알려준다.

```
is_readable ( string $filename ) : bool
```

```
is_writable ( string $filename ) : bool
```

[예제 9.7] is_readable(), is_writable()

```
<?php
$file='test.csv';
if (is_readable($file))
        print $file." is readble.. <br>";
else
        print $file." is not readble.. <br>";
if (is_writeable($file))
        print $file." is writeadble.. <br>";
else
        print $file." is not writeadble.. <br>";
?>
```

[실행 결과]

예제설명 test.csv 파일에 대한 읽기 권한과 쓰기 권한을 검사하였다. 결과로 보아 test.csv에 대해 읽기와 쓰기가 가능함을 알 수 있다. □

CSV 형식으로 만들어진 파일의 경우, 윈도우 탐색기에서 확인하면 Excel 파일과 동일한 아이콘으로 표현됨을 알 수 있다.

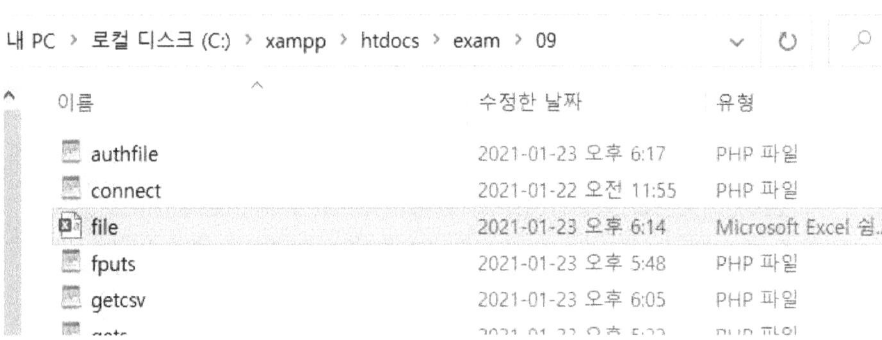

fgets(), fputs()와 같이 파일을 대상으로 하는 함수를 수행하려면 해당 파일이 사전에 존재하는지를 검사하는 방법이 필요하다. 이를 위해 file_exists() 라는 함수가 존재한다. 파일 이름을 매개변수 받아, 존재 여부를 논리값으로 반환한다.

```
file_exists ( string $filename ) : bool
```

file_exists() 함수는 다음과 같이 사용할 수 있다.

```
<?php
  $filename = 'test.txt';
```

```
  if (file_exists($filename)) {
    echo "The file $filename exists";
  } else {
    echo "The file $filename does not exist";
  }
?>
```

9.6 include와 require

C 언어의 #include 문의 기능을 아는가? PHP에서는 현재의 스크립트로 다른 파일의 내용을 복사하여 포함하기 위해 include문과 require문을 지원한다. 다른 파일의 내용을 복사하여 파일에 삽입하는 방법은 작업양을 줄여줄 수 있다.

include문과 requirc문은 오류가 빌생했을 때 내응하는 방법을 제외하고는 동일하게 작동한다. 오류가 발생했을 때 include문은 경고 메시지를 출력하고 스크립트는 계속 수행된다. require문에서는 치명적 오류(fatal error)가 발생되었음을 알리고, 스크립트를 중단한다.

include나 require에 의해 복사되는 파일은 HTML, 또 다른 php 파일 등 다양한 형식을 지원한다. 여러 스크립트에서 공유되는 상수와 변수를 별도의 파일로 만들어 사용하는 예제를 살펴보자.

[예제 9.8] inc.php

```
<?php
  define ("NUM_OF_STUD", 50);
  $color="red";
?>
```

[예제 9.8] include.php

```
<?php
```

```
    include 'inc.php';

    echo "NUM_OF_STUD : ".NUM_OF_STUD."<br>";
    echo "I love $color";
?>
```

[실행 결과]

예제설명 inc.php 파일에 상수 NUM_OF_STUD와 변수 $color를 정의하였다. include.php 파일에서 inc.php 파일을 include함으로써 상수와 변수를 접근하였다. □

Checklists

- open() 함수 사용법
- 파일 접근 모드
- fclose() 함수 사용법
- fgets() 함수 사용법
- fputs() 함수 사용법
- fgetcsv() 함수 사용법
- fputcsv() 함수 사용법
- 파일의 접근 권한
- include/require문의 기능, 사용법

10장

MySQL & 데이터베이스

10장. MySQL & 데이터베이스

이 장에서는 PHP를 활용한 데이터베이스 연동 방법에 대해 다룬다. 데이터베이스 연동은 PHP의 가장 큰 특징 중 하나이며, 다양한 웹 프로그래밍을 가능하게 해주는 특징이다. 로그인 기능이나 쇼핑몰의 장바구니를 구현하기 위해서는 데이터베이스를 반드시 필요로 한다. 많은 종류의 상용 데이터베이스가 있지만, PHP에서는 MySQL과의 연동을 지원한다. MySQL의 상세한 명령어에 관심이 있다면 https://dev.mysql.com/doc/refman/8.0/en/을 참고하기 바란다. 이 장에서는 MySQL의 기본적인 명령어와 PHP에서 MySQL을 연동하는 방법에 대해 다룬다.

10.1 MySQL 소개

PHP와 연동되는 MySQL의 특징은 다음과 같다.

· MySQL은 웹에서 사용된다.
· MySQL은 서버에서 실행되는 데이터베이스 시스템이다.
· MySQL은 응용 프로그램의 규모에 상관없이 잘 작동한다.
· MySQL은 매우 빠르고 신뢰할만하며 사용하기 쉽다.
· MySQL은 표준 SQL을 사용한다.
· MySQL은 다양한 플랫폼에서 컴파일되며 무료로 사용할 수 있다.

MySQL은 대표적인 관계형(relational) 데이터베이스 관리 시스템이다. 관계형이라는 의미는 데이터를 행과 열의 표의 형태로 저장하며 조작한다는 의미이다. "database"에는 여러 개의 "table"을 저장한다. 이는 하나의 폴더(database)에 성질이 유사한 파일(table)을 저장하는 것과 같은 원리이다. table의 각 행은 "tuple" 또는 "record"라 불리며, 각 열은 속성(attribute 또는 field)이라 한다.

MySQL의 명령어는 DDL(Data Definition Language), DML(Data Manipulation Language), DCL(Data Control Language)로 분류된다. DDL은 alter, create, drop으로 시작하는 명령어로 주로 스키마를 다룬다. DML은 데이터를 읽고 쓰고 삭제하기 위한 명령어로 가장 많이 사용되는 명령어이다. DML에는 insert, delete, select, update, load 등의 명령어가 있다. DCL은 데이터베이스 접근하기 위한 권한이나 트

랜잭션을 제어하기 위한 명령어가 포함된다. grant, revoke, commit, rollback과 같은 명령어를 포함한다. 여기서는 DDL과 DML의 사용 방법을 주로 다룬다.

MySQL은 비절차적 언어로서 대화식 또는 내포된 형태로 사용된다. 대화식은 콘솔에서 명령어를 입력하면 결과를 보여주는 형태를 의미하며, 내포된 형태는 다른 고급언어에 포함되어 실행되는 방법을 말한다. 이 절에서는 대화식을 사용한 결과를 다루고자 한다.

MySQL의 홈 사이트는 http://mysql.com이나, 명령어에 대한 매뉴얼 정보는 https://dev.mysql.com/doc/refman/8.0/en/에서 얻을 수 있다. (MySQL 8.0 기준) 기본적인 언어 구조로 리터럴, 키워드와 예약어, 사용자 정의 변수, 식, 주석 등을 가지고 있다. 데이터 타입을 사용하며, 함수와 연산자도 제공한다.

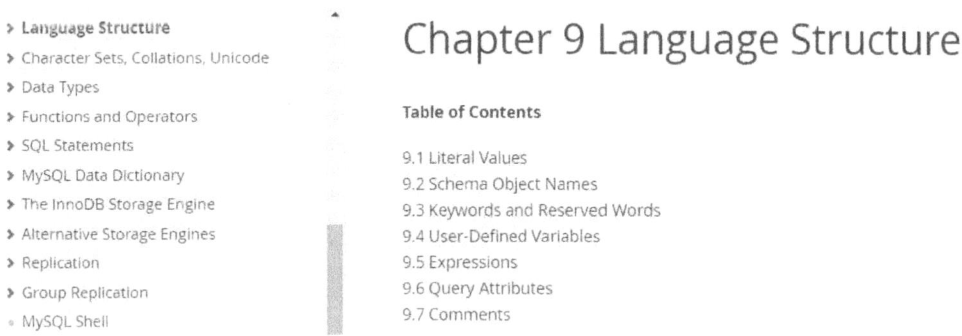

MySQL 명령어로 조작할 데이터베이스에 대해 간단하게 이해해보자. 로그인을 위한 데이터베이스를 가정해보자. 로그인을 위해 필요한 데이터는 개인의 아이디와 비밀번호이다. 일반적으로 아이디는 중복 검사를 통해 다른 사용자가 사용하지 않은 아이디만 등록가능하고, 비밀번호는 각 사이트의 정책에 따라 길이와 구성이 다양할 수 있다.

데이터베이스에 아이디와 비밀번호를 저장해야 한다면 어떻게 저장할까? 가장 간단한 방법은 다음 [그림 10.1]과 같이 "표"(table)의 형태로 저장하는 것이다. 표는 행(row)과 열(column)로 구성되어 있다. 연번은 편리함을 위해 추가한 정보이고, 로그인을 위해 필요한 데이터는 아이디와 비밀번호라고 할 수 있다.

연번	아이디	비밀번호
1	kim	1234
2	lee	1111
...	...	...

[그림 10.1] 로그인 데이터의 저장 예

이런 형태의 표가 가장 많이 사용되는 데이터베이스의 형태이다. 정확하게 설명하면 “관계형 데이터베이스”이다. 관계형 데이터베이스의 자세한 사항은 이 교재에서 설명하기에는 너무 많은 내용을 갖고 있기 때문에, 여기서는 데이터베이스를 표의 형태로 정의하는 것으로 데이터베이스에 대한 이해를 마치고자 한다. 다음으로 SQL의 기본 명령어에 대하여 배워보자.

10.2 MySQL의 기본 명령어

SQL(Structured Query Language)은 데이터베이스를 조작하는 도구이다. 앞 절에서 데이터베이스는 테이블의 형태로 구성된다고 설명하였는데, SQL은 테이블에 새로운 행을 추가하고, 행을 삭제하고, 새로운 테이블을 만드는 등 테이블을 조작할 때 필요한 도구(언어)이다.

MySQL 명령어를 실행하려면 MySQL을 먼저 실행해야 한다. 먼저 xampp의 제어 패널을 열어 다음 [그림 10.2]와 같이 아파치와 MySQL을 시작한다.

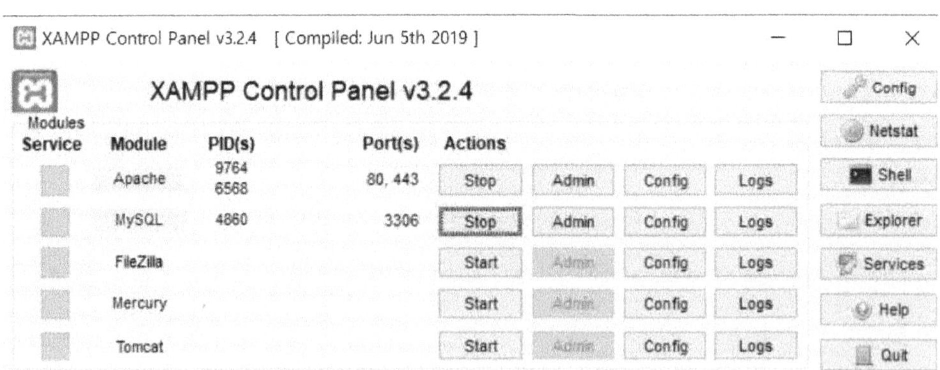

[그림 10.2] 아파치 서버와 MySQL 시작

다음으로 MySQL 명령어 입력을 위한 명령 프롬프트 창을 열고 명령어를 입력하여 MySQL을 실행한다. 디렉토리 이동은 cd 명령어를 사용하면 된다. (프롬프트가 MariaDB로 보이지만 앞으로 이것을 MySQL로 언급한다)

```
명령 프롬프트 - mysql -u root
Microsoft Windows [Version 10.0.18363.1316]
(c) 2019 Microsoft Corporation. All rights reserved.

C:₩Users₩user>cd ₩

C:₩>cd xampp

C:₩xampp>cd mysql

C:₩xampp₩mysql>cd bin

C:₩xampp₩mysql₩bin>mysql -u root
Welcome to the MariaDB monitor.  Commands end with ; or ₩g.
Your MariaDB connection id is 8
Server version: 10.4.14-MariaDB mariadb.org binary distribution

Copyright (c) 2000, 2018, Oracle, MariaDB Corporation Ab and others.

Type 'help;' ui '₩h' for help. Type '₩c' to clear the current input statement.

MariaDB [(none)]>
```

화면 마지막처럼 MariaDB>라는 프롬프트가 보이면 여기서부터는 MySQL 명령을 입력할 수 있다. MySQL로 데이터베이스를 다루기 위해서는 데이터베이스의 생성, 테이블의 생성, 튜플의 삽입, 수정, 삭제 등의 명령어에 대해 알아야 한다.

10.2.1 데이터베이스 생성 및 테이블 생성

MySQL에서는 데이터베이스 테이블을 만들기 전에 테이블이 저장된 데이터베이스를 선택 또는 생성해야 한다. 테이블이 하나의 파일이라면 데이터베이스는 파일이 저장되는 폴더와 같다. 데이터베이스를 생성하는 명령어는 다음과 같다. 여기서 사용하는 명령어에 대한 상세한 사항은 http://dev.mysql.com/을 참조하기 바란다.

mysql> create database *db_name*;

db_name은 사용자가 부여하는 데이터베이스 이름이다. "php"라는 이름의 데이터베이스를 만들고 싶다면 create database php; 라고 입력한다. MySQL의 명령어는

';' 로 끝난다. 데이터베이스(폴더)를 만들었다면 해당 데이터베이스(폴더)로 이동해야 한다. 이 때 사용하는 명령어는 use이다.

```
mysql> use db_name;
```

이번에는 테이블을 만드는 명령어에 대하여 배워보자. 테이블은 두 단계로 만들어진다. 첫 번째 단계에서는 테이블의 틀(스키마)을 정의해야 하고, 틀이 만들어지면 값을 입력해야 한다. 다음은 테이블의 틀을 만드는 명령어이다.

```
mysql> create table tbl_name (필드의 정의);
```

일단 예제를 보고, create table 명령어에 대해 상세하게 배워보자.

[예제 10.1] 데이터베이스 생성과 테이블 생성

```
MariaDB [(none)]> show databases;
+--------------------+
| Database           |
+--------------------+
| information_schema |
| mysql              |
| performance_schema |
| phpmyadmin         |
| proj20             |
| test               |
+--------------------+
6 rows in set (0.051 sec)

MariaDB [(none)]> create database php;
Query OK, 1 row affected (0.004 sec)

MariaDB [(none)]> use php;
Database changed
MariaDB [php]> create table member (
    -> id char(15) not null,
    -> pass varchar(30),
    -> primary key(id));
Query OK, 0 rows affected (0.051 sec)

MariaDB [php]>
```

예제설명 새로운 데이터베이스를 생성하기 전에 현재 만들어져 있는 데이터베이스 목록을 확인하기 위해 show databases; 명령어를 먼저 사용하였다. 각자의 데이터베이스 상태가 왼쪽 그림과 다를 수 있으나 아무런 문제가 되지 않는다.

create table 명령어로 정의한 member 테이블은 아이디와 비밀번호를 저장하기 위한 테이블이다. MySQL에서 테이블을 사용하기 위해서는 먼저 틀(스키마)를 정의하고, 테이블에 튜플(값)을 삽입해야 한다. 새로 만드는 테이블의 이름은 "member"이며 아이디를 저장할 필드의 이름은 "id"로 정의하였다. id 필드는 문자 15자까지의 길이를 허용하며, null 값이 될 수 없다. id 필드를 not null로 지정한 이유는 기본키(primary key)로 지정하기 위해서이다. 기본키로 정의되는 속성은 중복된 값을 가질 수 없다. 즉, 현재는 id가 기본키이므로 id의 모든 값을 다른(different) 값이어야 한다. 비밀번호는 “pass“ 라는 이름으로 정의하였고, 문자 30자 안에서 자유롭게 정의된다. varchar 타입은 데이터의 실제 길이에 따라 메모리를 변동적으로 할당하고, char 타입은 실제 길이에 상관없이 동일한 메모리를 할당한다. 메모리 효율 측면에서는 varchar 타입을 사용하는 것이 효율적이다. 마지막 문장에서 기본키가 되는 속성을 ( )안에 정의하였다. 여기까지 수행한 작업이 member 테이블의 틀을 정의한 것이다. 테이블의 틀은 데이터베이스 용어로 스키마(schema)라고 한다. □

테이블의 필드를 정의하려면 타입을 알아야 한다. MySQL이 지원하는 주요 타입은 [표 10.1]에 나타나 있다.

[표 10.1] MySQL의 주요 타입들

타입 부류	키워드
정수	integer, int, smallint, tinyint, mediumint, bigint
실수	float, double
문자열	char, varchar, blob, text
날짜와 시간	date, datetime, timestamp
비트	bit
열거형	enum
집합	set

MySQL의 데이터 타입에 추가하여 명령어에 포함되는 식을 작성할 때 필요한 MySQL의 연산자 목록은 다음과 같다.

[표 10.2] MySQL의 비교 연산자

Name	Description
>	Greater than operator
>=	Greater than or equal operator
<	Less than operator
<>, !=	Not equal operator
<=	Less than or equal operator
<=>	NULL-safe equal to operator
=	Equal operator

[표 10.3] MySQL의 논리 연산자

Name	Description
AND, &&	Logical AND
NOT, !	Negates value
OR, ||	Logical OR
XOR	Logical XOR

[표 10.4] MySQL의 할당 연산자

Name	Description
:=	Assign a value
=	Assign a value (as part of a SET statement, or as part of the SET clause in an UPDATE statement)

10.2.2 튜플의 삽입과 검색

이제 틀을 가진 테이블에 구체적인 값들을 입력해보자. 테이블에 행(튜플)을 입력하기 위해서는 insert into 명령어를 사용한다. 행의 값들을 입력하고 입력된 값을 출력(검색)하는 select 명령어를 배워보자.

mysql> insert into *tbl_name* values (속성값들);

mysql> select *속성이름* from *tbl_name*;

[예제 10.2] 튜플의 삽입 및 검색

```
MariaDB [php]> desc member;
+-------+-------------+------+-----+---------+-------+
| Field | Type        | Null | Key | Default | Extra |
+-------+-------------+------+-----+---------+-------+
| id    | char(15)    | NO   | PRI | NULL    |       |
| pass  | varchar(30) | YES  |     | NULL    |       |
+-------+-------------+------+-----+---------+-------+
2 rows in set (0.039 sec)

MariaDB [php]> insert into member values ("gomsuni11", "1234");
Query OK, 1 row affected (0.079 sec)

MariaDB [php]> select * from member;
+-----------+------+
| id        | pass |
+-----------+------+
| gomsuni11 | 1234 |
+-----------+------+
1 row in set (0.003 sec)
```

예제설명 튜플을 삽입하기 전에 생성된 테이블의 구조를 확인하기 위해 desc 명령어를 사용한 후, insert into 명령을 사용하여 member 테이블에 하나의 행(튜플)을 삽입하였다. insert 명령어에 테이블 이름과 삽입할 값을 ( )안에 기술하면 된다. member 테이블로부터 삽입된 튜플을 출력하기 위해 select * from member; 명령어를 사용하였는데, 여기서 *은 모든 필드를 의미하는 기호이다. □

10.2.3 필드의 수정

insert into 명령어로 삽입된 튜플이나 필드는 추후에 값을 변경해야 하는 경우가 발생한다. 사용자의 비밀번호를 변경하거나 전화번호를 변경하는 경우가 그 예이다. 특정 필드의 값을 수정하는 명령어는 update ~ set이다. where 절에 조건을 명시함으로써 수정되어야 할 튜플을 명세할 수 있다. 예를 들어, where 절에 특정 아이디를 명시하거나 학번을 명시함으로써 튜플을 찾을 수 있다. member 테이블에 이름과 비밀번호를 삽입한 후 수정해보자.

mysql> update *tbl_name* set *field_name* = *new_value* where 조건;

[예제 10.3] 필드의 입력과 수정

```
MariaDB [php]> insert into member values ("gomdoli", "1111");
Query OK, 1 row affected (0.004 sec)

MariaDB [php]> select * from member;
+------------+------+
| id         | pass |
+------------+------+
| gomdoli    | 1111 |
| gomsuni11  | 1234 |
+------------+------+
2 rows in set (0.001 sec)

MariaDB [php]> update member set pass="2222" where id="gomdoli";
Query OK, 1 row affected (0.004 sec)
Rows matched: 1  Changed: 1  Warnings: 0

MariaDB [php]> select * from member;
+------------+------+
| id         | pass |
+------------+------+
| gomdoli    | 2222 |
| gomsuni11  | 1234 |
+------------+------+
2 rows in set (0.001 sec)
```

예제설명 member 테이블의 상태가 위와 같을 때 특정 아이디의 비밀번호를 변경하는 예제이다. "gomdoli"라는 아이디를 가진 사용자의 비밀번호를 변경하기 위해 update 명령어를 사용하였다. 여기서 where 절을 생략하면 모든 튜플의 비밀번호가 2222로 변경됨에 유의한다. □

10.2.4 튜플의 삭제

테이블에서 튜플(행)을 삭제하는 명령어를 배워보자. 튜플을 삭제하는 명령어는 delete ~ from이다. where 절을 생략하면 테이블에서 모든 튜플이 삭제됨에 주의한다. 참고로, 테이블 전체(틀과 값)를 삭제할 때는 drop table 명령어를 사용한다.

mysql> delete from *tbl_name* where 조건;

[예제 10.4] 튜플의 삭제

```
MariaDB [php]> delete from member where id="gomdoli";
Query OK, 1 row affected (0.004 sec)

MariaDB [php]> select * from member;
+------------+------+
| id         | pass |
+------------+------+
| gomsuni11  | 1234 |
+------------+------+
1 row in set (0.001 sec)
```

예제설명 delete from을 사용하여 아이디가 "gomdoli"인 튜플을 삭제하였다. 삭제를 확인하기 위해 select 명령문을 사용하였다. □

지금까지는 MySQL에서 데이터베이스를 만들고, 테이블이 스키마와 튜플을 생성하고, 듀플을 검색하고, 수정하고, 삭제하는 기본 명령어를 배워보았다. 물론, 이 명령어들은 다양하게 변형될 수 있고, 더 복잡한 기능을 수행할 수 있는 명령어도 있으나 여기에 모두 기술하기는 어려워서 이 정도로 마무리하려고 한다. MySQL에 대한 좀 더 상세한 명령어가 필요하다면 http://dev.mysql.com/을 참고하기 바란다.

10.3 데이터베이스 연동하기

이 절에서는 PHP에서 데이터베이스를 연동하는 방법에 대해 배워보자. PHP에서 데이터베이스를 연동하는 단계와 관련 API들은 다음과 같다.

- 데이터베이스 연결
- 질의(SQL 명령어) 수행 및 결과 처리
- 데이터베이스 닫기

연동 단계	함수 이름 (APIs)
데이터베이스 연결	mysqli_connect()
질의 수행	mysqli_query()
결과 처리	mysqli_fetch_array(), mysqli_fetch_row()
데이터베이스 닫기	mysqli_close()

PHP에서는 데이터베이스 연동을 위한 각 단계에서 실행되는 함수들(APIs)이 존재하고, 이 함수들을 이해하면 PHP에서 데이터베이스를 연동할 수 있다. MySQL을 프롬프트 창에서 실행하는 것과 PHP를 통해 실행하는 것의 차이점을 이해할 필요가 있다. 프롬프트 창에서 MySQL을 실행하는 것은 순수한 MySQL 명령어만 사용할 수 있어서 테이블을 조작하여 프롬프트 창에서 결과를 확인하는 것만 가능하다. 하지만 PHP에서 데이터베이스를 접근하는 것은 웹 프로그램과 연동되기 때문에, HTML, CSS, 자바 스크립트 명령어와 함께 사용할 수 있고, 응용 프로그램(로그인, 수강신청 등)에 데이터베이스를 접근한 결과를 반영할 수 있다.

데이터베이스 연결을 위한 mysqli_connect() 함수에 대해 알아보자. mysqli_connect() 함수의 원형은 다음과 같다.

```
mysqli_connect ([ string $host = ini_get("mysqli.default_host") [, string $username = ini_get("mysqli.default_user") [, string $passwd = ini_get("mysqli.default_pw") [, string $dbname = "" [, int $port = ini_get("mysqli.default_port") [, string $socket = ini_get("mysqli.default_socket") ]]]]]] ) : mysqli
```

mysqli_connect() 함수의 주요 매개변수의 의미는 다음과 같다. $host는 연결할 서버의 이름이나 IP 주소이다. xampp를 사용하는 경우, $host는 "localhost" 또는 " 127.0.0.1 "이 될 것이다. 두 번째 매개변수는 $username인데, 우리의 경우에는 " root"를 사용한다. 세 번째 매개변수는 데이터베이스의 비밀번호이인데. 별도의 비밀번호를 설정하지 않았기 때문에 널 문자열 "" 을 사용한다. 네 번째 매개변수는 연결할 데이터베이스의 이름으로, 미리 만들어 둔 " php"를 사용한다.

mysqli_connect() 함수의 반환값은 mysqli 객체이다. 이 값은 저장되어 다른 함수의 $link 위치에 사용되게 된다. 매개변수 값을 적용한 전형적인 함수의 사용 예는 다음과 같다. 데이터베이스에 연결하는 것은 실패할 수 있다. 웹 서버가 가동되지 않았거나, 사용자 이름이 없거나, 비밀번호가 다르거나, 접근할 데이터베이스가 없거나 이름이 다르면 데이터베이스 연결에 실패한다.

```
$dbc = mysqli_connect("localhost", "root", "", "php);
```

두 번째로 배울 함수는 mysqli_query() 함수이다. 이 함수의 원형은 다음과 같다. mysqli_query() 함수로 MySQL 질의들을 수행할 수 있다.

---

mysqli_query (mysqli $link , string $query [, int $resultmode = MYSQLI_STORE_RESULT]) : mixed

---

mysqli_query() 함수의 첫 번째 매개변수는 mysqli_connect() 함수의 반환값인 $link와 수행할 질의를 담은 문자열 변수 $string이다. 예를 들어, 튜플을 검색하는 질의를 수행하고 싶다면 다음과 같이 하면 된다.

$result = mysqli_query($dbc, "select * from member");

mysqli_query() 함수를 이용하면 MySQL 질의들을 마음껏 사용할 수 있다. 앞 절에서 배운 MySQL 질의들, 즉, 테이블 생성, 튜플 삽입, 필드 수정, 튜플 삭제 등의 질의를 수행할 수 있다. 다만, 질의가 길고 복잡하면 별도의 문자열 변수를 사용하면 함수를 깔끔하게 사용할 수 있다.

$query = "select * from member";
$result = mysqli_query($dbc, **$query**);

세 번째로 배울 함수는 mysqli_fetch_array() 함수이다. mysqli_ fetch_array()함수의 원형은 다음과 같다.

---

mysqli_fetch_array (mysqli_result $result [, int $resulttype = MYSQLI_BOTH]) : mixed

---

mysqli_query() 함수로 수행한 질의의 결과는 하나의 값일 수도 있지만 두 줄 이상의 테이블일 수도 있다. 이 결과를 배열의 형태로 저장하는 명령어가 mysqli_fetch_array()이다. 질의의 결과가 배열에 저장되면 for(), foreach() 등을 활용하여 배열에 접근할 수 있다. mysqli_fetch_array() 함수의 매개변수는

mysqli_query() 함수의 실행 결과인 $result이다.

마지막으로 배울 함수는 mysqli_close()이다. mysqli_connect() 함수로 데이터베이스에 연결한 후 더 이상 데이터베이스에서 할 일이 없다면 그 연결을 끊어야 한다. mysqli_close() 함수의 원형은 다음과 같다. 함수의 매개변수는 mysqli_connect() 함수의 반환값인 $link이다.

mysqli_close (mysqli $link) : bool

[예제 10.5]에서 위에서 언급한 함수들을 사용하여 데이터베이스 연동 방법을 알아보자.

[예제 10.5] 데이터베이스 연동

```
<?php
$dbc=mysqli_connect("localhost", "root", "", "php");  // 연결 후 결과 저장

if (!$dbc)   // 연결에 실패했다면
        die("데이터베이스 연결에 실패하였습니다");  // 프로그램 종료

$query = "insert into member values('park', '3333')";  // 질의 작성
$result = mysqli_query($dbc, $query);  // 질의 실행

$query = "select * from member"; // 질의 작성
$result = mysqli_query($dbc, $query);  // 질의 실행

echo "<table border='1'>";
echo "<tr> <th> ID </th> <th> Password </th> </tr>";
echo "<tr>";
while ($row=mysqli_fetch_array($result)) {  // select 질의의 결과를 배열에 저장
        print "<td>".$row['id']." "."<td>".$row['pass'];  // 각 필드 출력
        print "</tr>";
```

```
}
echo "</table>";

mysqli_close($dbc);  // 데이터베이스 연결 종료
?>
```

[실행 결과]

localhost/exam/

ID	Password
gomsuni11	1234
park	3333

예제설명 미리 만들어 둔 "php" 데이터베이스 안의 "member" 테이블을 접근하여 각 튜플을 출력하는 예제이다. mysqli_connect() 함수를 실행한 결과는 $dbc에 저장되고, 연결에 성공하지 못했다면 if()문이 참이 되어 die() 함수를 실행한다. die() 함수는 괄호 안의 메시지를 출력한 후 프로그램을 종료한다. 즉, 데이터베이스 연결에 성공하지 못했다면 질의 수행이나 출력을 수행하지 않는다. 데이터베이스 연결에 성공했다면 튜플을 삽입하기 위한 질의를 $query에 저장하여 mysqli_query() 함수로 실행한다. 그 결과를 배열로 저장하기 위해 mysqli_fetch_array() 함수를 사용하였으며, 저장된 결과를 $row에 저장하여 연관 배열의 형태로 접근한다. $row['id']에서 "id"는 테이블에서 사용한 필드 이름이어야 한다. 마지막에 mysqli_close() 함수를 사용하여 데이터베이스 연결을 종료하였다. □

데이터베이스를 사용한 프로그램을 폼과 연결해보자. 폼은 웹 프로그램에서 가장 일반적으로 사용되는 입력 양식이다. 폼과 데이터베이스를 사용한 [예제 10.6], [예제 10.7]을 살펴보자.

[예제 10.6] member.html

```
<form method="post" action="signup.php">
```

```
<input type="submit" value="회원가입" name="s1">
</form>

<form method="post" action="update.php">
<input type="submit" value="비밀번호 바꾸기" name="s2">
</form>

<form method="post" action="delete.php">
<input type="submit" value="회원탈퇴" name="s3">
</form>
```

[실행 결과]

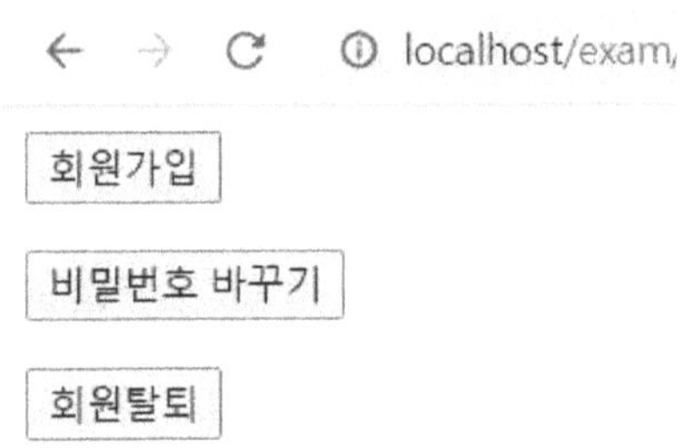

예제설명 세 개의 버튼을 가진 *.html이다. 회원 가입의 경우, signup.php, 비밀번호 바꾸기의 경우, update.php, 회원 탈퇴의 경우, delete.php가 수행되도록 연결하였다. signup,php와 update.php는 다음 예제에서 다룬다. □

[예제 10.7]에서 " 회원가입 "을 눌렀을 때 실행될 코드 signup.*를 만들어보자. 폼에서 아이디와 비밀번호를 입력받아 데이터베이스에 저장하는 프로그램을 만들어보자. 먼저 회원 가입을 위해 아이디와 비밀번호를 입력하는 폼을 만들어보자.

[예제 10.7] 회원 가입 폼 (signup.html)

```
<form method="post" action="signup.php">
  <h3> 회원 가입 하기 </h3> <hr>
  <table> <tr>
```

```
    <td> 아이디 : </td> <td> <input type="text" name="id"> </td></tr>
    <tr> <td> 비밀번호 : </td>
    <td> <input type="password" name="pass1"> </td> </tr>
    <tr> <td> 비밀번호확인 : </td>
    <td> <input type="password" name="pass2"> </td> </tr>
    <tr> <td colspan=2>
    <input type="submit" name="submit" value="가입하기">
    <input type="reset" name="submit" value="다시쓰기"> </td> </tr>
    </table>
</form>
```

[예제 10.7] 회원 데이터의 데이터베이스 저장 (signup.php)

```
<?php
if (isset($_POST['submit'])) {
  $dbc=mysqli_connect("localhost", "root", "", "php");
  if (!$dbc) die("데이터베이스 연결 실패");
  $id = $_POST['id'];
  $pass1 = $_POST['pass1'];
  $pass2 = $_POST['pass2'];

  if ($pass1 != $pass2)
    echo "비밀번호를 다시 입력해주세요";
  else {
    $query = "insert into member values ('$id', '$pass1')";
    $result = mysqli_query($dbc, $query);
    $query = "select * from member where id='$id'";
    $result = mysqli_query($dbc, $query);

    if ($result)
          echo "회원 가입 되었습니다. ";
    mysqli_close($dbc);
  }
}
```

```
?>
```

[실행 결과]

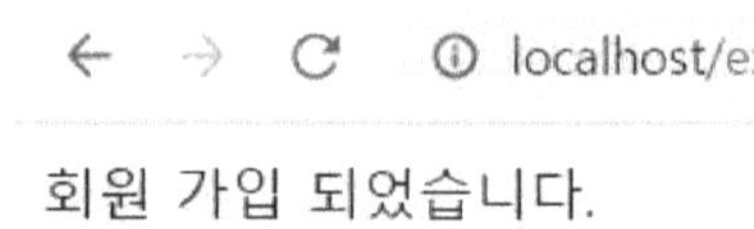


```
MariaDB [php]> select * from member;
+-----------+-------+
| id        | pass  |
+-----------+-------+
| gomsuni11 | 1234  |
| merry     | 1234  |
| park      | 68173 |
+-----------+-------+
3 rows in set (0.000 sec)
```

[실행 후 테이블 상태]

예제설명 signup.html에서는 아이디와 비밀번호를 입력할 수 있는 폼을 만들어 출력한다. 안전한 가입을 위해 비밀번호는 두 번 입력받는다. 폼에서 데이터가 signup.php로 전달되면 입력한 두 개의 비밀번호가 동일한지 검사하고, 아이디와 비밀번호를 member 테이블에 저장한 후, 해당 아이디를 가진 튜플을 데이터베이스에서 검색하여 검색이 되면 회원 가입 성공을 알리는 메시지를 출력한다. 입력한 두 개의 비밀번호가 다르면 두 번째 결과가 출력된다. □

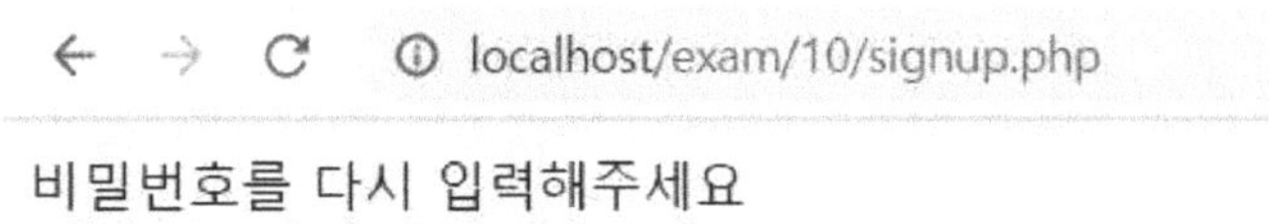

회원의 비밀번호를 변경할 수 있는 폼과 데이터베이스에서 비밀번호를 변경하는 프로그램을 만들어보자.

[예제 10.8] update.php

```
<?php
$dbc=mysqli_connect("localhost", "root", "", "php");
if (!$dbc)
        die("fail to connect");
?>
<form method="post" action="update.php">
<p> 비밀번호를 변경합니다. </p>
아이디 입력 : <input type="text" name="id">
<input type="submit" value="변경하기" name="submit">

<?php
if (isset($_POST['submit'])) {
  $id = $_POST['id'];
  $query="select id from member where id='$id'";
  $result = mysqli_query($dbc, $query);
  if ($result) {
        $npass = rand(1000, 99999);
        $query = "update member set pass='$npass' where id='$id'";
        $result = mysqli_query($dbc, $query);
        if ($result)
            print "<br>임시 비밀번호가 ".$npass."로 변경되었습니다.";
        else
            print "비밀번호 변경에 실패하였습니다. ";
  }
  else
```

```
      echo "해당하는 아이디가 없습니다. ";
   echo "<a href='member.html'> &lt; &lt; 처음으로 </a>";
 }
 ?>
```

[실행 결과]

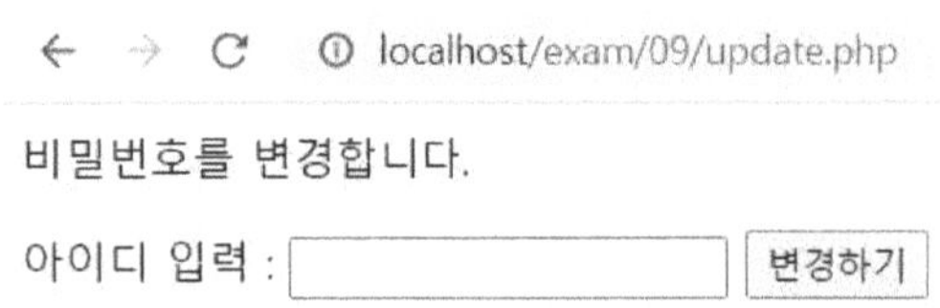

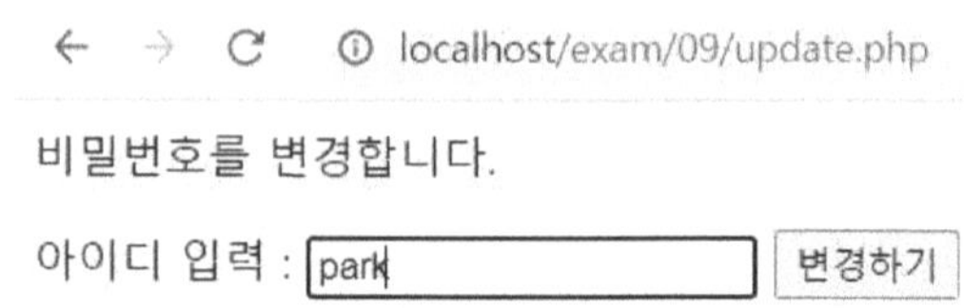

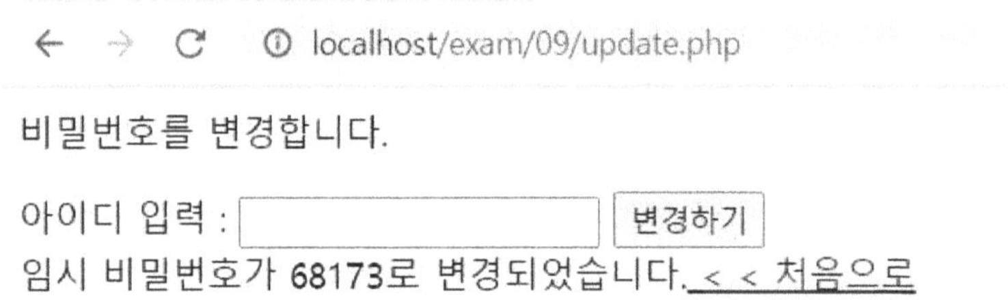


```
MariaDB [php]> select * from member;
+------------+--------+
| id         | pass   |
+------------+--------+
| gomsuni11  | 1234   |
| park       | 68173  |
+------------+--------+
2 rows in set (0.001 sec)
```

예제설명 먼저, 비밀번호를 변경할 아이디를 폼에서 입력받는다. 입력받은 아이디를 데이터베이스에서 찾은 후 난수로 생성한 비밀번호로 새 비밀번호를 갱신한다. member 테이블을 검색해보니 새로운 값으로 변경되었음을 확인할 수 있다. 또 다른 아이디의 비밀번호를 변경하기 위해 처음으로 돌아갈 수 있는 링크를 구현하였다. □

10.3.1 쿠키를 사용한 로그인의 구현

8장에서 쿠키와 세션에 대해 학습하였다. 이제 쿠키를 사용한 예제로 가장 일반적인 로그인과 로그아웃 기능을 구현해보자. 로그인을 위해서는 아디이와 비밀번호가 필요하므로 데이터베이스에 회원 테이블이 준비되어 있어야 한다. 그리고 로그인에 성공하면(아이디와 비밀번호가 맞으면) 적절한 쿠키(예제에서는 사용자 아이디)를 설정하면 된다. 그리고 페이지들을 옮겨 다닐 때마다 해당 쿠키가 설정되어 있는지를 검사하여 로그인 여부를 확인하고, 로그아웃할 때에는 해당 쿠키를 삭제한다.

먼저 로그인을 위한 적절한 폼을 디자인해보자. 다음과 같은 초기 화면에 아이디와 비밀번호를 입력한다.

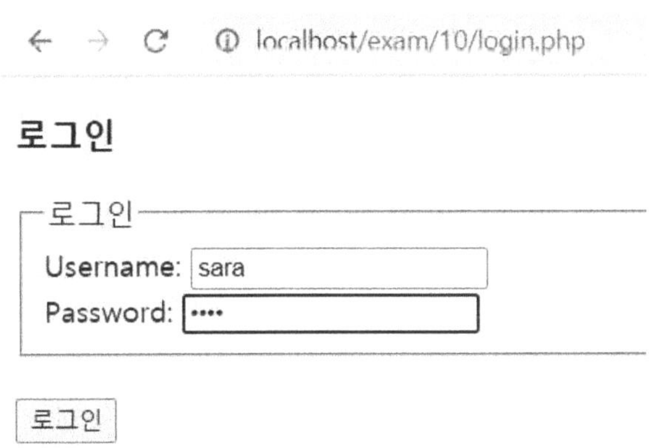

정상적인 회원이라면 로그인에 성공했다는 메시지를 만나게 된다.

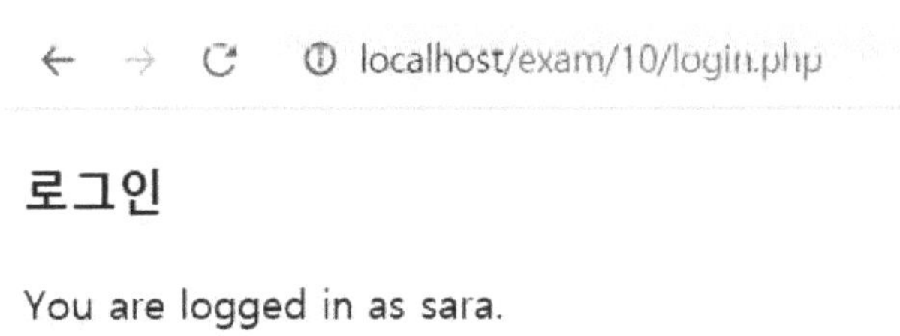

이 때 member 테이블의 상태와 저장된 쿠키 상태는 다음과 같다. (프로그램 수행 전 사용자 sara에 대한 정보가 먼저 추가되어 있어야 한다.)

```
MariaDB [php]> select * from member;
+-------------+-------+
| id          | pass  |
+-------------+-------+
| gomsuni11   | 1234  |
| merry       | 1234  |
| park        | 68173 |
| sara        | 9999  |
+-------------+-------+
4 rows in set (0.000 sec)
```

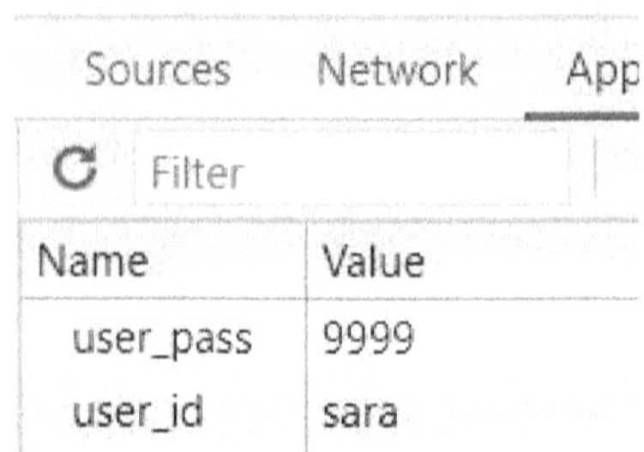

테이블에 회원 정보가 없는 사용자가 로그인을 한다면 다음과 같은 화면이 나타나게 된다.

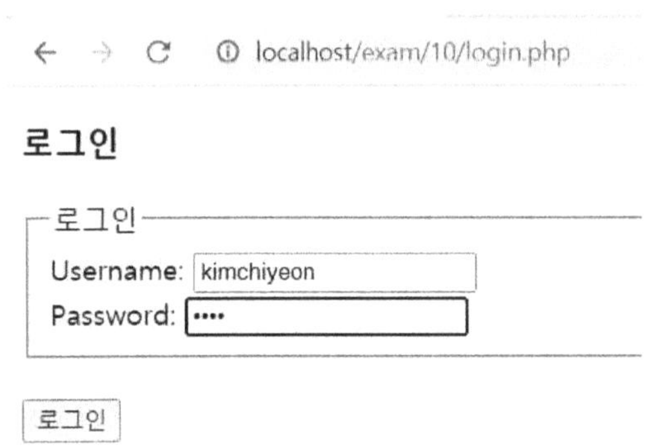

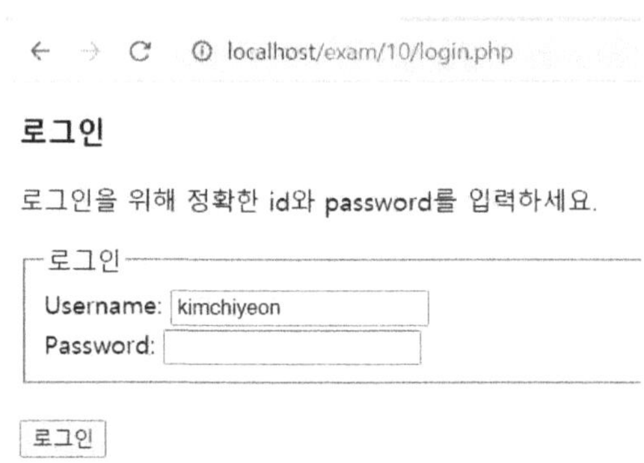

입력되지 않은 아이디나 비밀번호가 있을 때는 다음과 같은 화면이 나타난다.

먼저 로그인을 위한 코드를 살펴보자. 코드에 대한 설명은 주석으로 대신한다.

[예제 10.9] 쿠키를 사용한 로그인

```
<?php
$err_msg="";
if (!isset($_COOKIE['user_id'])) {  // 쿠키가 설정되어 있지 않다면
  if (isset($_POST['submit'])) {  // 제출 버튼이 눌러졌다면
     $dbc = mysqli_connect("localhost", "root", "", "php");  // 연결
     $id = $_POST['id'];
     $pass=$_POST['pass'];

     if (!empty($id) && !empty($pass)) {  // 아이디와 비번이 공백이 아니라면
        $query = "SELECT id, pass FROM member WHERE id='$id' and
pass='$pass'";  // 아이디와 비번으로 회원 찾기
        $data = mysqli_query($dbc, $query);
        if (mysqli_num_rows($data) == 1) {  // 회원이 있으면
          setcookie('user_id', $id);  // 사용자 아이디로 쿠키 생성
          setcookie('user_pass', $pass); // 비밀번호로 쿠키 생성
        }
        else {  // 회원이 없다면
          $err_msg="로그인을 위해 정확한 id와 password를 입력하세요. <br>";
        }
     } // empty
    else {  // 아이디나 비전 중 공백이 있다면
        $err_msg="입력되지 않은 값들이 있습니다. <br>";
    }
  } // submit
} // $_COOKIE
?>

<!DOCTYPE html>
<html>
<body>
    <h3> 로그인 </h3>
    <?php
    if (empty($_COOKIE['user_id'])) {  // 쿠키가 없다면
```

```
        echo '<p>'.$err_msg.'</p>'; ?>
    <form method="post" action="<?php echo $_SERVER['PHP_SELF']; ?>">
    <fieldset>
    <legend> 로그인 </legend>
    <label for="username">Username:</label>
    <input type="text" name="id" value="<?php
    if (!empty($id))
        echo $id; ?>" /> <br />
    <label for="password">Password:</label>
    <input type="password" name="pass" />
    </fieldset> <br>
    <input type="submit" value="로그인" name="submit" />
    </form>
    <?php
    }
    else {      // 로그인에 성공했다면
        echo('<p> You are logged in as '.$_COOKIE['user_id'].'.</p>');
     }
  ?>
</body>
</html>
```

로그인 후 로그아웃이 필요하다. 로그인 메시지 뒤에 로그아웃을 위한 링크를 생성한다.

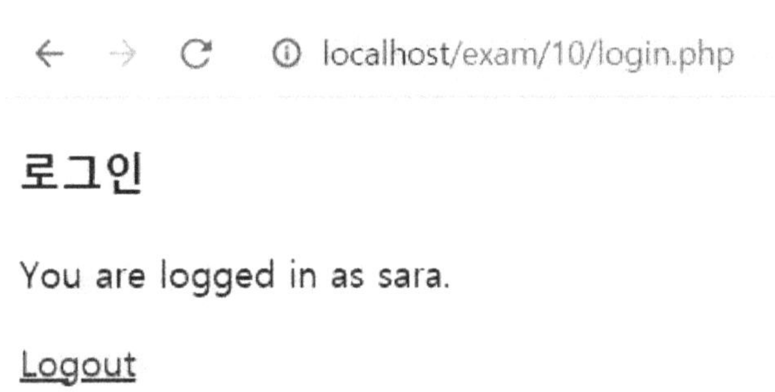

코드의 마지막 부분을 다음과 같이 수정한다.

```
else {      // 로그인에 성공했다면
        echo('<p> You are logged in as '.$_COOKIE['user_id'].'.</p>');
        echo "<a href='logout_ck.php'> Logout </a>";  // 로그아웃을 위한 링크
    }
```

다음은 쿠키를 사용한 로그아웃 코드이다. 쿠키로 로그아웃을 구현하려면 로그인에서 생성된 쿠키(아이디와 비밀번호)를 모두 삭제하면 된다. 쿠키의 삭제는 쿠키의 만료 시간을 과거 시간으로 만들어주면 된다.

[예제 10.10] 쿠키를 사용한 로그아웃

```
<?php
if (isset($_COOKIE['user_id'])) {
    // Delete the user id and user_pass cookies
    setcookie('user_id', '', time() - 3600);  // 쿠키 만료, 삭제
    setcookie('user_pass', '', time() - 3600); // 쿠키 만료, 삭제
    print "Bye... <br>";
    print "<a href='login_ck.php'> Log In </a>";    // 로그인으로 돌아가는 링크
  }
?>
```

10.3.2 세션을 이용한 로그인과 로그아웃

세션을 이용하여 로그인과 로그아웃을 구현해보자. 로그인 프로그램에서는 새로운 세션을 시작하여 적절한 세션 변수를 설정하고, 로그인의 여부를 세션 변수의 설정 여부를 알 수 있다. 세션을 이용한 로그아웃에서는 생성된 세션을 종료하고 관련된 모든 변수들을 삭제한다. 결과는 쿠키를 이용한 화면과 동일하다. 로그인과 로그아웃을 위한 코드를 소개한다.

[예제 10.11] 세션을 이용한 로그인

```
<?php
  session_start();  // 세션 시작
$err_msg="";
if (!isset($_SESSION['user_id'])) {  // 세션 변수가 없다면
        if (isset($_POST['submit'])) {  // 제출 버튼이 눌러졌다면
          $dbc = mysqli_connect("localhost", "root", "", "php"); // DB 연결
          $id = $_POST['id'];
          $pass=$_POST['pass'];

        if (!empty($id) && !empty($pass)) {
          // 아이디와 비밀번호 찾기
          $query = "SELECT id, pass FROM member WHERE id='$id' and
pass='$pass'";
          $data = mysqli_query($dbc, $query);
          if (mysqli_num_rows($data) == 1) { // 회원이라면
          $_SESSION['user_id'] = $id; // 세션 변수 설정

$next_url='http://'.$_SERVER['HTTP_HOST'].dirname($_SERVER['PHP_SELF']).
                              '/login_ss.php';
          }
          else {
           $err_msg="로그인을 위해 정확한 id와 password를 입력하세요. <br>";
          }
         } // empty
         else {  // 아이디나 비번 중 공백이 있다면
                $err_msg="입력되지 않은 값들이 있습니다. <br>";
         }
        } // submit
} // $_SESSION
?>

 <!DOCTYPE html>
 <html>
```

```
<body>
<?php
    if (empty($_SESSION['user_id'])) {  // 세션 변수가 없다면
        echo '<p>'.$err_msg.'</p>'; ?>
    <form method="post" action="<?php echo $_SERVER['PHP_SELF']; ?>">
    <fieldset>
    <legend> 로그인 </legend>
    <label for="username">Username:</label>
    <input type="text" name="id" value="<?php
    if (!empty($id))
                echo $id; ?>" /> <br />
    <label for="password">Password:</label>
    <input type="password" name="pass" />
    </fieldset> <br>
    <input type="submit" value="로그인" name="submit" />
   </form>

    <?php
    }
    else {     // 로그인에 성공했다면
         echo '<p> You are logged in as '.$_SESSION['user_id']."..";
         echo "<a href='logout_ss.php'> Logout </a>";  // 로그아웃 링크
     }
  ?>
</body>
</html>
```

[예제 10.12] 세션을 이용한 로그아웃

```
<?php
session_start();  // 세션 시작

if (isset($_SESSION['user_id'])) {
    // Delete the user id and user_pass cookies
```

```
    $_SESSION[]=array();  // 세션 변수 삭제
    setcookie(session_name(), '', time() - 3600); // 쿠키 삭제
    session_destroy(); // 세션 삭제

    $login_url='http://'.$_SERVER['HTTP_HOST'].dirname($_SERVER['PHP_SELF']).
                        '/login_ss.php';
    header('Location:'.$login_url);
}
?>
```

Checklists

- MySQL의 특징
- 관계형 데이터베이스
- DDL/DML/DCL
- create database
- use
- create table
- insert into
- MySQL의 데이터 타입과 연산자
- select
- update
- delete
- mysqli_connect()
- mysqli_query()
- mysqli_fetch_array()
- mysqli_close()

11장
날짜와 시간

11장. 날짜와 시간

이 장에서는 PHP에서 날짜와 시간을 다루는 방법에 대해 기술한다. 날짜와 시간은 웹 프로그래밍에 있어 유용하게 사용된다. 날짜와 시간 데이터는 입사일, 회원 가입일, 마지막 로그인 시간 등을 표현할 때 필요하다. 날짜와 시간을 다루기 위해 날짜와 시간이 포함된 변수나 객체를 만들고, 날짜와 시간을 분리하여 출력하고, 특정 날짜를 기준으로 앞뒤로 변경하는 방법 등에 대하여 배워보자.

11.1 날짜와 시간 생성

날짜와 시간을 표현하는 방법은 다양하다. 사용 순서에 있어 우리나라에서는 년/월/일의 순서로 표현하지만, 외국에서는 월/일/년의 순서로 표현한다. 년도를 두 자리로 표현할 수도 있고 네 자리로 표현할 수도 있다. 월의 경우, 숫자로 표현할 수도 있고, 세 글자의 영문으로, 또는 월을 의미하는 전체 단어로 표현할 수도 있다. 시간 역시 12시간 형식, 24시간 형식 등 다양한 형식으로 표현할 수 있다. 따라서 날짜와 시간을 다루기 위해서는 데이터를 다양하게 표현할 방법이 필요하다.

PHP에서는 date() 함수를 이용하여 날짜와 시간을 변수에 저장할 수도 있고, DateTime()의 생성자를 이용하여 객체로 만들어 다룰 수도 있다. 두 방법 모두의 공통점은 날짜를 표현하기 위해 형식 문자를 사용해야 한다는 점이다.

먼저 날짜를 다루는 가장 쉬운 방법으로 date() 함수를 사용해보자. date() 함수는 현재 날짜에 대해 적용된 형식으로 날짜를 표현한다. 함수 원형과 예제를 살펴본다.

```
date ( string $format , int|null $timestamp = null ) : string
```

두 번째 매개변수 timestamp를 생략하면 현재의 날짜와 시간이 사용된다.

[예제 11.1] date() 함수

```
<?php
  echo "Today is " . date("Y/m/d")."<br>";
  echo "Today is " . date("Y.m.d")."<br>";
  echo "Today is " . date("Y-m-d")."<br>";
  echo "Today is " . date("l")."<br>";
  echo "2021/3/14 : ".date("Y/m/d", strtotime("2021/3/14"))."<br>";
?>
```

[실행 결과]

← → C ⓘ localhost/exam/11/date.php

```
Today is 2021/01/24
Today is 2021.01.24
Today is 2021-01-24
Today is Sunday
2021/3/14 : 2021/03/14
```

예제설명 date() 함수를 이용하여 현재 날짜를 다양한 형식으로 출력하였다. 날짜의 표현 형식을 제어하는 "Y-m-d"와 같은 문자를 형식(format) 문자라고 한다. 형식 문자들이 어떤 기호로 분리되었는지에 따라 날짜를 표현하는 형식이 다르다. 네 번째 echo문에 사용된 소문자 엘(l)은 요일을 출력하는 형식 문자이다. 마지막 문장에서는 date() 함수의 두 번째 매개변수인 timestamp를 strtotime() 함수를 사용하여 전달하였다. □

date() 함수 안에서 사용된 형식 문자는 다른 방법에서도 다양하게 활용되기 때문에 형식 문자의 종류와 의미를 먼저 이해할 필요가 있다. 다음 [표 11.1]을 통해 형식 문자를 먼저 알아보자.

[표 11.1] 날짜와 시간을 표현하기 위한 형식 문자

Day	---	---
d	Day of the month, 2 digits with leading zeros	*01* to *31*
D	A textual representation of a day, three letters	*Mon* through *Sun*
j	Day of the month without leading zeros	*1* to *31*
l (lowercase 'L')	A full textual representation of the day of the week	*Sunday* through *Saturday*
N	ISO-8601 numeric representation of the day of the week (added in PHP 5.1.0)	*1* (for Monday) through *7* (for Sunday)
S	English ordinal suffix for the day of the month, 2 characters	*st*, *nd*, *rd* or *th*. Works well with *j*
w	Numeric representation of the day of the week	*0* (for Sunday) through *6* (for Saturday)
z	The day of the year (starting from 0)	*0* through *365*
Week	---	---
W	ISO-8601 week number of year, weeks starting on Monday	Example: *42* (the 42nd week in the year)
Month	---	---
F	A full textual representation of a month, such as January or March	*January* through *December*
m	Numeric representation of a month, with leading zeros	*01* through *12*
M	A short textual representation of a month, three letters	*Jan* through *Dec*
n	Numeric representation of a month, without leading zeros	*1* through *12*
t	Number of days in the given month	*28* through *31*

Year	---	---
L	Whether it's a leap year	1 if it is a leap year, 0 otherwise.
o	ISO-8601 week-numbering year. This has the same value as Y, except that if the ISO week number (W) belongs to the previous or next year, that year is used instead. (added in PHP 5.1.0)	Examples: 1999 or 2003
Y	A full numeric representation of a year, 4 digits	Examples: 1999 or 2003
y	A two digit representation of a year	Examples: 99 or 03

Time	---	---
a	Lowercase Ante meridiem and Post meridiem	am or pm
A	Uppercase Ante meridiem and Post meridiem	AM or PM
B	Swatch Internet time	000 through 999
g	12-hour format of an hour without leading zeros	1 through 12
G	24-hour format of an hour without leading zeros	0 through 23
h	12-hour format of an hour with leading zeros	01 through 12
H	24-hour format of an hour with leading zeros	00 through 23
i	Minutes with leading zeros	00 to 59
s	Seconds, with leading zeros	00 through 59

date() 함수에 이어 PHP에서 날짜와 시간을 다룰 수 있는 두 번째 방법은 DateTime() 클래스의 생성자를 이용하여 객체를 생성하는 것이다. 클래스와 객체는 13장에서 다룰 예정이다. DateTime() 클래스의 생성자는 아래와 같다.

```
public DateTime::__construct ([ string $time = "now" [, DateTimeZone $timezone = NULL ]] )
```

DateTime()의 객체가 생성되면 format() 메소드를 이용하여 날짜와 시간을 다양한 형식으로 제어할 수 있다. [예제 11.2]에서 DateTime()을 이용한 객체 생성의 예를 다룬다.

[예제 11.2] DateTime() 객체의 생성

```php
<?php
  $date = new DateTime(); // 현재 날짜와 시간 저장
  print "1 : ".$date->format('z')."<br>";
  $date = new DateTime('10:36 am');
  print "2 : ".$date->format('Y-m-d H:i:s')."<br>";
  $date = new DateTime('5/11');
  print "3 : ".$date->format('Y,m,d')."<br>";
  $date = new DateTime('March 5th 2021');
  print "4 : ".$date->format('Y-m-d')."<br>";
  $date = new DateTime('3/10/2021');
  print "5 : ".$date->format('Y-m-d H:i:sa')."<br>";
  $date = new DateTime('2021-03-12 17:34:23');
  print "6 : ".$date->format('Y-m-d H:i:s')."<br>";
  $date = new DateTime('next Tuesday');
  print "7 : ".$date->format('Y-m-d')."<br>";
?>
```

[실행 결과]

```
localhost/exam/11/datetime.php

1 : 23
2 : 2021-01-24 10:36:00
3 : 2021,05,11
4 : 2021-03-05
5 : 2021-03-10 00:00:00am
6 : 2021-03-12 17:34:23
7 : 2021-01-26
```

예제설명 이 예제를 실행할 당시의 날짜와 시간은 2021년 1월 24일(일) 오후 12시 30분 부근임을 참고하자. $date에는 현재의 날짜와 시간을 저장하는 객체가 저장

된다. $date에 다양한 format() 메소드를 적용하여 필요로 하는 데이터를 접근할 수 있다. 1번에서 사용한 'z' 형식은 day를 의미하는데 여기서는 23이 출력된다. 현재 날짜가 1월 24일인데 23이 출력되는 것은 1월 1일을 0으로 계산하기 때문이다. 2번부터 6번까지는 DateTime() 생성자에 다양한 형식의 날짜와 시간을 전달할 수 있음을 알 수 있는 결과이다. 7번의 결과는 현재 날짜로부터 다음 목요일의 날짜를 출력하고 있는데, 'next thirsday' 와 같은 문자열도 사용할 수 있음을 보여준다. □

형식 문자 'z' 를 이용하여 특정 날짜로부터 며칠인지 카운트하는 예제를 만들어보자.

[예제 11.3] format()의 활용

```
<?php
  $date=new DateTime("2021/3/14");
  print "3월 14일은 1월 1일부터 ".$date->format('z')."일째 되는 날입니다.";
?>
```

[실행 결과]

예제설명 형식 문자 'z' 를 사용하여 3월 14일이 1월 1일부터 며칠쌔인지 출력하는 프로그램을 작성하였다. □

다음으로 특정 날짜와 시간을 매개변수로 전달하는 mktime() 함수에 대해 살펴보자. mktime() 함수의 원형은 다음과 같다.

```
mktime ( int $hour , int|null $minute = null , int|null $second = null , int|null
$month = null , int|null $day = null , int|null $year = null ) : int|false
```

[예제 11.4] mktime()

```
<?php
  echo "My Birthday is : July 12, 2000 is on a " ;
  echo "<mark>";
  echo date("l", mktime(0, 0, 0, 7, 12, 2000)); // 시분초월일년
  echo "</mark>";
?>
```

[실행 결과]

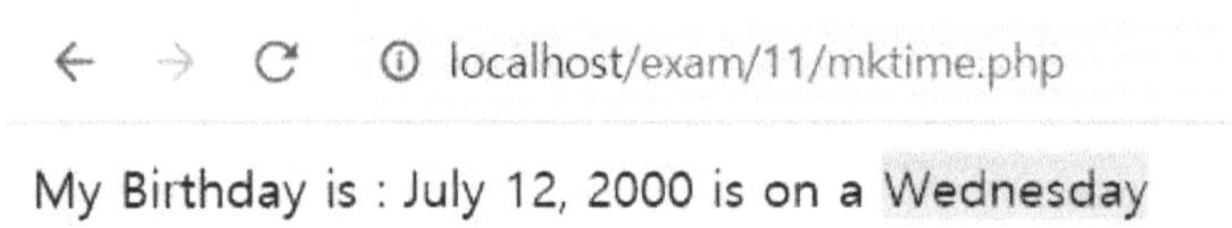

예제설명 mktime() 함수의 매개변수는 "시,분,초,월,일,년" 의 순서로 전달된다. 형식 문자 'l' (엘)을 사용하여 2020년 7월 12일의 요일을 출력하였다. 노란색 형광펜 표시는 〈mark〉 요소의 기능이다. □

11.2 날짜 다루기

특정 날짜를 다룰 수 있는 setDate() 메소드에 대해 살펴보자. 함수라고 부르지 않고 메소드라고 부르는 이유는 $date 객체에 적용하기 때문이다. ('->' 연산자는 객체에 메소드를 적용하는 연산자이다. 13장에서 자세히 다루기로 한다.)

[예제 11.5] setDate()

```
<?php
  $date = new DateTime();

  print "mama's birthday is : ";
  $date->setDate(1960, 2, 3); // mama's birthday
  echo $date->format('Y-m-d');
?>
```

[실행 결과]

← → C ⓘ localhost/exam/11/setdate.php

mama's birthday is : 1960-02-03

예제설명 $date 객체를 생성한 후, 특정 연월일을 setDate() 메소드에 전달하여 날짜를 표현하였다. □

11.3 시간 다루기

특정 시간을 다룰 수 있는 setTime() 메소드에 대해 살펴보자.

[예제 11.6] setTime()

```
<?php
  $date = new DateTime('2021-12-25');

  $date->setTime(14, 50);
  echo $date->format('Y-m-d H:i:s') . "<br>";

  $date->setTime(23, 59, 59);
  echo $date->format('Y-m-d H:i:s') . "<br>";
?>
```

[실행 결과]

← → C ⓘ localhost/exam/11/settime.php

2021-12-25 14:50:00
2021-12-25 23:59:59

예제설명 setTime() 메소드를 활용하여 특정 시간을 설정하였다. □

11.4 날짜의 검증 및 수정

우리가 일상에서 사용하는 달력을 그레고리안 달력이라고 한다. 그레고리안 달력에서 12개의 월은 1~31일로 구성되고, 불규칙한 윤년을 통해 지구의 공전 주기로 발생하는 차이를 보정한다. date() 함수나 DateTime()의 객체로 생성된 날짜의 유효성은 대부분 예측할 수 있다. 30일로 끝나는 월과 31일로 끝나는 월은 대부분 우리가 잘 기억하고 있기 때문이다. 하지만 윤년과 같이 불규칙하게 반복되는 년도와 날짜에 대해서는 검증이 필요하다. 이를 위하여 checkdate() 함수를 사용할 수 있다.

```
checkdate ( int $month , int $day , int $year ) : bool
```

[예제 11.7] checkdate()

```
<?php
  var_dump(checkdate(12, 31, 2017));
  print "<br>";
  var_dump(checkdate(2, 29, 2017));
  print "<br>";
  var_dump(checkdate(13, 29, 2017));
  print "<br>";
  var_dump(checkdate(12, 1, 17));
?>
```

[실행 결과]

← → C ⓘ localhost/exam/11/check.php

2019/2/19 : bool(false)
2020/2/19 : bool(true)
2021/1/24(today) : bool(true)

예제설명 2020년은 윤년이었다. 2019년과 2020년의 2월 29일에 대해 checkdate()를 실행한 결과, 윤년인 2020년은 '참'으로 출력되었다. 마지막으로 오

늘 날짜인 1월 24일에 대해 checkdate()한 결과 정상적인 날짜로 출력되었다. □

마지막으로, 현재의 날짜를 기준으로 날짜를 더하거나 빼서 변경할 수 있는 modify() 메소드에 대해 알아보자. (date_modify()와 modify()는 동일하다.)

```
date_modify ( DateTime $object , string $modifier ) : DateTime|false
```

[예제 11.8] modify()

```
<?php
  $date = new DateTime('2021-12-24');

  $date->modify('+1 day');
  echo "Merry Christmas : ".$date->format('Y-m-d')."<br>";

  $date->modify('-1 month');
  echo "1 month ago: ".$date->format('Y-m-d')."<br>";

  $date->modify('+1 year');
  echo "1 year after : ".$date->format('Y-m-d')."<br>";
?>
```

[실행 결과]

← → C ⓘ localhost/exam/11/modify.php

Merry Christmas : 2021-12-25
1 month ago: 2021-11-25
1 year after : 2022-11-25

예제설명 checkdate() 메소드를 사용하여 특정 날짜를 기준으로 한 달이나 1년 후의 날짜를 계산하였다. '+1 day' 와 같은 표현에 유의한다. □

마지막으로 소개할 함수는 strtotime()이다. 이 함수는 사람이 쉽게 읽을 수 있게 문자열로 작성된 날짜를 타임스탬프로 변환하는 함수이다.

```
strtotime ( string $datetime , int|null $baseTimestamp = null ) : int|false
```

[예제 11.9] strtotime()

```php
<?php
  $date=strtotime("10:30pm April 15 2021");
  echo "생성된 날짜 : " . date("Y-m-d h:i:sa", $date);
?>
```

[실행 결과]

← → C ⓘ localhost/exam/10/strtotime.php

생성된 날짜 : 2021-04-15 10:30:00pm

예제설명 2021년 4월 15일 오후 10시 30분을 의미하는 문자열 "10:30pm April 15 2021"을 strtotime() 함수에 전달하여 날짜 변수를 생성하였다. 날짜와 시간을 출력하기 위한 형식 문자를 적용함으로써 결과를 출력하였다. □

Checklists

- date() 함수 사용법
- 날짜와 시간을 위한 형식문자
- DateTime() 생성자
- mktime() 함수
- setDate() 함수
- setTime() 함수
- checkdate() 함수
- modify() 함수
- strtotime() 함수

12장

정규 표현식

(Regular Expression)

12.1 정규표현식의 기초
12.2 메타 문자
12.3 정규표현식 함수

12장. 정규 표현식

이 장에서는 정규 표현식(regular expression)에 대해 배워보자. 7장 폼에서는 입력된 데이터의 유효성을 검증하는 방법을 다루었다. 폼의 다양한 입력 요소로부터 입력된 데이터가 공백인지, 숫자인지, 유효한 이메일 주소인지를 검증하기 위해서 filter_var() 함수 외에 다양한 방법으로 검증하였다.

정규 표현식에서는 데이터의 패턴을 찾는 방법을 다룬다. 예를 들어, 정상적인 이메일 주소의 패턴은 영문자, 숫자, 특수 기호로 구성된 아이디에 이어, '@' 기호, 그리고 서버의 주소가 포함되어 있어야 한다. 이 장에서는 패턴을 만드는 방법과 텍스트 안에서 특정 패턴을 찾는 방법에 대하여 다룬다.

12.1 정규표현식의 기초

정규 표현식은 검색 패턴을 구성하는 연속된 문자의 모임이다. 특정 텍스트 안에서 데이터를 찾을 때 찾기 원하는 패턴을 사용할 수 있다. 정규 표현식은 한 글자로 구성되거나 복잡한 패턴의 조합으로 구성될 수 있다. 정규 표현식은 찾을 문자열의 모든 타입과 문자열을 대체하는 연산을 수행하는데 사용될 수 있다.

정규 표현식의 문법을 설명하기 위해 다음 예를 살펴보자.

```
$pat = "/happy/i";
```

위의 예에서 '/'는 패턴을 시작하는 구분자(delimeter)이고, "happy"는 찾을 패턴이다. 그리고 'i'는 수정자(modifier)로서 그 의미는 대소문자를 구분하지 않는다는 의미이다. 구분자는 문자나 숫자, 백슬래시가 아닌 문자를 사용할 수 있지만 일반적으로 많이 사용하는 구분자는 슬래시이다. 패턴을 기술할 때는 "happy"와 같은 구체적인 문자열을 기술할 수도 있으나, 임의의 글자 한 자, 임의의 숫자 하나와 같이 그 의미를 표현하는 방법이 필요하다. 이를 메타 문자라 하는데, 다음 절에서는 메타 문자에 대하여 알아보기로 하자.

12.2 메타 문자

정규표현식은 문자열 패턴을 생성하고 그 패턴이 문자열과 일치하는지 판단하는 방법이다. 패턴은 특수한 메타 문자를 사용하면 다양한 패턴을 표현할 수 있다. [표 12.1]에 패턴을 표현하기 위한 메타 문자들이 나타나 있다.

[표 12.1] 정규표현식의 메타 문자들

메타문자	의 미
/	패턴의 시작
^	시작 문자
$	끝 문자
{ }	반복, { }안에 반복 횟수를 기술
₩d	0~9 사이의 임의의 숫자 하나
₩w	0~9, a~z, A~Z 사이의 한 글자
₩s	빈 문자
{min, max}	min~max 사이의 반복
+	1번 이상의 반복
*	0번 이상의 반복
?	0 또는 1번 반복
[0-2]	숫자 0~2까지의 범위
₩	예약 문자의 escape

메타 문자의 활용 방법을 배우기 위해 먼저, 유효한 전화번호의 예를 몇 가지 만들어보자.

061-240-7262 // 지역번호, 국, 번호를 '-'로 연결
061 240-7262 // 지역번호 다음을 공백으로 구분
(061)-240-7262 // 지역 번호에 ( ) 사용
(061) 240-7262 // 지역 번호에 ( )를 사용하고 공백으로 구분

이렇게 직관적으로 이해할 수 있는 전화번호의 형식은 다양하다. 정규 표현식에서는 전화번호를 하나 하나의 값으로 표현하지 않고, 이를 형식(패턴)으로 표현하는 방법을 제공한다. [표 12.1]에 기술된 메타 문자를 활용하여 위의 전화번호의 패턴을 표현해보자.

```
/^ ₩(? 0 ₩d{1,2} ₩)? [-₩s] ₩d{3} - ₩d{4} $/
```

위 패턴의 의미는 다음과 같다.

/^ : 패턴의 시작
₩(? : '('는 0번 또는 1번 나타남 (역슬래시는 ₩나 ₩으로 출력됨)
0 : 숫자 0이 나타남 (지역 번호는 모두 0으로 시작하므로)
₩d{1,2} : 숫자가 한 번 또는 두 번 반복됨 (지역번호는 두자리 또는 세자리)
₩)? : ')'는 0번 또는 1번 나타남
[-₩s] : - 또는 공백이 나타남
₩d{3} : 숫자 3자리 (전화 번호의 국번)
₩d{4} : 숫자 4자리 (전화 번호 마지막 네 자리)
$/ : 패턴의 끝

그렇다면 숫자 8자리로 구성된 학번에 대한 패턴을 만들어보자. 여러분들의 학번은 모두 2로 시작될 것으로 예상되므로 다음과 같은 패턴을 만들어보자. 패턴의 의미는 2로 시작하고, 뒤에 7자리 임의의 숫자가 반복된다는 의미이다.

```
/^2 ₩d{7} $/
```

패턴 찾는 연습을 해보자. 표의 왼쪽에 정의된 패턴으로 정의되는 값들을 표의 오른쪽에서 찾아보자.

1. /^ ₩d {3} ₩s ₩d {7}$/ 2. /^ ₩d {3} ₩s ₩d {3} ₩s ₩d {4}$/ 3. /^ ₩d {3} ₩d {3}- ₩d {4}$/	a. 5556364652 b. 555 636 4652

4. /^ ₩d {3}- ₩d {3}- ₩d {4}$/ 5. /^ ₩d {3} ₩s ₩w ₩w ₩s ₩w {5}$/ 6. /^d {10}$/	c. 555636-4652 d. 555 Me Ninja e. 555 6364652 f. 555-636-4652

[정답] 1-e, 2-b, 3-c, 4-f, 5-d, 6-a

12.3 정규 표현식 함수

PHP에서는 정규 표현식을 사용하는데 도움이 되는 다양한 함수를 제공한다. 대표적으로 preg_match()와 preg_replace() 함수를 많이 사용한다.

preg_match() 함수는 특정 문자열이 패턴에 맞는지 검사할 때 사용한다. 함수의 원형은 다음과 같다.

```
preg_match ( string $pattern , string $subject [, array &$matches [, int $flags =
0 [, int $offset = 0 ]]] ) : int
```

preg_match() 함수의 첫 번째 매개변수는 정규표현식 패턴 문자열이고, 두 번째 매개변수는 패턴이 일치하는지 검사할 문자열이다. [예제 12.1]에서 함수의 예를 보자.

[예제 12.1] preg_match()

```
<?php
$tel='061-222-3333';
if (preg_match('/^₩d{3}-₩d{3}-₩d{4}$/' , $tel ))
    echo $tel.": 유효한 전화번호입니다.<br> ";
else $tel.": 유효하지 않은 전화번호입니다. <br>";

$tel='1588-3333';
```

```
if (preg_match('/^₩d{4}-₩d{4}$/' , $tel))
   echo $tel.": 유효한 전화번호입니다. <br>";
else echo $tel.": 유효하지 않은 전화번호입니다. <br>";

$tel='555-222-33333';
if (preg_match('/^₩d{3}-₩d{3}-₩d{4}$/' , $tel))
   echo $tel.": 유효한 전화번호입니다. <br>";
else echo $tel.": 유효하지 않은 전화번호입니다. <br>";
?>
```

[실행 결과]

← → C ⓘ localhost/exam/12/preg_match.php

061-222-3333: 유효한 전화번호입니다.
1588-3333: 유효한 전화번호입니다.
555-222-33333: 유효하지 않은 전화번호입니다.

예제설명 다양한 전화번호를 저장하여 패턴에 일치하는지 검사하였다. □

다양한 패턴을 표현하고 검사하는 다른 예제를 하나 더 살펴보자.

[예제 12.2] 다양한 패턴 검사

```
<?php

$hp='010-1234-1234';
if (preg_match('/^01[027]?-₩d{4}-₩d{4}$/', $hp))
        echo $hp.": 유효한 전화번호입니다.<br> ";
else echo $hp.": 유효하지 않은 전화번호입니다. <br>";

$hp='017-1234-1234';
if (preg_match('/^01[027]?-₩d{4}-₩d{4}$/', $hp))
        echo $hp.": 유효한 전화번호입니다.<br> ";
```

```
else echo $hp.": 유효하지 않은 전화번호입니다. <br>";

$hp='012-1234-1234';
if (preg_match('/^01[027]?-₩d{4}-₩d{4}$/', $hp))
        echo $hp.": 유효한 전화번호입니다.<br> ";
else echo $hp.": 유효하지 않은 전화번호입니다. <br>";

$hp='018-1234-1234';
if (preg_match('/^01[027]?-₩d{4}-₩d{4}$/', $hp))
        echo $hp.": 유효한 전화번호입니다.<br> ";
else echo $hp.": 유효하지 않은 전화번호입니다. <br>";

$hp='111-1234-1234';
if (preg_match('/^01[027]?-₩d{4}-₩d{4}$/', $hp))
        echo $hp.": 유효한 전화번호입니다.<br> ";
else echo $hp.": 유효하지 않은 전화번호입니다. <br>";

$hp='01012341234';
if (preg_match('/^01[027]?-₩d{4}-₩d{4}$/', $hp))
        echo $hp.": 유효한 전화번호입니다.<br> ";
else echo $hp.": 유효하지 않은 전화번호입니다. <br>";

$hp='http://www.naver.com';
if (preg_match('/^http[s]?:₩/₩/₩w+₩.₩w+(₩.₩w*)?$/', $hp))
        echo $hp.": 유효한 URL입니다.<br> ";
else echo $hp.": 유효하지 않은 URL입니다. <br>";

$hp='http://php.net';
if (preg_match('/^http[s]?:₩/₩/₩w+₩.₩w+(₩.₩w*)?$/', $hp))
        echo $hp.": 유효한 URL입니다.<br> ";
else echo $hp.": 유효하지 않은 URL입니다. <br>";

$hp='https://www.naver.com';
if (preg_match('/^http[s]?:₩/₩/₩w+₩.₩w+₩.₩w*$/', $hp))
```

```
        echo $hp.": 유효한 URL입니다.<br> ";
else echo $hp.": 유효하지 않은 URL입니다. <br>";

$hp='http://www.naver.com';
if (preg_match('/^http[s]?:₩/₩/₩w+₩.₩w+₩.₩w*$/', $hp))
        echo $hp.": 유효한 URL입니다.<br> ";
else echo $hp.": 유효하지 않은 URL입니다. <br>";
?>
```

[실행 결과]

← → C ⓘ localhost/exam/12/regular.php

010-1234-1234: 유효한 전화번호입니다.
017-1234-1234: 유효한 전화번호입니다.
012-1234-1234: 유효한 전화번호입니다.
018-1234-1234: 유효하지 않은 전화번호입니다.
111-1234-1234: 유효하지 않은 전화번호입니다.
01012341234: 유효하지 않은 전화번호입니다.
http://www.naver.com: 유효한 URL입니다.
http://php.net: 유효한 URL입니다.
https://www.naver.com: 유효한 URL입니다.
http://www.naver.com: 유효한 URL입니다.

예제설명 preg_match() 함수를 사용한 전화번호, URL 데이터에 대한 패턴 검사 결과이다. □

두 번째 함수인 preg_replace() 함수는 주어진 문자열이 유효한 패턴을 가졌는지 확인한 후, 특정 문자열을 다른 문자열로 대체하는 방법을 제공한다. 함수의 원형은 다음과 같다.

```
preg_replace ( mixed $pattern , mixed $replacement , mixed $subject [, int
$limit = -1 [, int &$count ]] ) : mixed
```

이 함수의 첫 번째 매개변수는 대체해야 할 대상이 되는 패턴이고, 두 번째 매개변수는 패턴을 발견했을 때 대체할 문자열, 세 번째 매개변수는 검사 및 대체를 수행할 문자열이다. [예제 12.3]을 통하여 함수의 기능을 배워보자.

[예제 12.3] preg_replace()

```
<?php
 $this_year = preg_replace('/200[0-6]/', '2021', 'This year is 2005');
 echo $this_year."<br>";

 $tel='111-222-3333';
 $new_tel = preg_replace ('/[₩[₩]₩(₩)₩s-]/', '', $tel);
 echo $tel."=>".$new_tel."<br>";
 $tel='111 222 3333';
 $new_tel = preg_replace ('/[₩[₩]₩(₩)₩s-]/', '', $tel);
 echo $tel."=>".$new_tel."<br>";
 $tel='(111) 222-3333';
 $new_tel = preg_replace ('/[₩[₩]₩(₩)₩s-]/', '', $tel);
 echo $tel."=>".$new_tel."<br>";
?>
```

[실행 결과]

```
← → C ⓘ localhost/exam/12/replace.php

This year is 2021
111-222-3333=>1112223333
111 222 3333=>1112223333
(111) 222-3333=>1112223333
```

예제설명 전화번호는 지역번호와 국번호 등을 구별하기 위해 공백이나 - 부호를 사용하는 것이 일반적이다. 하지만 전화번호를 데이터베이스에 저장할 때는 이런 부호들을 제거하고 저장하는 것이 효율적이다. 이를 위해 다양한 부가적인 기호들을 널 문자로 대체하기 위해 preg_replace() 함수를 사용하였다. □

Checklists

- 정규표현식의 정의
- 패턴의 표현 방법
- 메타 문자의 종류와 의미
- preg_match() 함수
- preg_replace() 함수

13장

객체지향 프로그래밍

13장. 객체지향 프로그래밍

프로그래밍 언어의 프로그래밍 방식(패러다임)은 절차적(procedural), 객체지향형(object-oriented), 함수형(functional), 논리형(logic) 방식으로 분류할 수 있다. 언어의 패러다임은 프로그래밍 언어의 문제 해결 방식과 프로그래머의 관점을 의미한다. C 언어는 절차적 언어, C++, Java는 객체지향형, LISP는 함수형, Prolog는 논리형 언어의 대표적 예이다.

PHP는 버전 PHP5부터 객체지향형 특징을 제공하기 시작했다. 절차적 언어는 데이터(변수)와 기능(함수)이 분리되어 있어 함수를 정의하고 사용하는 것이 주요한 특징이라면, 객체지향형 언어는 데이터와 함수를 동시에 가지고 있는 객체를 생성하여 사용하는 것이 특징이다. 객체지향형 방식은 절차적 방식에 비하여 프로그래밍이 좀 더 쉽고 빠르다. 객체지향의 개념은 클래스와 객체로부터 출발한다. 이 장에서는 PHP의 객체지향 프로그래밍 기법에 대하여 다룬다.

13.1 클래스와 객체

비교를 위해 C와 같은 절차적 언어의 프로그래밍 방식을 살펴보자. C 프로그램에서 데이터는 변수에 저장되는데, 함수에서는 변수의 값을 읽거나 변경할 수 있다. 예를 들어, 합을 구하는 함수가 있다면 함수 안에서 자체적으로 변수를 정의하거나 함수 밖에서 정의된 변수를 매개변수나 반환값의 형태로 읽거나 변경할 수 있다. 이 때, 변수와 함수는 별도로 존재할 수 있고, 분리가능하다.

C++과 같은 객체지향형 언어에서 프로그래밍 단위가 되는 클래스는 속성(property)과 메소드(method)로 구성된다. 속성은 절차적 언어의 변수에 해당되며, 메소드는 함수에 해당된다. 하지만 속성과 메소드는 하나의 클래스 안에서 정의되며, 일반적으로 클래스의 속성은 해당 클래스의 메소드를 통해서만 접근할 수 있다.

절차적 방식에 비하여 객체지향형 방식(OOP:Object-Oriented Programming)이 갖는 장점은 다음과 같다.

- OOP는 빠르고 수행이 쉽다.
- OOP는 프로그램의 명확한 구조를 제공한다.

• OOP는 동일한 코드를 반복하여 기술하는 것을 방지해주며 코드의 유지보수, 수정, 디버그를 쉽게 한다.

• OOP는 재사용 가능한 코드를 만듦으로써 개발 시간을 단축할 수 있다.

객체지향 프로그래밍에 있어 중요한 개념 5가지를 간단하게 살펴보자.

• **클래스** : 객체의 틀.

• **캡슐화**(encapsulation) : 속성과 메소드를 캡슐처럼 클래스 안에 하나의 단위로 정의하는 것.

• **추상화**(abstraction) : 사물의 본질적 특성을 추출하여 정의하는 것.

• **상속**(inheritance) : 클래스로부터 속성과 메소드를 물려받는 것.

• **다형성**(polymorphism) : 하나의 메소드가 여러 가지 기능을 수행하는 것.

객체지향 프로그래밍 방식을 본격적으로 시작하기 전에 클래스와 객체의 관계를 이해해야 한다. 예를 들어 설명한다면, "과일"이 클래스라면 "사과", "배", "바나나"는 객체이고, "자동차"가 클래스라면 "K7", "그랜저", "모닝"은 객체이다. 클래스는 객체를 위한 틀(template)이고, 객체는 클래스의 인스턴스(instance), 또는 예(example)이다.

이제 클래스를 정의하는 방법을 알아보자. 예를 들어, 자동차를 클래스로 정의하려면 다음의 단계를 거친다. 먼저, 자동차의 본질을 추출(추상화)한다. 자동차는 배기량, 차량 번호, 현재의 속도 등의 값(속성)과, 시동을 걸고, 가속 또는 감속을 하고, 오디오의 볼륨을 높이는 등의 동작(메소드)을 할 수 있다. 물론, 추출한 속성과 메소드는 자동차를 바라보는 사람의 관점에 따라 달라질 수 있다. 이렇듯 프로그램으로 구현하기 위해 자동차의 중요한 특징을 값과 동작으로 추출하는 작업을 추상화라고 한다. 특정 언어의 문법과 상관없이 pseudo 코드로 자동차 클래스를 정의해 보자.

```
<?php
클래스 자동차 {
   // 속성 정의
   배기량 = 2000;
```

```
    차량번호 = 21호3222;
    현재속도 = 90;

    // 메소드 정의
    시동을 켜다() { ... }
    가속하다(현재속도) { 속도를 증가시킨다; }
    감속하다(현재속도) { 속도를 감소시킨다; }
    오디오의 볼륨을 높이다() { 볼륨값을 증가시킨다; }
 } // 클래스의 끝
?>
```

사물에 대한 추상화가 끝났다면, 언어의 문법에 맞는 클래스를 정의하여야 한다. 먼저 클래스가 정의되어야 객체를 생성할 수 있다.

13.1.1 클래스 정의

추상화에 이어 객체지향 프로그래밍의 출발은 클래스를 정의하는 것이다. 클래스가 정의되어야 객체를 생성할 수 있고, 객체를 생성해야 속성과 메소드를 사용할 수 있다. PHP에서 클래스를 정의하는 문법은 다음과 같다.

- 클래스 정의는 키워드 "class"로 시작하고 클래스 이름을 기술한다.
- 클래스 이름 다음에는 '{' 가 오고, 정의가 끝나면 '}'가 온다.
- 클래스 안에는 속성과 메소드를 정의한다.

클래스 이름은 PHP 예약어가 아닌 문자열을 사용한다. 클래스 이름을 만드는 방법은 변수나 함수의 이름을 작성하는 방법과 동일하다. 클래스 이름의 첫 글자는 영문자나 '_' 로 시작해야 하며, 두 번째 글자부터는 숫자나 알파벳, '_' 등이 올 수 있다.

클래스의 속성은 property, attribute, member 등 다양한 이름으로 불린다. 속성은 객체를 설명할 수 있는 변수들로 정의한다. 예를 들어 학생 객체라면, 학번, 이름,

학과 등이 속성이 될 것이다. 은행의 고객이라면, 계정번호, 잔고, 전화번호 등이 속성으로 사용될 수 있다. 다음 예제에서 클래스를 정의하는 방법을 살펴보자.

[예제 13.1] 클래스 정의

```
<?php
class Car {  // 클래스 정의 시작
        public $category;  // properties
        public $brand;
        public $cc;

        public function set_car($ca, $b, $cc) {  // method
          $this->category=$ca;
          $this->brand=$b;
          $this->cc=$cc;
        }

        public function get_car() {  // method
            print "category : ".$this->category."<br>";
            print "brand : ".$this->brand."<br>";
            print "cc : ".$this->cc."<br>";
        }
  } // end of class definition
?>
```

예제설명 세 개의 속성과 두 개의 메소드를 가진 Car 클래스를 정의하였다. 이 예제에서는 클래스 정의만 포함되어 있어 아무런 결과도 출력되지 않는다. □

클래스 안에 정의되는 메소드는 7장에서 배웠던 함수와 동일한 방법으로 정의한다. function 키워드를 사용하며 인수나 반환값을 가질 수 있다. 그리고 접근 속성 "public", "protected", "private" 키워드를 동반한다. 다음 절에서 접근 속성에 대하여 살펴보자.

13.1.2 접근 속성 (Access Modifier)

클래스에서 정의되는 속성과 메소드는 그들이 접근되는 범위를 제어하기 위해 접근 속성을 사용할 수 있다. PHP에서는 대부분의 객체지향언어에서 사용하는 세 가지 접근 속성을 제공한다.

- public : 코드 전체에서 접근할 수 있는 접근 속성. PHP에서 디폴트값이다.
- protected : 클래스 안과 그 클래스로부터 파생된(상속된) 클래스에 의해 접근
- private : 클래스 안에서만 접근 가능

일단 이 절에서는 public과 private 속성에 대하여 상세하게 설명하고, protected 속성은 13.3절 상속에서 다루기로 한다.

"public"은 클래스 안이거나 밖 어디에서나 접근할 수 있는 키워드이다. 접근 권한을 설명할 때 클래스를 기준으로 사용하는 이유는 전역 변수와 지역 변수를 설명할 때 함수를 기준으로 했던 것과 같은 원리이다. " private"은 특정 클래스 안에서만 접근됨을 알리는 키워드이다.

클래스 안에는 속성과 메소드가 정의된다. 따라서 클래스 안에서 접근된다는 의미는 클래스 안에 정의된 메소드 안에서 접근된다는 의미이다. 클래스 밖이라는 의미는 클래스 정의가 끝나고 객체가 생성되거나 다른 문장이 올 수 있는 어떤 곳을 의미한다. 일반적으로 속성은 "private"로, 메소드는 " public" 권한을 많이 사용한다. 왜냐하면, 클래스의 속성은 정보 은닉(information hiding)이라는 개념에 의해 클래스의 메소드에 의해 접근되고, 외부로는 보여지지 않는데 이러한 원리에 적합한 속성이 "private"이기 때문이다. 메소드는 클래스 외부에서 객체가 생성되면 호출되어야 하는데, 이를 위해 메소드는 클래스 밖에서 접근가능해야 한다. 다음 [예제 13.2]를 통하여 이 키워드들을 이해해보자.

[예제 13.2] public과 private

```
<?php
```

```
class MyClass {
    // 멤버 정의
    public $public = 'Public ';
    protected $protected = 'Protected ';
    private $private = 'Private ';

    public function printHello() {  // 메소드
        echo $this->public; // 클래스 안
        echo $this->protected;
        echo $this->private;
    }
}
  // 클래스 밖
  $obj = new MyClass();
  print "### 클래스 밖에서 멤버 접근 ### <br>";
  echo $obj->public; // Works
  echo $obj->protected; // Fatal Error
  echo $obj->private; // Fatal Error
  $obj->printHello();
?>
```

[실행 결과]

localhost/exam/13/access.php

클래스 밖에서 멤버 접근
Public
Fatal error: Uncaught Error: Cannot access protected property MyClass::$protected in C:₩xampp₩htdocs₩exam₩13₩access.php:18 Stack trace: #0 {main} thrown in **C:₩xampp₩htdocs₩exam₩13₩access.php** on line **18**

예제설명 클래스의 세 개의 속성에 대해 세 가지 접근 권한을 각각 적용하였다. 메소드는 public으로 정의하였다. 클래스 밖에서 객체를 생성한 후 세 개의 속성을 접근해보면 "public"을 제외하고는 오류가 발생한다. 클래스 밖에서 접근할 수 없는 권한을 가진 속성을 접근했기 때문이다. 메소드는 public으로 정의되었기 때문

에 클래스 밖에서 호출가능하다. 이 오류를 수정하고 프로그램을 수행해보면 다음과 같은 결과가 나온다.

```
// 클래스 밖
$obj = new MyClass();
print "### 클래스 밖에서 멤버 접근 ### <br>";
echo $obj->public; // Works
//echo $obj->protected; // Fatal Error
//echo $obj->private; // Fatal Error
$obj->printHello(); // Shows Public, Protected and Private
?>
```

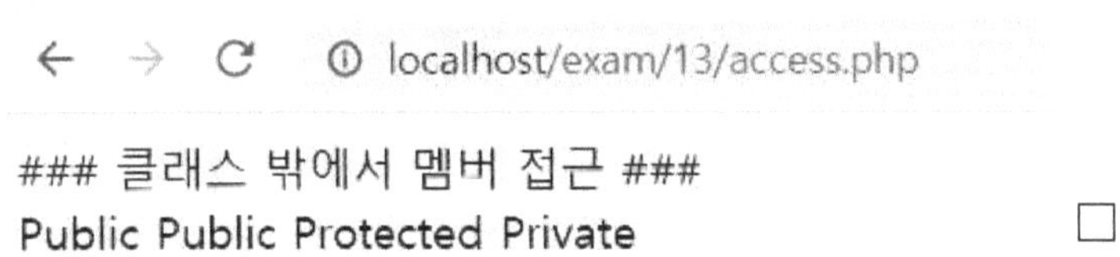

13.1.3 $this

[예제 13.1]의 클래스 정의에 지금까지 본 적 없는 특별한 변수가 나온다. 바로, $this이다. $this는 "객체 자신을 가리키는 독특한 변수(포인터)" 이다. [예제 13.1]을 상세하게 다시 살펴보자.

```
class Car {  // Car 클래스 정의 시작
        public $category;  // properties
        public $brand;
        public $cc;
```

여기까지는 클래스 Car의 정의를 시작으로 세 개의 속성을 정의하는 부분이다. 접근 속성을 public을 사용했으니 클래스 안이거나 밖에서 접근할 수 있다.

```
public function set_car($ca, $b, $cc) {  // method
        $this->category=$ca;
```

```
            $this->brand=$b;
            $this->cc=$cc;
 }
```

첫 번째 메소드인 set_car()의 정의이다. 접근 속성 public과 function 키워드를 사용하여 정의하였다. 메소드의 이름은 set_car()이고, 세 개의 매개변수를 갖는다. 여기서 $this에 대하여 설명해보자. 메소드 set_car()에서 세 개의 매개변수를 받은 이유는 무엇일까? 바로, 세 개의 속성인 $category, $brand, $cc에 초기값을 할당하기 위해서이다. 예를 들어, 인수가 ("쿠페" , "KIA", 2000)과 같이 전달된다면 세 개의 속성에 순서대로 할당될 것이다. 만약 set_car()가 다음과 같이 정의되었다면 어떤 현상이 벌어질까?

```
public function set_car($category, $brand, $cc) {  // () 안은 매개변수
      $category = $category;  // 속성=매개변수? 매개변수=속성?
      $brand = $brand;
      $cc = $cc;
}
```

등호를 기준으로 양 쪽의 이름이 동일하다. 어느 쪽이 속성이고, 어느 쪽이 매개변수인지 구별할 수 있겠는가? 왼쪽이 속성일 거라고 예측할 수는 있지만 분명 이 문장은 애매모호하다. 이런 이유로 $this가 필요하다. $this는 객체 자신을 의미하기 때문에 다음과 같이 사용하면 속성과 매개변수를 구별할 수 있다.

```
$this->category = $category; // 등호 왼쪽은 속성이고, 등호 오른쪽은 인수이다.
```

속성은 객체에 부속되어 있기 때문에 $this로 접근하는 $category는 속성이라고 할 수 있다. $this를 사용하여 속성을 접근할 때는 "->" 연산자를 사용한다. 메소드 get_car()에서 속성들을 출력할 때도 print 문에 "$this->속성이름 "을 사용한다. 단, $this는 클래스 안에서만 사용할 수 있다.

13.2 생성자와 소멸자

생성자와 소멸자라는 이름에서 알 수 있는 바와 같이, 이 개념은 객체의 생성 및 소멸과 관계된다. 객체를 생성하기 위해서는 클래스가 필요한데, 이 절에서는 정의된 클래스로부터 객체를 생성하고 삭제하는 방법에 대해 살펴본다.

13.2.1 객체의 생성

클래스의 속성과 메소드를 정의했으므로, 이제 객체를 생성하는 방법에 대해 배워보자. 객체는 클래스의 "인스턴스"라고 정의하였다. 즉, 객체는 하나의 목판에서 찍혀져 나오는 여러 장의 그림과 같은 하나 하나의 "예" (example)이다. 정의된 클래스로부터 "new" 키워드를 사용하여 객체를 생성할 수 있다.

[예제 13.3] 객체의 생성

```
<?php
class Car {
    public $category;  // properties
        public $brand;
        public $cc;

        public function set_car($ca, $b, $cc) {  // 생성자
          $this->category=$ca;
          $this->brand=$b;
          $this->cc=$cc;
        }

        public function get_car() {  // method
            print "category : ".$this->category."<br>";
            print "brand : ".$this->brand."<br>";
            print "cc : ".$this->cc."<br>";
        }
  } // end of class definition
```

```
  $myCar = new Car; // 또는 Car();
  $myCar->set_car("쿠페", "KIA", 2000);
  $myCar->get_car();
?>
```

[실행 결과]

← → C ⓘ localhost/exam/13/class1.php

category : 쿠페
brand : KIA
cc : 2000

예제설명 코드의 아래 세 줄을 제외하면 앞의 예제 13.1과 같다. $myCar는 클래스 Car로부터 new 연산자로 만들어진 객체의 이름이다. PHP에서 new는 객체를 생성하는 연산자이다. 생성된 객체 $myCar로 클래스의 속성과 메소드를 접근할 수 있는데, $myCar->set_car()와 $myCar->get_car()는 메소드 호출문이다. 이 때에는 '->' 연산자를 사용한다. □

13.2.2 생성자와 소멸자

생성자(constructor)와 소멸자(destructor)는 객체를 생성하거나 소멸할 때 사용하는 특별한 메소드를 말한다. 앞의 예제에서는 new 연산자를 이용하여 객체를 쉽게 만들었지만, PHP에는 객체의 생성과 소멸을 담당하는 미리 약속된 메소드가 존재한다.

PHP에서 생성자의 이름은 __construct()이고, 소멸자의 이름은 __destruct()이다. 생성자는 객체를 생성하면서 각 속성들을 적절한 값으로 초기화하고, 소멸자는 객체를 삭제하여 소멸자가 실행되면 더 이상 객체를 참조할 수 없다.

```
__construct ([ mixed $args = "" [, $... ]] ) : void
```

```
_destruct ( void ) : void
```

명시적인 생성자를 사용한 [예제 13.4]를 살펴보자.

[예제 13.4] 생성자의 사용

```
<?php
class Car {
    public $category;  // properties
        public $brand;
        public $cc;

        public function _construct($ca, $b, $cc) {  // 생성자 정의
          $this->category=$ca;
          $this->brand=$b;
          $this->cc=$cc;
        }
        public function get_car() {  // method
            print "category : ".$this->category."<br>";
            print "brand : ".$this->brand."<br>";
            print "cc : ".$this->cc."<br>";
        }
  } // end of class definition
 $myCar = new Car("미니", "KIA", 1500); // 생성자 호출
 $myCar->get_car();
?>
```

[실행 결과]

← → C ⓘ localhost/exam/13/class_def.php

category : 미니
brand : KIA
cc : 1500

예제설명 예제에는 명시적인 생성자 __construct()가 정의되어 있다. 단, 생성자를 이름으로 호출하지 않고, new 연산자와 클래스 이름 다음에 ( )를 써서 생성자에 필요한 인수를 전달한다. 이로써 알 수 있는 바는 클래스 이름을 메소드 이름처럼 사용하면 명시적인 생성자가 수행된다는 점이다. □

소멸자는 객체를 소멸하거나 스크립트를 종료할 때 호출된다. 소멸자를 사용한 [예제 13.5]를 살펴보자.

[예제 13.5] 소멸자의 사용

```
<?php
class Car {
        public $category;  // properties
        public $brand;
        public $cc;

        public function set_car($ca, $b, $cc) {
          $this->category=$ca;
          $this->brand=$b;
          $this->cc=$cc;
        }

        public function get_car() {
           print "category : ".$this->category."<br>";
           print "brand : ".$this->brand."<br>";
           print "cc : ".$this->cc."<br>";
        }

        public function __destruct() {
                print "소멸자가 수행됩니다. <br>";
        }
 } // end of class definition
```

```
  $myCar = new Car; // Car();
  $myCar->set_car("쿠페", "KIA", 2000);
  $myCar->get_car();
?>
```

[실행 결과]

← → C ⓘ localhost/exam/13/destructor.php

category : 쿠페
brand : KIA
cc : 2000
소멸자가 수행됩니다.

예제설명 소멸자는 명시적으로 호출되지 않더라도 프로그램이 종료되어 객체가 더 이상 참조되지 않으면 자동적으로 수행된다. 생성자는 클래스 이름과 동일한 메소드로 간접적으로 호출된다고도 할 수 있으나 소멸자는 객체가 더 이상 참조될 필요가 없을 때 시스템에서 자동으로 호출되어 수행된다. □

13.3 상속

상속(Inheritance)은 객체지향 프로그래밍 언어의 가장 큰 특징 중 하나이다. 부모 클래스를 정의하고, 부모 클래스의 속성이나 메소드 중 일부는 자식 클래스로 상속된다. 이를 " 파생 "되었다(derived)고 한다. 인간의 부모-자식들이 닮듯이, 클래스 정의에서도 이와 같은 특징이 가능하다. 상속이 가능해지면 중복되는 속성이나 메소드 정의가 줄어들어 구현할 코드양이 줄어든다는 장점이 있다.

PHP에서 상속은 "extends" 키워드를 사용하는데, 클래스를 확장한다는 의미로 이해할 수 있다. 부모 클래스는 " super class", "parent class", "base class" 등의 이름으로 불리며, 자식 클래스는 "sub class", "derived class" 등의 이름으로 불린다. extends 키워드를 사용한 클래스 상속의 예는 다음과 같다.

```
<?php
class MyClass {  // 부모 클래스
    // 속성 정의
    public $job = 'Student ';
    protected $depart = 'Computer ';
    private $name = 'Kim ';

    public function print_parent() {
        echo "직업 : ".$this->job."<br>"; // 클래스 안
        echo "학과 : ".$this->depart."<br>";
        echo "이름 : ".$this->name."<br>";
    }
}

class MyClass2 extends MyClass {  // 상속, 자식 클래스
     public $grade = 3;  // 자식 클래스의 속성
     public function print_child() {
        parent::print_parent();  // 부모의 print1() 메소드 호출
        echo "학년 : ".$this->grade."<br>";
        echo "학과 : ".$this->depart."<br>"
    }
}
?>
```

부모 클래스인 MyClass에는 세 개의 속성과 하나의 메소드가 정의되었고, 자식 클래스 MyClass2에는 한 개의 속성과 한 개의 메소드가 정의되었다. 부모 클래스의 속성을 정의할 때 접근 속성으로 public, protected, private이 각각 사용되었는데, 상속과 관련하여 이해해야 할 속성은 protected이다.

13.3.1 protected 접근 속성

상속과 관련된 PHP의 protected 속성을 이해하기 위해 다음 예제를 비교해보자.

[예제 13.6] protected 메소드의 사용 : 오류 발생

```
<?php
class Fruit {
  public $name;
  public $color;
  public function __construct($name, $color) {
    $this->name = $name;
    $this->color = $color;
  }
  protected function intro() { // 부모 클래스의 protected 메소드
    echo "The fruit is {$this->name} and the color is {$this->color}.";
  }
}
class Strawberry extends Fruit {
  public function message() {
    echo "Am I a fruit or a berry? ";
  }
}
// 메소드 호출
$strawberry = new Strawberry("Strawberry", "red");  // 자식 객체, 생성자는 public
$strawberry->message(); // message()는 public, 자식 클래스의 메소드
$strawberry->intro(); // 에러 발생
?>
```

[실행 결과]

localhost/exam/13/protected1.php

Am I a fruit or a berry?
Fatal error: Uncaught Error: Call to protected method Fruit::intro() from context '' in C:₩xampp₩htdocs₩exam₩13₩protected1.php:23 Stack trace: #0 {main} thrown in **C:₩xampp₩htdocs₩exam₩13₩protected1.php** on line **23**

예제설명 부모 클래스 Fruit에는 두 개의 public 속성과 public 생성자, 그리고 protected로 정의된 intro() 메소드가 정의되어 있다. Fruit 클래스를 상속받은 자식

클래스 Strawberry에는 public 메소드 message()가 정의되어 있다. 클래스 밖에서는 Strawberry의 객체 strawberry(대소문자를 구별한다)를 생성하여 message() 메소드와 intro() 메소드를 호출하였는데, 여기서 intro() 메소드를 호출하는 문장에서 오류가 발생한다. PHP에서 protected 속성은 클래스 안이나 상속받은 클래스에서 사용될 수 있다. 여기서 intro() 메소드의 호출이 오류가 나는 이유는 상속받은 클래스의 밖에서 호출되었기 때문이다. 따라서 이 오류를 교정하기 위해서는 intro() 메소드의 호출을 Strawberry 클래스의 안으로 옮기면 된다. □

다음 예제와 비교해보자.

[예제 13.7] protected 메소드의 사용 : 성공

```
<?php
class Fruit {
  public $name;
  public $color;
  public function __construct($name, $color) {
    $this->name = $name;
    $this->color = $color;
  }
  protected function intro() {
    echo "The fruit is {$this->name} and the color is {$this->color}.";
  }
}
class Strawberry extends Fruit {
  public function message() {
    echo "Am I a fruit or a berry? ";
    // Call protected method from within derived class - OK
    $this -> intro();
  }
}
$strawberry = new Strawberry("Strawberry", "red");
$strawberry->message(); // 수행 성공. 자식 클래스 내부에서 호출
?>
```

[실행 결과]

`localhost/exam/13/protected2.php`

Am I a fruit or a berry? The fruit is Strawberry and the color is red.

예제설명 이 예제가 [예제 13.6]과 비교하여 달라진 점은 intro() 메소드의 호출이 자식 클래스인 Strawberry 클래스의 안으로 이동한 것이다. 자식 클래스의 message() 메소드에서 부모 클래스에서 protected로 정의된 intro()를 호출하면 정상적으로 수행되어 결과를 확인할 수 있다. □

상속과 관련된 또 다른 예제를 살펴보기로 하자.

[예제 13.8] 상속

```
<?php
class MyClass {  // 부모 클래스
    // 멤버 정의
    public $job = 'Student ';
    protected $depart = 'Computer ';
    private $name = 'Kim ';

    public function print1() {
        echo "직업 : ".$this->job."<br>"; // 클래스 안
        echo "학과 : ".$this->depart."<br>";
        echo "이름 : ".$this->name."<br>";
    }
}
// 클래스 밖
$obj = new MyClass();
print "### 클래스 밖에서 멤버 접근(myClass1) ### <br>";
echo "직업 : ".$obj->job."<br>"; // 클래스 밖에서 멤버 접근
$obj->print1(); // 세 개의 멤버를 모두 출력

class MyClass2 extends MyClass {  // 클래스 상속, 자식 클래스
```

```
        public $grade = 3;
        public function print1() {
            parent::print1();  // 부모의 print1() 메소드 호출
            echo "학년 : ".$this->grade."<br>";
            echo "학과 : ".$this->depart."<br>"
        }
}
$obj2 = new MyClass2();
print "### 클래스 밖에서 멤버 접근(myClass2) ### <br>";
echo "학년 : ".$obj2->grade."<br>"; // Works
$obj2->print1(); // Shows Public2, Protected2, Undefined
?>
```

[실행 결과]

```
←  →  C   ⓘ localhost/exam/13/inheri.php

### 클래스 밖에서 멤버 접근(myClass1) ###
직업 : Student
직업 : Student
학과 : Computer
이름 : Kim
### 클래스 밖에서 멤버 접근(myClass2) ###
학년 : 3
직업 : Student
학과 : Computer
이름 : Kim
학년 : 3
학과 : Computer
```

예제설명 이 예제에서는 부모 클래스의 $depart 속성이 protected로 정의되었고, MyClass의 print1() 메소드에 의해 출력된다. print1() 메소드는 public이므로 MyClass 클래스 안이나 밖에서 접근할 수 있다. 또한 $name은 private이므로 클래스 밖에서는 접근할 수 없다. 클래스 정의가 끝난 후, MyClass의 객체 $obj를 생성하여 print1()을 호출하면 세 개의 멤버를 출력할 수 있다. 자식 클래스 MyClass2에서 객체 $obj2를 생성한 후, 자식 클래스의 속성인 $grade를 출력하였다. 그 후 print1() 메소드를 호출하는데, MyClass2의 print1() 메소드에는 부모의 메소드를 출

력하는 문장이 들어 있다. 부모 메소드의 print1()을 호출함으로써 protected 멤버인 $depart를 출력할 수 있다. 또한 학년과 학과를 별도로 출력한다. 여기서 사용된 :: 연산자를 영역 결정 연산자(scope resolution operator)라고 한다. □

영역 결정 연산자는 static이나 상수, 그리고 재정의된 메소드나 속성을 접근할 때 사용한다. '::' 연산자 앞에 클래스 이름을 기술한다. static에 대해서는 뒤에서 다시 언급하기로 한다.

[예제 13.9] 영역 결정 연산자

```
<?php
  class myClass {
    const MAX=80;
  }
  define('MAX', 99);
  echo "MAX : ".MAX."<br>";
  echo "MAX : ".myClass::MAX."<br>";
?>
```

[실행 결과]

예제설명 예제에서는 상수 MAX를 접근하는 두 가지 방법을 보여준다. define()으로 정의된 상수는 'MAX' 라는 이름으로 접근하고, 클래스 myClass안에서 정의된 상수로서 MAX는 영역 해결 연산자를 사용하여 myClass::MAX로 접근하였다. □

[예제 13.8]에서 한 가지 더 언급할 부분이 있다. 이 예제에서는 부모의 메소드인 print1()을 자식 클래스에서 다시 정의하고 있는데, 이런 개념을 메소드 재정의(method overriding)라고 한다. 접근 속성에 따르면, 부모 클래스에서 메소드를 public으로 정의하면 자식 클래스에서 별도로 정의하지 않아도 부모 클래스의 메소

드를 사용할 수 있다. 하지만 상속된 클래스에서 메소드 이름은 같지만 다른 기능을 수행하고 싶다면 부모의 메소드를 재정의해야 한다. 이를 메소드 재정의라고 하는데, 이는 부모 클래스의 메소드를 자식 클래스에서 재정의할 때 사용하는 개념이다. 메소드를 재정의하게 되면 하나의 이름을 가진 메소드가 여러 가지 기능을 수행할 수 있게 된다. 이것이 바로 다형성(poly-morphism)이다.

메소드 재정의 (method overriding)
부모 클래스에서 상속된 메소드를 자식 클래스에서 재정의하는 개념. 메소드는 같은 이름을 갖는다.

13.4. 추상 클래스 (Abstract Class)

앞 절에서 메소드 재정의를 설명하였다. 상속 관계에서 부모 클래스가 가진 메소드를 모든 자식이 각각 재정의하기를 원한다면 굳이 부모 클래스에서 메소드의 기능을 구현할 필요가 있겠는가? 이런 문제에 대한 답이 바로 추상 클래스와 추상 메소드이다.

추상 클래스란 적어도 하나의 추상 메소드를 가진 클래스를 말한다. 추상 메소드란 " abstract " 키워드를 사용하여 메소드의 구현(몸체) 없이 정의된 메소드이다. 그런 메소드를 포함한 클래스를 추상 클래스라고 한다.

abstract public function abs_method(); // 추상 메소드의 예

추상 클래스의 예는 다음과 같다. 클래스 선언 앞에 "abstract" 키워드를 사용하여 추상 클래스임을 알리고 있고, 안에 정의되는 메소드도 모두 구현이 없는 추상 메소드들이다.

```
<?php
  abstract class Abs_Class {
  abstract public function abs_method1();
  abstract public function abs_method2($name, $color);
```

```
  abstract public function sabs_method3() : string;
}
?>
```

그렇다면, 추상 클래스는 어떻게 사용해야 하는가? 추상 클래스 안의 추상 메소드들은 몸체가 구현되어 있지 않기 때문에 자식 클래스를 만들어 메소드를 구현해야 한다. 예제를 완성해보자.

[예제 13.10] 추상 클래스와 추상 메소드

```
<?php
// 부모 class
abstract class Car { // 추상 클래스
  public $name;
  public function __construct($name) {
    $this->name = $name;
  }
  abstract public function car_prt() : string;  // 추상 메소드
}

// 자식 class
class Kia extends Car {
  public function car_prt() : string {  // 메소드 재정의
    return "Kia motors! I'm an $this->name!";
  }
}
$k9 = new Kia("K9");
echo $k9->car_prt();
echo "<br>";
?>
```

[실행 결과]

← → C ⓘ localhost/exam/13/abs_class.php

Kia motors! I'm an K9!

예제설명 클래스 Car는 추상 메소드 car_prt()를 가진 추상 클래스이다. 이 클래스를 상속받은 클래스 Kia에서 car_prt() 메소드를 재정의하여 $name 속성을 출력하도록 구현하였다. 클래스 밖에서 $k9 객체를 생성한 후, car_prt() 메소드를 호출하면 이름이 출력됨을 확인할 수 있다. □

13.5 정적 속성과 메소드

클래스의 메소드는 일반적으로 public 속성으로 정의되고, 클래스 밖에서 접근된다. 일반적으로 클래스의 멤버나 메소드는 객체를 생성한 다음 객체를 동해 '->' 연산자로 접근된다. 그에 비해, 정적 속성과 메소드는 "static" 키워드를 사용하여 정의되며, 클래스의 객체를 생성하지 않고도 클래스 이름만으로 접근이 가능하다. 따라서 $this 포인터는 이용할 수 없다. 객체의 생성없이 클래스 이름만으로 사용할 수 있어서 정적 속성과 메소드를 "클래스 속성" 또는 "클래스 메소드"라고 한다. 이는 하나의 클래스에서 값을 공유하는 역할을 한다.

정적 속성과 정적 메소드는 객체를 생성하지 않고 클래스 이름만으로 접근할 수 있다. 이 때 영역 결정 연산자 ::를 사용하여 클래스 이름을 앞에 기술한다. 다음 예제를 살펴보자.

[예제 13.11] 정적 속성과 메소드

```
<?php
  class myClass {
        public static $st = "I am a static member";
        public $normal = "normal";
        public static function sm() {
                print "I am a static method <br>";
        }
```

```
    }
    echo myClass::$st."<br>"; // 정적 속성의 접근
    myClass::sm(); // 정적 메소드의 호출
    $obj = new myClass();
    print "obj->normal = ".$obj->normal."<br>";
?>
```

[실행 결과]

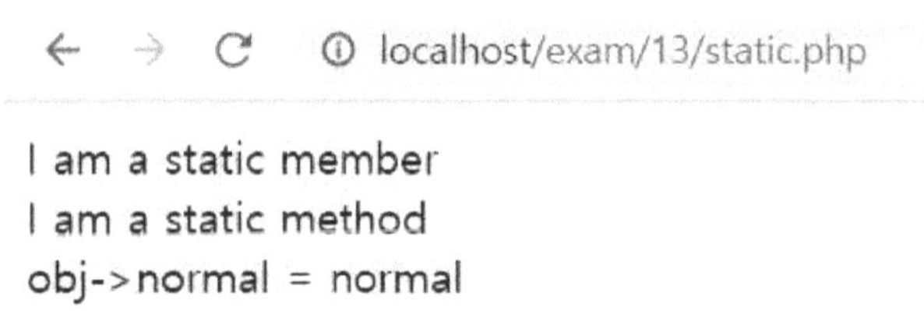

예제설명 클래스 안에서 정의된 $st 속성은 static으로 선언된 속성이다. 그래서 클래스 이름과 영역 결정 연산자를 통해 접근하였다. 메소드 sm()의 호출도 myClass::sm()으로 호출되고 있는데 이 메소드가 정적 메소드가 아니었다면 myClass의 객체를 생성 후 '->' 연산자를 이용하여 호출하였을 것이다. 하지만 메소드 sm()은 static으로 정의되었기 때문에 클래스 인스턴스(객체) 없이 클래스 이름과 영역 결정 연산자를 사용하여 호출하였다. □

Checklists

- 절차적 패러다임의 특징
- 객체지향 패러다임의 특징
- 클래스와 객체의 차이점
- 클래스/캡슐화/추상화/상속/다형성의 의미
- 클래스 정의 문법
- public/protected/private
- $this 포인터의 기능
- 생성자와 소멸자
- 객체 생성 방법
- 상속의 의미
- extends 키워드
- 상속과 protected
- 영역 결정 연산자
- 추상 클래스와 추상 메소드의 용도
- 정적 속성과 메소드의 특징

14장

프로젝트 : 수강신청 프로그램 개발

14장. 프로젝트 : 수강신청 프로그램 개발

이 장에서는 지금까지 배운 PHP 명령문을 총망라하여 작은 규모의 수강 신청 프로그램을 개발해보고자 한다. 기본적인 웹 페이지를 위해 HTML5, CSS3, 자바 스크립트를 사용하고 있으며, PHP에서 데이터베이스를 사용하였다.

14.1 요구 사항 명세

이 장에서 개발하는 수강 신청 프로그램은 대학의 컴퓨터공학과 전공 교과목의 수강 신청으로 제한한다. 개발할 프로그램은 다음과 같은 요구사항을 만족한다.

요구사항 명세서
· 필수 교과목은 교과과정에 명시된 학년/학기에 수강한다.
· 선택 교과목을 포함하여 21학점을 초과하여 신청할 수 없다.
· 제한 인원을 초과하여 신청할 수 없다.
· 시간표가 겹치는 과목을 신청할 수 없다.
· 한 학기에 동일한 과목을 2번 신청할 수 없다.
· 하위 학년이 상위 학년의 선택 과목을 신청할 수 없다.

요구사항에 근거하여 응용 프로그램에서 필요한 핵심 개체를 다음과 같이 도출하였다.

· **학생** : 수강 신청의 주체로 학번과 이름을 포함한 학생의 기본 데이터를 저장해야 한다.
· **과목** : 수강 신청 대상이 되는 과목으로 과목 코드를 포함하여 수강 신청에 필요한 데이터를 저장해야 한다.
· **교수** : 사번을 포함하여 과목을 담당하는 교수에 대한 정보를 저장해야 한다.
· **강의실** : 설강된 과목이 운영되는 강의실 정보로, 개인 시간표를 출력할 때 필요하다. 모든 과목의 시간표는 수강 신청이 시작되기 전에 작성되어 있어야 한다.

14.2 웹 페이지 설계

수강 신청 프로그램은 다음과 같이 총 14개의 코드로 구성된다.

- index.html : 수강 신청을 위한 로그인 폼 출력
- login.php : 로그인의 성공 여부를 판별하고, 수강 신청 화면으로 이동
- register.php : 전공 교과목을 위한 수강 신청 페이지
- reg_result.php : 추가, 삭제 등의 수강 신청 결과 알림 페이지
- admin.php : 관리자 메뉴를 선택하는 페이지
- sj_insert.php : 관리자 메뉴로, 과목 정보를 입력하는 페이지
- sj_modify.php : 관리자 메뉴로, 과목 정보를 수정하는 페이지
- modify_result.php : 과목 정보 수정에 대한 결과 알림 페이지
- sj_delete.php : 관리자 메뉴로, 과목 정보를 삭제하는 페이지
- delete_result.php : 과목 정보 삭제에 대한 결과 삭제 페이지
- sj_sche.php : 관리자 메뉴로, 과목에 대한 시간표를 입력하는 페이지
- my_info.php : 학생의 개인 정보를 확인하고 수정하는 페이지
- tm_tbl.php : 수강 신청한 과목에 대한 개인 시간표를 출력하는 페이지
- logout.php : 로그아웃 페이지

개발할 웹 페이지들의 상호 관계는 [그림 14.1]과 같다.

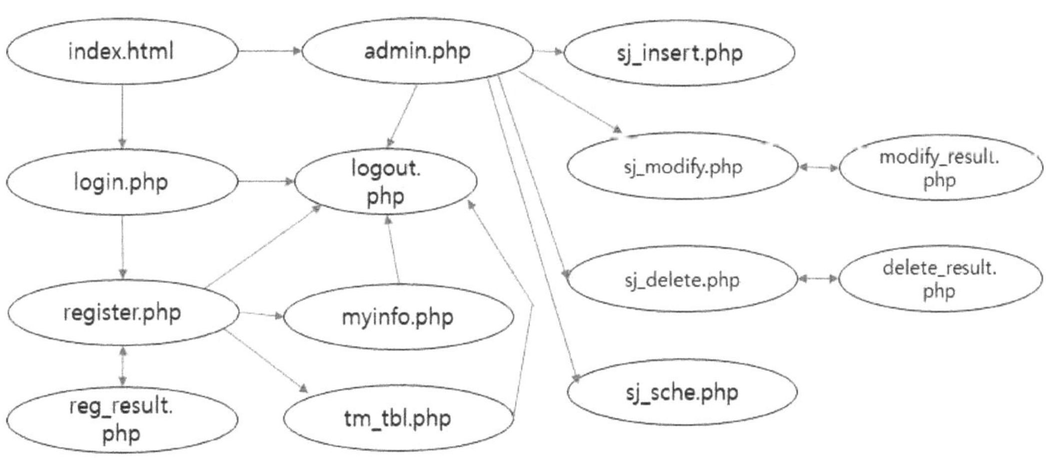

[그림 14.1] 수강 신청 프로그램의 페이지 설계도

14.3 데이터베이스 설계

수강 신청 프로그램에 필요한 데이터베이스 테이블은 다음과 같다. 테이블들을 저장하기 위하여 “proj20” 데이터베이스를 생성하였다.

- **students** : 학생의 개인 정보를 저장하는 테이블
(학번, 비번, 이름, 학년, 전화번호, 소속학과)
- **subjects** : 과목의 정보를 저장하는 테이블
(과목코드, 이름, 제한인원, 학점수, 강의시수, 학년, 학기, 이수구분)
- **stud_subj** : 학생이 신청한 과목을 저장하는 테이블
(학번, 과목코드)
- **sj_sche** : 과목에 대한 시간표를 저장하는 테이블
(과목코드, 시간표, 담당교수, 과목 이름, 신청학생수)
- **prof** : 교수 정보를 저장하는 테이블
(사번, 이름, 전화번호, 이메일주소, 소속학과)
- **clsroom** : 강의실 정보를 저장하는 테이블
(방번호, 수용인원, 건물이름)

각 테이블의 스키마와 테이블 상태는 다음과 같다. (각 테이블에 대하여 create table을 실행한 후, insert into 명령어를 실행한 결과이다.)

students(id, pass, sname, sgrade, tel, sdepart);

```
MariaDB [proj20]> desc students;
+---------+-------------+------+-----+---------+-------+
| Field   | Type        | Null | Key | Default | Extra |
+---------+-------------+------+-----+---------+-------+
| id      | char(8)     | NO   | PRI | NULL    |       |
| pass    | varchar(40) | YES  |     | NULL    |       |
| sname   | varchar(15) | YES  |     | NULL    |       |
| sgrade  | int(11)     | YES  |     | NULL    |       |
| tel     | varchar(15) | YES  |     | NULL    |       |
| sdepart | varchar(30) | YES  |     | NULL    |       |
+---------+-------------+------+-----+---------+-------+
6 rows in set (0.010 sec)
```

```
MariaDB [proj20]> select * from students;
+----------+------------------------------------------+--------+--------+---------------+----------------+
| id       | pass                                     | sname  | sgrade | tel           | sdepart        |
+----------+------------------------------------------+--------+--------+---------------+----------------+
| 20171111 | 011c945f30ce2cbafc452f39840f025693339c42 | 박춘삼 |      4 | 010-1111-2222 | 해양컴퓨터공학과 |
| 20181111 | 011c945f30ce2cbafc452f39840f025693339c42 | 김민철 |      3 | 010-9999-9999 | 해양컴퓨터공학과 |
| 20191111 | 011c945f30ce2cbafc452f39840f025693339c42 | 이뿌까 |      2 | 010-2222-4444 | 해양컴퓨터공학과 |
| 20201111 | 011c945f30ce2cbafc452f39840f025693339c42 | 서가루 |      1 | 010-3333-2125 | 해양컴퓨터공학과 |
| admin    | 011c945f30ce2cbafc452f39840f025693339c42 | 관리자 |     -1 | 010-1111-2222 | 해양컴퓨터공학과 |
+----------+------------------------------------------+--------+--------+---------------+----------------+
5 rows in set (0.007 sec)
```

Students 테이블에는 2020년도를 기준으로 1학년 ~ 4학년 학생의 데이터를 한 명씩 저장하였다. 관리자인 admin은 학년을 -1로 저장하였다. 일반적으로 학과에는 복학생이 존재하는데 졸업 학년도를 기준으로 계산하는 알고리즘만 포함한다면 복학생을 해당 학년으로 매핑할 수 있다. 즉, 2년 후에 졸업하는 2016학번의 복학생이 있다면 2학년인 2019학번과 동일하게 처리하면 된다.

학생의 비밀번호는 암호화되어 저장된다. 비밀번호의 암호를 위하여 MySQL의 SHA1() 함수를 사용하였다. SHA1() 함수는 문자열을 40자리 16진수로 암호화하는 단방향 암호화 함수이다. 예를 들어. '1111' 을 암호화하여 저장하고 싶다면 다음과 같이 하면 된다. SHA1() 대신 MD5() 함수를 사용할 수도 있다.

mysql> insert into students (pass) values (**SHA1('1111')**);

subjects(sj_code, sj_name, sj_limit, sj_credit, sj_num_class, sj_grade, sj_sem, sj_cate);

```
MariaDB [proj20]> desc subjects;
+--------------+-------------+------+-----+---------+-------+
| Field        | Type        | Null | Key | Default | Extra |
+--------------+-------------+------+-----+---------+-------+
| sj_code      | char(5)     | NO   | PRI | NULL    |       |
| sj_name      | varchar(30) | YES  |     | NULL    |       |
| sj_limit     | int(11)     | YES  |     | NULL    |       |
| sj_credit    | int(11)     | YES  |     | NULL    |       |
| sj_num_class | int(11)     | YES  |     | NULL    |       |
| sj_grade     | int(11)     | YES  |     | NULL    |       |
| sj_sem       | int(11)     | YES  |     | NULL    |       |
| sj_cate      | char(8)     | YES  |     | NULL    |       |
+--------------+-------------+------+-----+---------+-------+
8 rows in set (0.008 sec)
```

MariaDB [proj20]> select * from subjects;

sj_code	sj_name	sj_limit	sj_credit	sj_num_class	sj_grade	sj_sem	sj_cate
CS001	컴퓨터공학개론	50	3	3	1	1	필수
CS005	C언어및실습	50	3	4	1	2	필수
CS012	컴퓨터구조	50	3	3	2	2	필수
CS013	UNIX프로그래밍및실습	50	3	4	2	2	필수
CS014	알고리즘및실습	40	3	4	2	2	필수
CS015	윈도우프로그래밍실습	40	3	4	2	2	선택
CS016	확률과통계	40	3	3	2	2	선택
CS024	컴퓨터네트워크	40	3	3	3	2	필수
CS025	소프트웨어공학	40	3	3	3	2	필수
CS026	임베디드응용설계	40	3	4	3	2	선택
CS027	데이터베이스응용및설계	40	3	4	3	2	선택
CS039	모델링및시뮬레이션	40	3	3	4	2	선택
CS045	선박USN실무	40	3	3	4	2	선택
CS056	정보보호	40	3	3	4	2	선택
CS059	차세대컴퓨팅세미나	40	3	3	3	2	선택
CS065	이산수학	50	3	3	1	2	필수
CS068	프로그래밍언어론	40	3	3	2	2	선택
CS069	공학글쓰기	40	3	3	2	2	선택
CS073	디지털회로및실습	40	3	4	1	2	필수

19 rows in set (0.007 sec)

Subjects 테이블에는 컴퓨터공학과의 전공 교과목에 대한 데이터를 저장하였다. 실제 교과과정에 기반하여 과목 코드, 과목 이름, 제한 인원, 학점수, 강의시수, 개설학년, 개설학기, 이수구분 데이터를 저장하였다. 해당 프로그램을 작성할 당시가 2학기여서 컴퓨터공학개론을 제외하고는 2학기 과목을 저장하였다.

stud_subj(id, sj_code);

MariaDB [proj20]> desc stud_subj;

Field	Type	Null	Key	Default	Extra
id	char(8)	NO	PRI	NULL	
sj_code	char(5)	NO	PRI	NULL	

2 rows in set (0.008 sec)

MariaDB [proj20]>

stud_subj 테이블은 한 학생이 여러 과목을 신청할 수 있고, 하나의 과목은 여러 학생이 수강할 수 있기 때문에 학생과 과목의 N:M 관계에 의하여 생성된 테이블이다. 이 테이블은 학생이 추후 과목을 수강 신청하면 튜플이 만들어져 생성된다. 외래키를 사용하여 정의되어야 하나, 여기에서는 외래키는 사용하지 않았다.

sj_sche(sj_code, sj_time, sj_prof, sj_name, stud_count. rm_num);

```
MariaDB [proj20]> desc sj_sche;
+------------+----------+------+-----+---------+-------+
| Field      | Type     | Null | Key | Default | Extra |
+------------+----------+------+-----+---------+-------+
| sj_code    | char(5)  | NO   | PRI | NULL    |       |
| sj_time    | char(20) | NO   | PRI | NULL    |       |
| sj_prof    | char(20) | YES  |     | NULL    |       |
| sj_name    | char(30) | YES  |     | NULL    |       |
| stud_count | int(11)  | YES  |     | NULL    |       |
| rm_num     | char(40) | YES  |     | NULL    |       |
+------------+----------+------+-----+---------+-------+
6 rows in set (0.041 sec)
```

```
MariaDB [proj20]> select * from sj_sche;
+---------+-------------------+---------+------------------------+------------+-----------------------+
| sj_code | sj_time           | sj_prof | sj_name                | stud_count | rm_num                |
+---------+-------------------+---------+------------------------+------------+-----------------------+
| CS005   | 화3/화4/목8/목9   | 정종면  | C언어및실습            |         20 | 7507/7507/7507/7504/  |
| CS012   | 화1/화2/목2/NO    | 김동관  | 컴퓨터구조             |         20 | 7505/7505/7507/       |
| CS013   | 월3/월4/수6/수7   | 김건웅  | UNIX프로그래밍및실습   |         20 | 7301/7301/7301/7301/  |
| CS014   | 월1/월2/수8/수9   | 정종면  | 알고리즘및실습         |         20 | 7301/7301/7301/7301/  |
| CS015   | 화6/화7/목6/목7   | 배미숙  | 윈도우프로그래밍실습   |         20 | 7301/7301/7301/7301/  |
| CS016   | 화6/목8/목9/NO    | 박철수  | 확률과통계             |         20 | 7507/7507/7507/       |
| CS024   | 화3/수1/수2/NO    | 김건웅  | 컴퓨터네트워크         |         20 | 7507/7507/7507/       |
| CS025   | 목6/금3/금4/NO    | 김동관  | 소프트웨어공학         |         20 | 7505/7505/7505/       |
| CS026   | 월3/월4/화1/화2   | 최조천  | 임베디드응용설계       |         20 | 7311/7311/7311/7311/  |
| CS027   | 월8/월9/목3/목4   | 김치연  | 데이터베이스응용및설계 |         20 | 7507/7311/7507/7311/  |
| CS056   | 화4/금1/금2/NO    | 김건웅  | 정보보호               |         20 | 7507/7507/7507/       |
| CS059   | 화6/화7/목7/NO    | 박철수  | 차세대컴퓨팅세미나     |         19 | 7507/7507/7507/       |
| CS065   | 수3/수4/목1/NO    | 김동관  | 이산수학               |         20 | 7507/7507/7507/       |
| CS068   | 화3/화4/수2/NO    | 김치연  | 프로그래밍언어론       |         20 | 7507/7507/7507/       |
| CS069   | 월6/월7/수3/NO    | 김치연  | 공학글쓰기             |         20 | 7507/7507/7507/       |
| CS073   | 수6/수7/금3/금4   | 최조천  | 디지털회로및실습       |         20 | 7507/7507/7507/7505/  |
+---------+-------------------+---------+------------------------+------------+-----------------------+
16 rows in set (0.007 sec)
```

sj_sche 테이블은 해당 학기에 개설되는 과목에 대한 시간표와 담당교수, 수강 신청한 학생 수와 강의실 데이터를 저장한다. 교과과정에 있는 과목들은 특정 학기에 모두 개설되지 않는다. 즉, 이 테이블에는 Subjects 테이블에 있는 과목 중 해당 학기에 실제 수강 신청이 가능한 과목에 대한 데이터를 유지한다. Subjects 테이블의 과목 정보는 학년/학기가 달라지더라도 변하지 않는 데이터이며, 이 테이블에 저장되는 데이터는 학년/학기에 따라 변하는 과목 정보를 저장한다. sj_time은 과목 시간표인데, 강의 시수에 따라 3시간 또는 4시간으로 저장된다. 3시간 과목은 끝에 NO를 저장하고, 추후 문자열 처리를 할 예정이다.

prof(pid, pname, ptel, pmail, pdepart);

```
MariaDB [proj20]> desc prof;
+---------+-------------+------+-----+---------+-------+
| Field   | Type        | Null | Key | Default | Extra |
+---------+-------------+------+-----+---------+-------+
| pid     | char(5)     | NO   | PRI | NULL    |       |
| pname   | varchar(20) | YES  |     | NULL    |       |
| ptel    | varchar(20) | YES  |     | NULL    |       |
| pmail   | varchar(30) | YES  |     | NULL    |       |
| pdepart | varchar(30) | YES  |     | NULL    |       |
+---------+-------------+------+-----+---------+-------+
5 rows in set (0.009 sec)
```

```
MariaDB [proj20]> select * from prof;
+-------+--------+----------+---------------------+--------------------+
| pid   | pname  | ptel     | pmail               | pdepart            |
+-------+--------+----------+---------------------+--------------------+
| 10200 | 최조천 | 240-7258 | choi@mmu.ac.kr      | 해양컴퓨터공학과   |
| 10311 | 김건웅 | 240-7261 | kgu@mmu.ac.kr       | 해양컴퓨터공학과   |
| 10313 | 김치연 | 240-7262 | kcy@mmu.ac.kr       | 해양컴퓨터공학과   |
| 10315 | 정종면 | 240-7263 | jeong@mmu.ac.kr     | 해양컴퓨터공학과   |
| 10317 | 이미라 | 240-7267 | yimira@mmu.ac.kr    | 해양컴퓨터공학과   |
| 10318 | 김동관 | 240-7271 | kdg@mmu.ac.kr       | 해양컴퓨터공학과   |
| 10998 | 배미숙 | 240-0000 | bae@mmm.ac.kr       | 해양컴퓨터공학과   |
| 10999 | 박철수 | 240-0000 | park@mmm.ac.kr      | 해양컴퓨터공학과   |
+-------+--------+----------+---------------------+--------------------+
8 rows in set (0.007 sec)
```

Prof는 교수에 대한 데이터를 유지하는 테이블이다. 교수의 사번, 이름, 전화번호, 이메일 등의 데이터를 저장한다. 이번 프로젝트에는 한 학과만을 대상으로 하고 있어서 소속 학과는 모두 동일하다.

clsroom(rid, rcap, rname);

```
MariaDB [proj20]> desc clsroom;
+-------+----------+------+-----+---------+-------+
| Field | Type     | Null | Key | Default | Extra |
+-------+----------+------+-----+---------+-------+
| rid   | char(5)  | NO   | PRI | NULL    |       |
| rcap  | int(11)  | YES  |     | NULL    |       |
| rname | char(20) | YES  |     | NULL    |       |
+-------+----------+------+-----+---------+-------+
3 rows in set (0.008 sec)
```

```
MariaDB [proj20]> select * from clsroom;
+------+------+------------+
| rid  | rcap | rname      |
+------+------+------------+
| 7301 |   45 | 실험실습관 |
| 7504 |   40 | 실험실습관 |
| 7505 |   40 | 실험실습관 |
| 7507 |   40 | 실험실습관 |
+------+------+------------+
4 rows in set (0.026 sec)
```

clsroom 테이블에는 강의실에 대한 데이터를 저장한다. 고유한 강의실번호, 수용 인원, 건물 이름을 포함한다.

14.4 초기 버전의 구현

이 절에서는 각 코드의 주요 기능과 결과 화면, 그리고 소스 코드에 대하여 기술한다.

1) 로그인 폼 (index.html)

로그인 화면을 출력하는 파일이다. 아이디는 학번으로 사용하며, 아이디와 비밀번호를 입력한 후 "Login" 버튼을 누르면 "login.php" 로 이동한다.

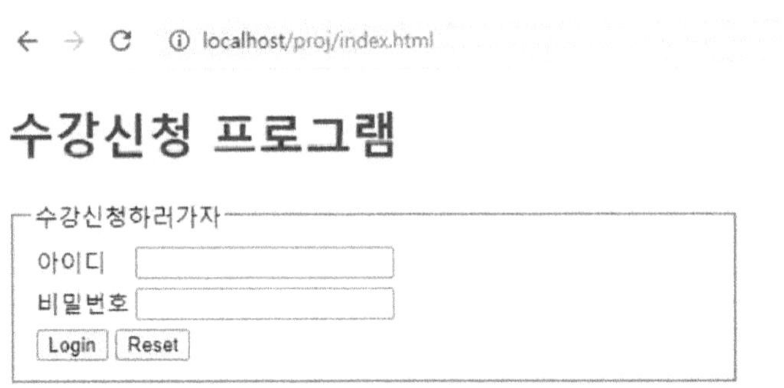

■ **index.html**

```
<!doctype html>
<html>
<head>
<style>
  form {width : 500px;}
  h1 {color : blue;}
</style>
</head>
<body>
  <h1> 수강신청 프로그램 </h1>
  <form method="post" action="login.php">  // 제출 버튼을 누르면 이동
  <fieldset>
  <legend> 수강신청하러가자 </legend>
  <table>
  <tr>
     <td> 아이디 </td> <td> <input type="text" name="id"> </td>
```

```
    </tr>
    </tr>
      <td> 비밀번호 </td> <td> <input type="password" name="pass"></td>
    </tr>
    <tr> <td colspan=2>
    <input type="submit" value="Login">
    <input type="reset" value="Reset">
    </td>
    </tr>
    </table>
    </fieldset>
    </form>
  </body>
  </html>
```

2) 로그인 결과 (login.php)

로그인 폼에서 입력한 데이터와 데이터베이스를 비교하여 로그인 성공 여부를 판단한다. 아이디나 비밀번호가 맞지 않다면 재입력을 요구하는 메시지를 출력하고, 옳은 데이터가 입력된다면 학생의 이름을 찾아 출력한다. 추후에는 header() 함수를 이용하여 로그인에 성공하면 수강 신청을 할 수 있는 register.php로 바로 연결된다.

■ **아이디와 비밀번호가 정확하지 않은 경우**

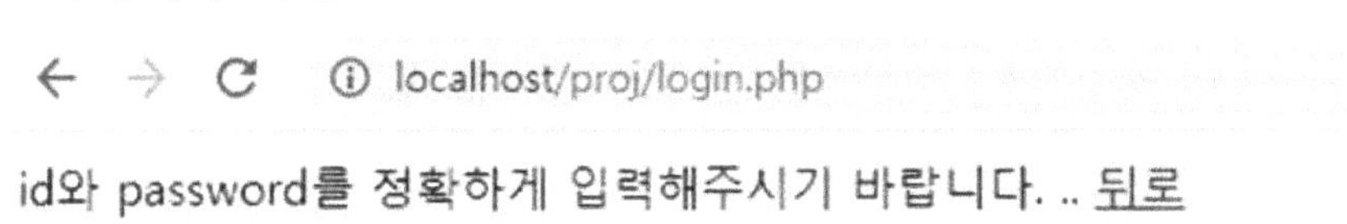

■ **아이디와 비밀번호가 정확한 경우**

■ **login.php**

```
<?php
  $dbc=mysqli_connect("localhost", "root", "", "proj20");

  $id=$_POST['id'];
  $pass=$_POST['pass'];

  if(($id == 'admin') and ($pass == '1111')) {  // 관리자의 비밀번호는 '1111'
          header("Location:http://localhost/proj/admin.php");
  }

  else {
    $query="select id, pass, sname from students where id='$id' and pass=SHA1('$pass')";
    $result=mysqli_query($dbc, $query);

   if (mysqli_num_rows($result) == 1) { // success
         $row=mysqli_fetch_array($result);
          $user_id = $row['id'];
          $user_pass = $row['pass']; // 로그인에 성공한 id와 pass
          $user_name = $row['sname'];
          // echo $user_name."님 환영합니다..."; // 성공했을 때, 초기 버전

          // 수강신청 화면으로 넘어가기
          header ("Location:http://localhost/proj/register.php"); // 수강신청페이지로 이동
   }
   else {  // 로그인에 실패했을 때
    echo "id와 password를 정확하게 입력해주시기 바랍니다. ..    ";
          // exit('id와 password를 정확하게 입력해주시기 바랍니다...');
          echo "<a href='index.html'> 뒤로 </a>";
  }
  }
  mysqli_close($dbc);
?>
```

3) 관리자 메뉴 (admin.php)

수강 신청 관리자가 사용하는 네 가지 메뉴를 출력하고 각각을 실행할 수 있는 코드이다. 과목 정보의 입력, 수정, 삭제, 매학기 달라지는 시간표를 입력할 수 있다. 초기 화면은 다음과 같다. 과목 입력 버튼을 누르면 sj_insert.php, 과목 수정은 sj_modify.php, 삭제는 sj_delete.php, 시간표 입력은 sj_sche.php가 각각 실행된다.

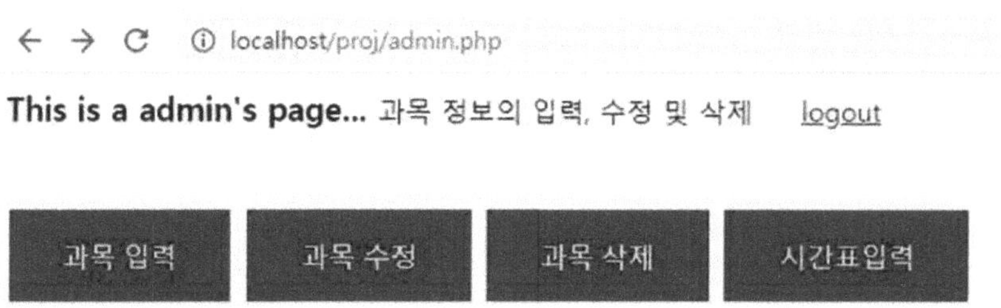

■ **admin.php**

```
<?php
  echo "<h3> This is a admin's page... </h3> ";
  echo "과목 정보의 입력, 수정 및 삭제 ";
  echo "    <a href='logout.php'> logout </a><br><br><br>";
?>

<!doctype html>
<html>
<head> <title> Admin's Page </title>
<style>
  input[type=submit], input[type=reset] {
  background-color: blue;
  border: none;
  color: yellow;
  padding: 16px 32px;
  text-decoration: none;
  margin: 4px 2px;
  cursor: pointer;
  font-size : 16px;
}
```

```
form, h3 {
        display : inline;
}
</style>
</head>

<body>
<form method="post" action="sj_insert.php">
  <input type="submit" value="과목 입력" name="insert">
</form>

<form method="post" action="sj_modify.php">
  <input type="submit" value="과목 수정" name="update">
</form>

<form method="post" action="sj_delete.php">
  <input type="submit" value="과목 삭제" name="delete">
</form>

<form method="post" action="sj_sche.php">
  <input type="submit" value="시간표입력" name="delete">
</form>

</body>
</html>
```

4) 과목 정보 입력 화면 (sj_insert.php)

과목 입력을 위한 폼이 열려서 과목 정보를 입력한다. subjects 테이블에 저장해야 할 각 항목은 입력 요소로 만들고, insert 질의를 사용하여 테이블에 저장한다.

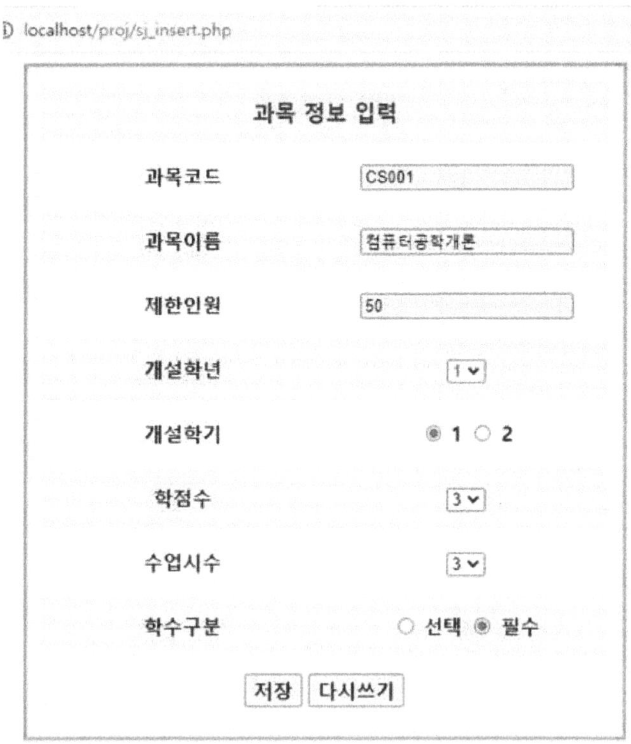

■ **sj_insert.php**

```
<!doctype html>
<html>
<body>
<head>
<title> 과목 정보 입력 </title>
<style>
table {
    margin:auto;
    width: 500px;
```

```
    border: 3px solid #73AD21;
    padding: 10px;
}
tr {
        height:50px;
}
td {
        text-align : center;
        font-weight : bold;
        width : 200px;
}
th {
        font-size : 18px;
        color : blue;
}
h3 {
        color : blue;
        text-align : center;
}
div {
         position:relative;
         left:60%;
         top:15px;
}
tr:nth-child(odd) {background-color: #f2f2f2;}
input[type=submit], input[type=reset] {
        font-size : 16px;
        font-weight:bold;
}
</style>
</head>

<body>
<form method="post" action="sj_insert.php">
<table>
<tr>
  <th colspan="2"> 과목 정보 입력 </th>
</tr>
```

```
<tr>
  <td> 과목코드 </td>
  <td> <input type="text" name="sj_code" placeholder="CS000"> </td>
</tr>
<tr>
  <td> 과목이름 </td> <td> <input type="text" name="sj_name"> </td>
</tr>
<tr>
  <td> 제한인원 </td> <td> <input type="text" name="sj_limit"> </td>
</tr>
<tr>
  <td> 개설학년 </td>
  <td> <select name="sj_grade">
          <option value="1"> 1 </option>
          <option value="2"> 2 </option>
          <option value="3"> 3 </option>
          <option value="4"> 4 </option>
  </td>
</tr>
<tr>
  <td> 개설학기 </td>
  <td> <input type="radio" name="sj_sem" value="1" checked>
       <label for="1"> 1 </label>
       <input type="radio" name="sj_sem" value="2">
       <label for="2"> 2 </label>
  </td>
</tr>
<tr>
  <td> 학점수 </td>
  <td> <select name="sj_credit">
          <option value="1"> 1 </option>
          <option value="2"> 2 </option>
          <option value="3"> 3 </option>
  </td>
</tr>
<tr>
  <td> 수업시수 </td>
  <td> <select name="sj_num_class">
```

```
        <option value="1"> 1 </option>
            <option value="2"> 2 </option>
            <option value="3"> 3 </option>
            <option value="4"> 4 </option>
            <option value="5"> 5 </option>
            <option value="6"> 6 </option>
  </td>
</tr>
<tr>
  <td> 학수구분 </td>
  <td>
       <input type="radio" name="sj_cate" value="선택" checked>
       <label for="선택"> 선택 </label>
        <input type="radio" name="sj_cate" value="필수">
        <label for="필수"> 필수 </label>
  </td>
</tr>

<tr>
  <td colspan="2"> <input type="submit" value="저장" name="submit">
                <input type="reset" value="다시쓰기" name="reset"> </td>
</tr>

</table>
<div> <a href='admin.php'> 관리자 페이지로.. </a> </div>
</form>
</body>
</html>

<?php
  $dbc=mysqli_connect("localhost", "root", "", "proj20");
  if (isset($_POST['submit'])) { // 저장 버튼이 눌러진 경우

          $code=$_POST['sj_code'];
          //echo $code."<br>";
          $name=$_POST['sj_name'];
          //echo $name."<br>";
          $limit=$_POST['sj_limit'];
```

```
		//echo $limit."<br>";
		$credit=$_POST['sj_credit'];
		//echo $credit."<br>";
		$num_class=$_POST['sj_num_class'];
		//echo $num_class."<br>";
		$grade=$_POST['sj_grade'];
		//echo $grade."<br>";
		$sem=$_POST['sj_sem'];
		//echo $sem."<br>";
		$cate=$_POST['sj_cate'];
		//echo $cate."<br>";

		$query="insert into subjects values ('$code', '$name', '$limit', '$credit', '$num_class', '$grade', '$sem', '$cate')"; // 순서 주의, 테이블에 삽입
		$result = mysqli_query($dbc, $query);
		/* if ($result)
			echo "삽입 성공";
		else
			echo "삽입 실패";
		*/
	}
	mysqli_close($dbc);
?>
```

5) 과목 정보 수정하기 (sj_modify.php)

subjects 테이블에 저장된 교과목 정보를 수정하기 위한 코드이다. 수정할 과목 코드를 입력받고, 해당 코드를 가진 과목을 불러와 기존 정보를 수정할 수 있다.

■ **과목 코드 입력 화면**

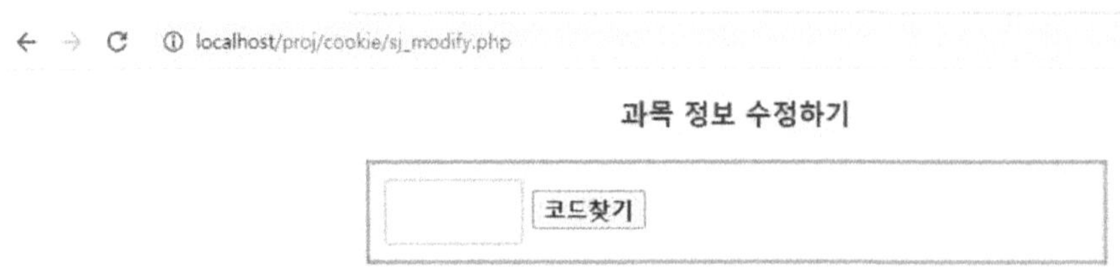

■ **수정할 과목의 데이터를 입력하는 화면**

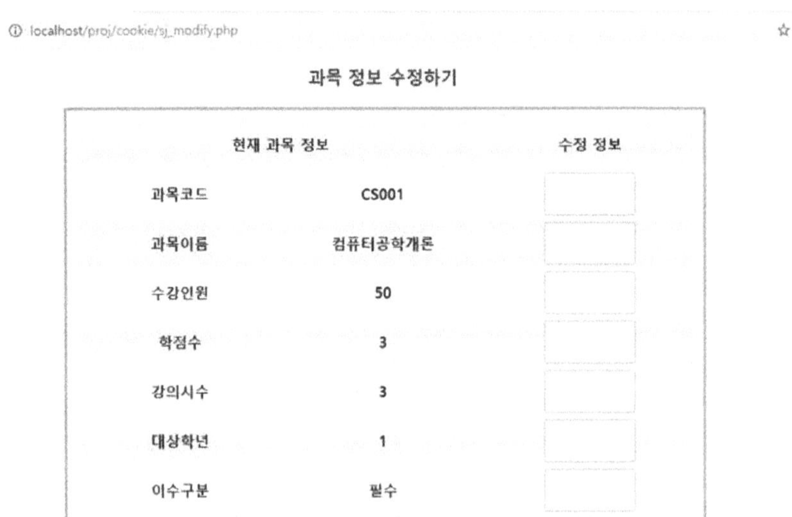

■ sj_modify.php

```
<!doctype html>
<html>
<head>
<style>
```

```
input[type=text] {
  width: 100px;
  box-sizing: border-box;
  border: 2px solid #ccc;
  border-radius: 4px;
  font-size: 16px;
  background-color: white;
  /*background-image: url('searchicon.png'); */
  background-position: 10px 10px;
  background-repeat: no-repeat;
  padding: 12px 20px 12px 40px;
  transition: width 0.4s ease-in-out;
}
input[type=submit], input[type=reset] {
        font-size : 16px;
        font-weight:bold;
}
input[type=text]:focus {
  width: 70%;
}
table {
        margin:auto;
        width: 700px;
        border: 3px solid #73AD21;
        padding: 10px;
}
tr {
        height:50px;
}
td {
        text-align : center;
        font-weight : bold;
        width : 200px;
}
div {
         margin:auto;
         width: 500px;
         border: 3px solid #73AD21;
```

```
            padding: 10px;

}
h3 {
          color : blue;
          text-align : center;
}
tr:nth-child(odd) {background-color: #f2f2f2;}
</style>
</head>

<?php
 if (!isset($_POST['sub_search'])) {  // 수정 내용 작성 전,
?>

<body>
 <h3> 과목 정보 수정하기 </h3>
 <div>
  <form method="post" action="sj_modify.php">
    <input type="text" class="srch" name="search">
    <input type="submit" name="sub_search" value="코드찾기">
  </form>
</body>
</html>

<?php
 } // end of if
 else {  // 찾기 버튼이 눌러졌다면
  $dbc=mysqli_connect("localhost", "root", "", "proj20");

  if (!empty($_POST['search'])) {  // 코드가 입력된 경우,
           echo "<h3> 과목 정보 수정하기 </h3>";
           $code=$_POST['search'];

          // 입력된 코드를 가진 과목 정보 검색
          $query="select sj_code, sj_name, sj_limit, sj_credit, sj_num_class, sj_grade, sj_cate
from subjects where sj_code='$code'";
           $result=mysqli_query($dbc, $query);
```

```
            $row=mysqli_fetch_array($result);

            echo "<form method='post' action='update_result.php'>";
            echo "<table>";
            echo "<tr> <th colspan='2'> 현재 과목 정보 </th> <th> 수정 정보 </th>
</tr>";
            echo "<tr> <td> 과목코드 </td>";
            echo "<td>".$row['sj_code']."</td>";
            echo "<td> <input type='text' name='ucode'> </td></tr>";

      echo "<tr> <td> 과목이름 </td>";
      echo "<td>".$row['sj_name']."</td>";
      echo "<td> <input type='text' name='uname'> </td></tr>";

      echo "<tr> <td> 수강인원 </td>";
      echo "<td>".$row['sj_limit']."</td>";
      echo "<td> <input type='text' name='ulimit'> </td></tr>";

      echo "<tr><td> 학점수 </td>";
      echo "<td>".$row['sj_credit']."</td>";
      echo "<td> <input type='text' name='ucredit'> </td></tr>";

      echo "<tr><td> 강의시수 </td>";
      echo "<td>".$row['sj_num_class']."</td>";
      echo "<td> <input type='text' name='uclass'> </td></tr>";

      echo "<tr><td> 대상학년 </td>";
      echo "<td>".$row['sj_grade']."</td>";
      echo "<td> <input type='text' name='ugrade'> </td></tr>";

      echo "<tr><td> 이수구분 </td>";
      echo "<td>".$row['sj_cate']."</td>";
      echo "<td> <input type='text' name='ucate'> </td></tr>";

      echo "<tr> <td colspan='3'> <input type='submit' name='usubmit' value='수정'>
 ";
      echo "<input type='reset' name='ureset' value='취소'></td> </tr>";
```

```
        echo "</table>";
        echo "</form>";
  }
  else {
            echo "코드가 입력되지 않았습니다.";
        }
  } // else
?>
```

6) 과목 정보 수정하기 결과 (modify_result.php)

sj_modify.php에서 입력된 정보로 subjects 테이블을 수정하고 결과를 출력하는 코드이다. 만약, subjects 테이블에 저장되지 않은 과목 코드를 입력하면 아래와 같은 결과가 출력되고, 수정에 성공하면 다시 sj_modify.php로 이동한다. 과목 정보를 수정할 때 속성의 일부만 수정될 수 있으므로 그를 반영하여 코딩하였다.

■ **테이블에 저장되지 않은 과목 코드를 입력했을 때**

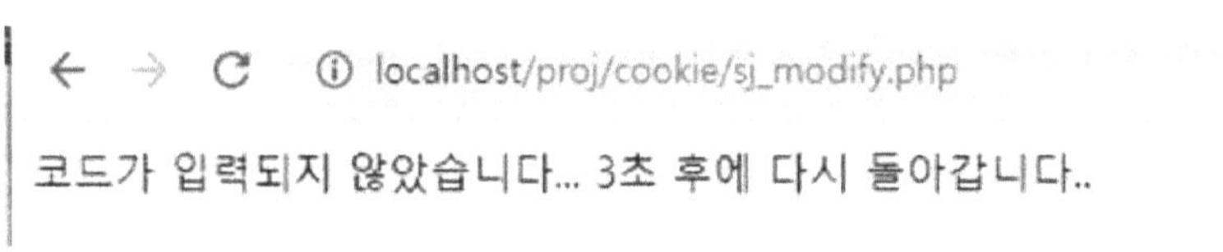

■ **modify_result.php**

```
<?php
$dbc=mysqli_connect("localhost", "root", "", "proj20");
$code=$_POST['ucode'];

if (isset($_POST['usubmit'])) {
 if(!empty($_POST['ucode'])) { // 코드 수정
     $query="update subjects set sj_code='".$_POST['ucode']."' where sj_code='$code'";
     $result=mysqli_query($dbc, $query);
         /*if ($result)
                 echo "1성공";
```

```
        else
                echo "1실페";*/
}

if(!empty($_POST['uname'])) { // 과목 이름 수정
        $query="update subjects set sj_name='".$_POST['uname']."' where sj_code='$code'";
        $result=mysqli_query($dbc, $query);
        /*if ($result) echo "2성공";
        else echo "2실페";*/
}

if(!empty($_POST['ulimit'])) {  // 수강 인원 수정
        $query="update subjects set sj_limit=".$_POST['ulimit']." where sj_code='$code'";
        $result=mysqli_query($dbc, $query);
        /*if ($result) echo "3성공";
        else echo "3실페";*/
}

if(!empty($_POST['ucredit'])) { // 학점 수 수정
        $query="update subjects set sj_credit=".$_POST['ucredit']." where sj_code='$code'";
        $result=mysqli_query($dbc, $query);
        /*if ($result) echo "4성공";
        else echo "4실패"; */
}

if(!empty($_POST['uclass'])) {  // 강의시수 수정
        $query="update subjects set sj_num_class=".$_POST['uclass']." where sj_code='$code'";
        $result=mysqli_query($dbc, $query);
        /*if ($result) echo "5성공";
        else echo "5실패";*/
}

if(!empty($_POST['ugrade'])) {  // 개설 학년 수정
        $query="update subjects set sj_sj_grade=".$_POST['ugrade']." where sj_code='$code'";
```

```
        $result=mysqli_query($dbc, $query);
        /*if ($result) echo "6성공";
        else echo "6실페";*/
  }

  if(!empty($_POST['ucate'])) {  // 이수 구분 수정
        $query="update subjects set sj_cate='".$_POST['ucate']."' where sj_code='$code'";
        $result=mysqli_query($dbc, $query);
        /*if ($result) echo "7성공";
        else echo "7실페";*/
  }
  header("Location:http://localhost/proj/sj_modify.php");  // sj_modify.php로 이동
 } // usubmit가 눌러진 경우

?>
```

7) 과목 삭제하기 (sj_delete.php)

subjects 테이블에 저장된 교과목을 삭제하는 코드이다. 삭제할 과목의 이름을 입력받고, 입력된 이름을 포함하고 있는 모든 과목을 출력한 후, 목록 중에서 관리자가 선택하여 삭제할 수 있도록 코딩하였다.

■ 삭제할 과목의 이름(일부분)을 입력하는 화면

■ 검색어 "컴퓨터" 입력

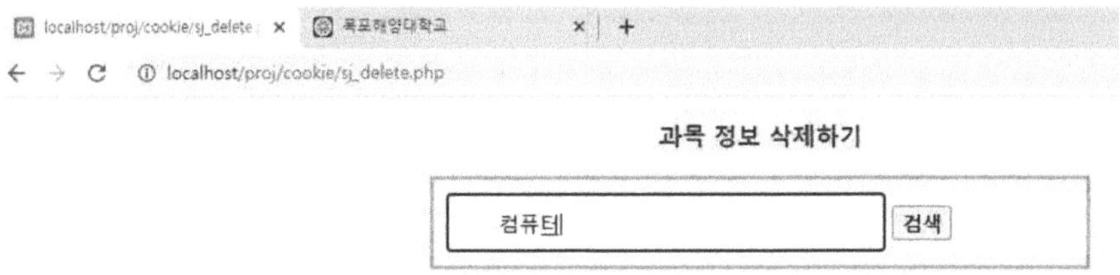

■ subjects 테이블에 "컴퓨터"를 포함한 모든 과목의 출력 : 컴퓨터공학개론 삭제 예정

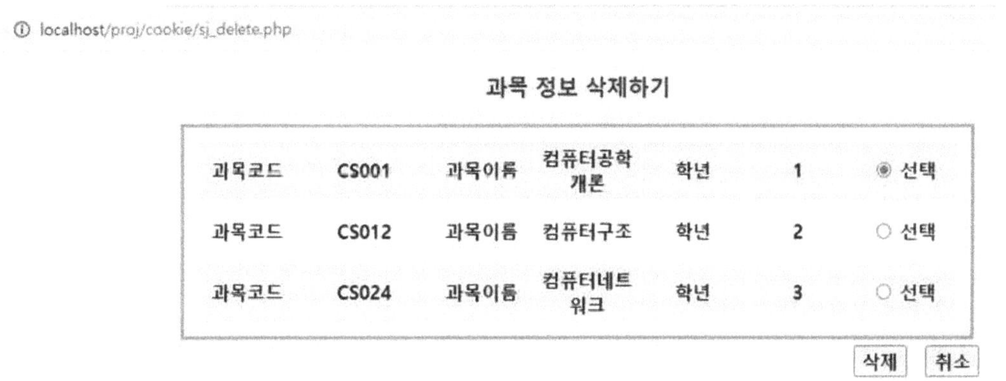

■ subjects 테이블의 상태 : "컴퓨터"가 포함된 세 과목

```
MariaDB [proj20]> select * from subjects;
+---------+------------------------+----------+-----------+--------------+----------+--------+---------+
| sj_code | sj_name                | sj_limit | sj_credit | sj_num_class | sj_grade | sj_sem | sj_cate |
+---------+------------------------+----------+-----------+--------------+----------+--------+---------+
| CS001   | 컴퓨터공학개론         |       50 |         3 |            3 |        1 |      1 | 필수    |
| CS005   | C언어및실습            |       50 |         3 |            4 |        1 |      2 | 필수    |
| CS012   | 컴퓨터구조             |       40 |         3 |            3 |        2 |      2 | 필수    |
| CS013   | UNIX프로그래밍및실습   |       50 |         3 |            4 |        2 |      2 | 필수    |
| CS014   | 알고리즘및실습         |       40 |         3 |            4 |        2 |      2 | 필수    |
| CS015   | 윈도우프로그래밍및실습 |       40 |         3 |            4 |        2 |      2 | 선택    |
| CS016   | 확률과통계             |       40 |         3 |            3 |        2 |      2 | 선택    |
| CS024   | 컴퓨터네트워크         |       40 |         3 |            3 |        3 |      2 | 필수    |
| CS025   | 소프트웨어공학         |       40 |         3 |            3 |        3 |      2 | 필수    |
| CS026   | 임베디드응용설계       |       40 |         3 |            4 |        3 |      2 | 선택    |
| CS027   | 데이터베이스응용및설계 |       40 |         3 |            4 |        3 |      2 | 선택    |
| CS039   | 모델링및시뮬레이션     |       40 |         3 |            3 |        4 |      2 | 선택    |
| CS045   | 선박USN실무            |       40 |         3 |            3 |        4 |      2 | 선택    |
| CS056   | 정보보호               |       40 |         3 |            3 |        4 |      2 | 선택    |
| CS059   | 차세대컴퓨팅세미나     |       40 |         3 |            3 |        3 |      2 | 선택    |
| CS065   | 이산수학               |       55 |         3 |            3 |        1 |      2 | 필수    |
| CS068   | 프로그래밍언어론       |       40 |         3 |            3 |        2 |      2 | 선택    |
| CS069   | 공학글쓰기             |       40 |         3 |            3 |        2 |      2 | 선택    |
| CS073   | 디지털회로및실습       |       40 |         3 |            4 |        1 |      2 | 필수    |
+---------+------------------------+----------+-----------+--------------+----------+--------+---------+
19 rows in set (0.000 sec)
```

■ **sj_delete.php**

```
<!doctype html>
<html>
<head>
</head>

<body>
<form method="post" action="sj_delete.php">
  <label for="gsearch"> 삭제할 과목이름 : </label>
  <input type="search" id="gsearch" name="subject">
  <input type="submit" name="submit" value="검색">
</form>
</body>
</html>

<?php
   if (!isset($_POST['submit'])) {  // 검색 버튼이 눌러지기 전 : 검색 폼 출력
?>

<div>
<form method="post" action="sj_delete.php">
  <input type="text" name="subject">
  <input type="submit" name="submit" value="검색">
</form>
</div>
</body>
</html>

<?php
}
else { // 검색 버튼이 눌러졌다면
          $dbc=mysqli_connect("localhost", "root", "", "proj20");
          $suj_name=$_POST['subject'];  // 삭제할 과목 이름

          // 검색어를 포함한 모든 과목 찾기
          $query="select sj_code, sj_name, sj_grade from subjects where sj_name like
'%".$suj_name."%'";
```

```
        $result=mysqli_query($dbc, $query);

        if (mysqli_num_rows($result) == 0) {  // 검색 결과가 없는 경우
            echo "검색어가 입력되지 않았거나, 존재하지 않는 과목입니다... 3초 후에 다시
돌아갑니다... <br>";
            header('Refresh:3; url=http://localhost/proj/sj_delete.php');
        }
        else {  // 과목이 검색된 경우
                echo "<form method='post' action='delete_result.php'>";
                echo "<table>";
                while ($row=mysqli_fetch_array($result)) {
                        echo "<tr> <td> 과목코드 </td>
                              <td>".$row['sj_code']."</td>";
                        echo "<td> 과목이름 </td> <td>".$row['sj_name']."</td>";
                        echo "<td> 학년 </td> <td>".$row['sj_grade']."</td>";
                        $code=$row['sj_code'];
                        echo "<td> <input type='radio' name='delete'
value='".$code."'> 선택 </td>";
                        echo "</tr>";
                } // while
                echo "</table>";
                echo "<span> <input type='submit' name='d_submit' value='삭제
'></span>  ";
                echo "<span> <input type='reset' name='reset' value='취소'>
</span>";
                echo "</form>";
                mysqli_close($dbc);
        }
}
?>
```

8) 과목 정보 삭제하기 결과 (delete_result.php)

sj_delete.php의 결과를 출력하는 코드이다. 성공적으로 과목을 삭제하면 3초 후에 admin.php로 자동 이동하고, subjects 테이블에서 과목 정보를 삭제한다.

■ 삭제에 성공한 경우의 출력

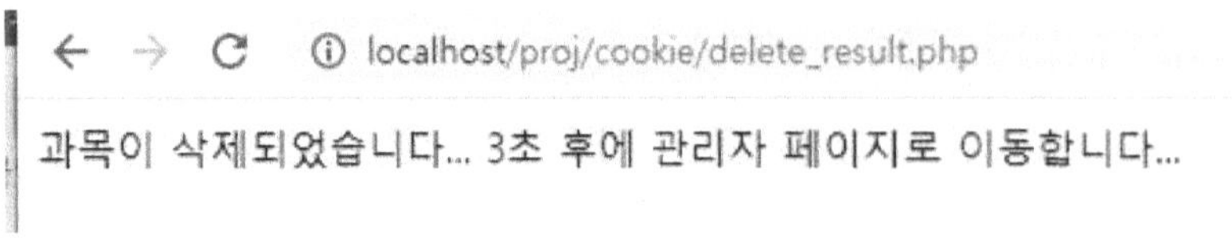

■ admin.php로 자동 이동

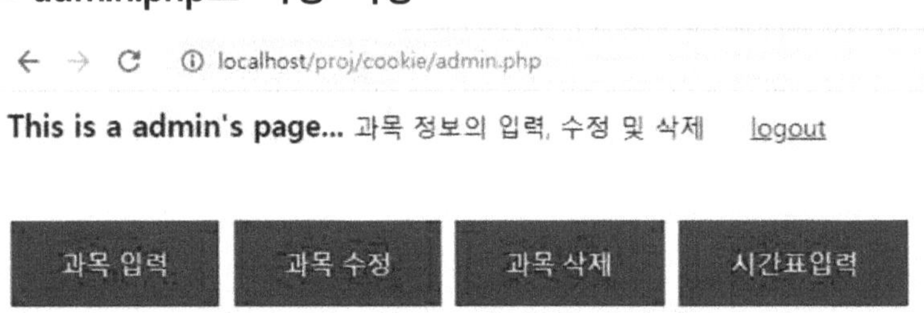

■ "컴퓨터공학개론"이 삭제된 후의 테이블 상태

MariaDB [proj20]> select * from subjects;

sj_code	sj_name	sj_limit	sj_credit	sj_num_class	sj_grade	sj_sem	sj_cate
CS005	C언어및실습	50	3	4	1	2	필수
CS012	컴퓨터구조	40	3	3	2	2	필수
CS013	UNIX프로그래밍및실습	50	3	4	2	2	필수
CS014	알고리즘및실습	40	3	4	2	2	필수
CS015	윈도우프로그래밍및실습	40	3	4	2	2	선택
CS016	확률과통계	40	3	3	2	2	선택
CS024	컴퓨터네트워크	40	3	3	3	2	필수
CS025	소프트웨어공학	40	3	3	3	2	필수
CS026	임베디드응용설계	40	3	4	3	2	선택
CS027	데이터베이스응용및설계	40	3	4	3	2	선택
CS039	모델링및시뮬레이션	40	3	3	4	2	선택
CS045	선박USN실무	40	3	3	4	2	선택
CS056	정보보호	40	3	3	4	2	선택
CS059	차세대컴퓨팅세미나	40	3	3	3	2	선택
CS065	이산수학	55	3	3	1	2	필수
CS068	프로그래밍언어론	40	3	3	2	2	선택
CS069	공학글쓰기	40	3	3	2	2	선택
CS073	디지털회로및실습	40	3	4	1	2	필수

8 rows in set (0.000 sec)

■ **subjects 테이블에 존재하지 않은 과목 이름을 입력한 경우**

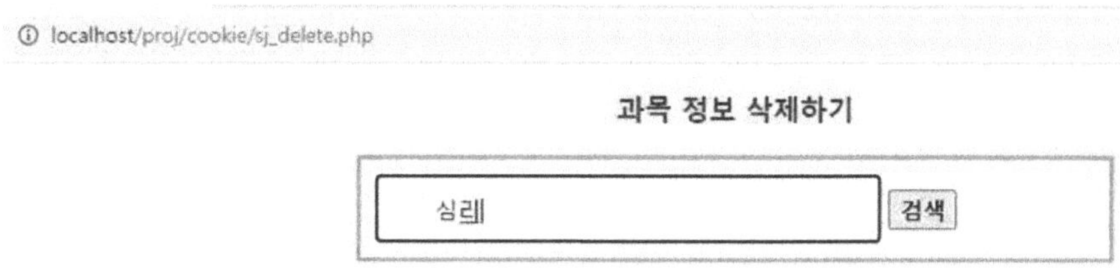

■ **오류 메시지의 출력**

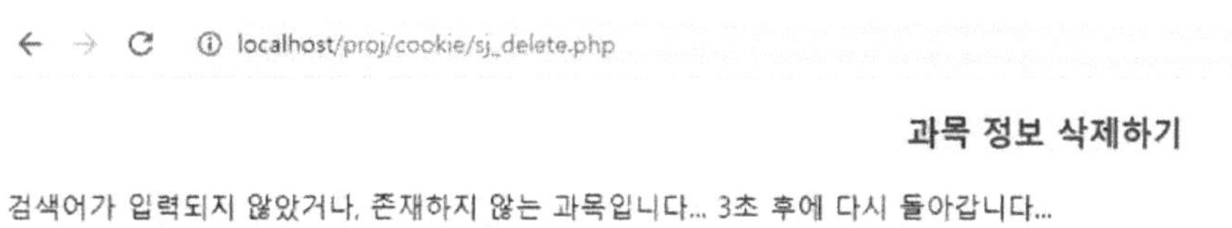

■ **delete_result.php**

```
<?php
  if (isset($_POST['d_submit'])) {
            $code=$_POST['delete']; // 삭제 버튼을 누른 과목 코드
            $dbc=mysqli_connect("localhost", "root", "", "proj20");

            $query="delete from subjects where sj_code='$code'";
            $result=mysqli_query($dbc, $query);

            echo "과목이 삭제되었습니다... <br>";
            echo "<a href='admin.php'> 관리자 페이지로... </a>";

      mysqli_close($dbc);
  }
?>
```

9) 과목 시간표 입력 화면 (sj_sche.php)

과목 시간표를 입력하는 폼이다. 과목 코드 입력 후, 최대 4시간까지 시간표를 입력받아 sj_sche 테이블에 삽입한다.

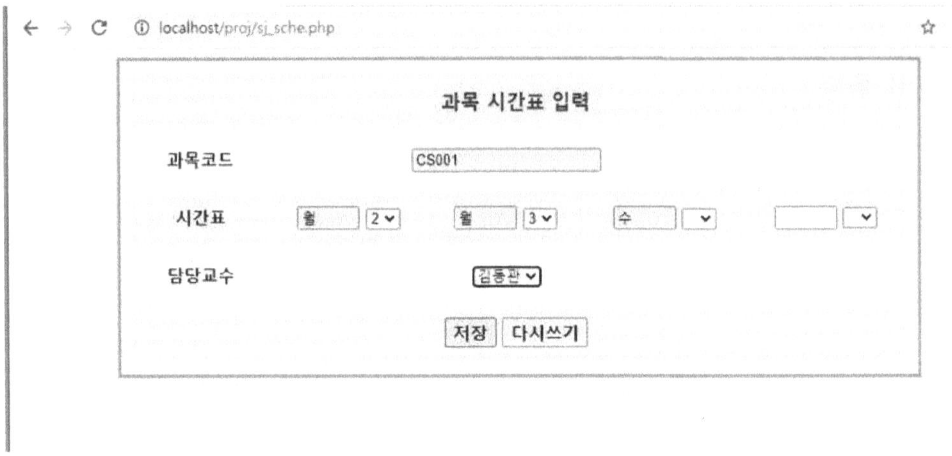

■ **sj_sche.php**

```
<!doctype html>
<html>
<body>
<head>
<title> 과목 시간표 입력 </title>

<style>
table {
    margin:auto;
    width: 80%;
    border: 3px solid #73AD21;
    padding: 10px;
}
tr {
        height:50px;
}
td {
```

```
            text-align : center;
            font-weight : bold;
            width : 200px;
}
th {
            font-size : 18px;
            color : blue;
}
h3 {
            color : blue;
            text-align : center;
}

tr:nth-child(odd) {background-color: #f2f2f2;}
input[type=submit], input[type=reset] {
            font-size : 16px;
            font-weight:bold;
}
div {
             position:relative;
             left:75%;
             top:15px;
}

</style>
</head>

<body>
<form method="post" action="sj_sche.php">
<table>
<tr>
  <th colspan="5"> 과목 시간표 입력 </th>
</tr>

<tr>
  <td> 과목코드 </td>
  <td colspan="3"> <input type="text" name="sj_code"> </td>
</tr>
```

```
<tr> <td> 시간표 </td>
     <td> <input type="text" name="day1" size="3" >
          <select name="t1">
            <option value="0"> </option>
       <option value="1"> 1 </option>
            <option value="2"> 2 </option>
            <option value="3"> 3 </option>
            <option value="4"> 4 </option>
            <option value="5"> 5 </option>
            <option value="6"> 6 </option>
            <option value="7"> 7 </option>
            <option value="8"> 8 </option>
            <option value="9"> 9 </option>
          </td>
          <td> <input type="text" name="day2" size="3" >
          <select name="t2">
            <option value="0"> </option>
       <option value="1"> 1 </option>
            <option value="2"> 2 </option>
            <option value="3"> 3 </option>
            <option value="4"> 4 </option>
            <option value="5"> 5 </option>
            <option value="6"> 6 </option>
            <option value="7"> 7 </option>
            <option value="8"> 8 </option>
            <option value="9"> 9 </option>
            </td>
          <td> <input type="text" name="day3" size="3" >
          <select name="t3">
            <option value="0"> </option>
            <option value="1"> 1 </option>
            <option value="2"> 2 </option>
            <option value="3"> 3 </option>
            <option value="4"> 4 </option>
            <option value="5"> 5 </option>
            <option value="6"> 6 </option>
            <option value="7"> 7 </option>
            <option value="8"> 8 </option>
```

```
            <option value="9"> 9 </option>
          </td>
          <td> <input type="text" name="day4" size="3" >
          <select name="t4">
            <option value="0"> </option>
            <option value="1"> 1 </option>
            <option value="2"> 2 </option>
            <option value="3"> 3 </option>
            <option value="4"> 4 </option>
            <option value="5"> 5 </option>
            <option value="6"> 6 </option>
            <option value="7"> 7 </option>
            <option value="8"> 8 </option>
            <option value="9"> 9 </option>
          </td>
</tr>

<tr>
  <td> 담당교수 </td>
  <td colspan="3"> <select name="sj_prof">
            <option value="최조천"> 최조천 </option>
            <option value="김건웅"> 김건웅 </option>
            <option value="김치연"> 김치연 </option>
            <option value="정종면"> 정종면 </option>
            <option value="이미라"> 이미라 </option>
            <option value="김동관"> 김동관 </option>
            <option value="박철수"> 박철수 </option>
            <option value="배미숙"> 배미숙 </option>
  </td>
</tr>

<tr>
  <td colspan="5"> <input type="submit" value="저장" name="submit">
                <input type="reset" value="다시쓰기" name="reset"> </td>
</tr>
</table>
<div> <a href='admin.php'> 관리자 페이지로.. </a> </div>
</form>
```

```
</body>
</html>

<?php
  $dbc=mysqli_connect("localhost", "root", "", "proj20");

  if (isset($_POST['submit'])) { // 저장 버튼 클릭
          $code=$_POST['sj_code'];
          $prof=$_POST['sj_prof'];

          $sche=""; // 전체 시간표 문자열

          $day1=trim($_POST['day1']);
          $day2=trim($_POST['day2']);
          $day3=trim($_POST['day3']);
          $day4=trim($_POST['day4']);

          if (empty($day1)) $day1="N";
          if (empty($day2)) $day2="N";
          if (empty($day3)) $day3="N";
          if (empty($day4)) $day4="N";

          $sc1=$day1.$_POST['t1']; // 각 시간의 문자열
          $sc2=$day2.$_POST['t2'];
          $sc3=$day3.$_POST['t3'];
          $sc4=$day4.$_POST['t4'];

          $days = array($sc1, $sc2, $sc3, $sc4);
          /* foreach($days as $value) {
                  print $value."<br>";
          }*/

          $sche=implode($days, "/");  // 시간표 문자열을 구분하기 위해 '/' 삽입
          // echo $sche;

          $sj_name="";
          $query="select sj_name from subjects where sj_code='$code'";
          $result=mysqli_query($dbc, $query);
```

```
        $row=mysqli_fetch_array($result);
        $sj_name=$row['sj_name'];

        $query="insert into sj_sche values ('$code', '$sche', '$prof', '$sj_name')";
       // sj_sche 테이블에 삽입
        $result=mysqli_query($dbc, $query);

        /* if ($result) echo "성공";
        else echo "실패";
        */
  }
  mysqli_close($dbc);
?>
```

10) 수강신청하기 (register.php)

수강 신청을 처리하는 register.php는 이번 프로젝트에서 가장 중요하고 핵심적인 코드이다. 당초 작성한 요구사항을 모두 반영해야 하기 때문에 복잡한 조건들이 모두 코딩에 반영되어 있다. 실제 수강 신청은 교양 과목을 포함하여 21학점을 초과할 수 없으나, 이 프로젝트에서는 선공 교과목만을 다루고 있어서 제한 학점을 12학점으로 설정하였다.

초기 화면은 개인 정보가 출력되는 폼과 신청한 과목이 출력되는 폼, 그리고 선택 가능한 과목을 출력하는 폼으로 구성되어 있다. 선택 가능한 과목 중 특정 과목을 추가하면 신청한 과목으로 이동하며, 신청 학생 수도 증가한다. 추가하는 과정에서 기존 신청한 과목과 시간표가 겹치지 않는지 검사가 이루어지게 된다.

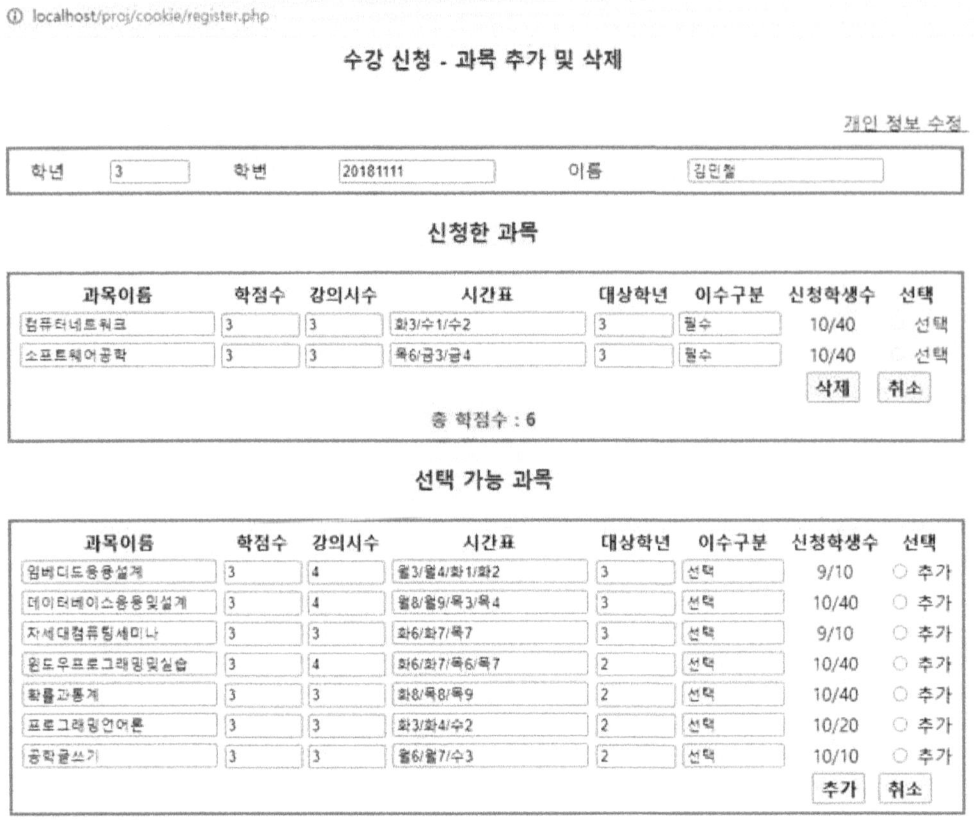

■ **register.php**

```
<!doctype html>
<html>
<head>
<style>
h3 {
        margin:auto;
        color:blue;
        width:80%;
        text-align:center;
}
table {
        margin:auto;
        width:80%;
```

```
            border : 3px solid gray;
            padding:4px;
}
div {
            position:relative;
            left:80%;
            bottom:10px;
}
input[type=submit], input[type=reset] {
            font-size : 16px;
            font-weight:bold;
}
.reg {
            top : 20px;
            position:relative;
            left:80%;
}
b {
            color:red;
}
</style>
</head>
<body>
</body>
</html>

<?php
$dbc=mysqli_connect("localhost", "root", "", "proj20");
$id='20191111';  // 쿠키, 세션으로 대체

$query="select id, sname, sgrade from students where id='$id'";
$result=mysqli_query($dbc, $query);

$row=mysqli_fetch_array($result);
$id=$row['id'];
$sname=$row['sname'];
$sgrade=$row['sgrade'];  // 로그인한 학생의 정보
```

```
echo "<h3> 수강 신청 - 과목 추가 및 삭제 </h3> <br><br>";
echo "<div> <a href='myinfo.php'> 개인 정보 수정 </a> </div>"; // 개인 정보 수정하기

echo "<table> <tr>";
echo "<td> 학년 </td>";
echo "<td> <input type='text' name='id' value='$sgrade' size='2'></td>";
echo "<td> 학번 </td>";
echo "<td> <input type='text' name='id' value='$id' size='8'></td>";
echo "<td> 이름 </td>";
echo "<td> <input type='text' name='name' value='$sname' size='12'></td>";
echo "</tr>";
echo "</table>";

$sch_arr=array(array()); // 시간표를 저장할 배열, 2차원, 5(월~금) by 9(1~9교시)
for ($i=0; $i<=5; $i++) {
        for ($j=0; $j<=9; $j++) {
                $sch_arr[$i][$j]=0;
        }
} // 배열 초기화, 0행 0열은 사용안함. 월 1교시는 [1][1]

$tot_grade=0; // 수강 신청 총학점수, 21 초과할 수 없음

// 이미 신청한 과목이 저장된 stud_subj 테이블로부터, 조인을 통해 과목 정보 가져오기
$query="select ss.sj_code, sj_name, sj_credit, sj_grade, sj_cate, sj_num_class from subjects
as sj, stud_subj as ss where ss.sj_code=sj.sj_code and sj_grade='$sgrade' and sj_sem=2";
$result=mysqli_query($dbc, $query); // 필수 과목 검색

echo "<br>";
echo "<h3> 신청한 과목 </h3><br>";

echo "<form method='post' action='reg_result.php'>";
echo "<table>";
echo "<tr>";
echo "<th> 과목이름 </th> <th> 학점수 </th> <th> 강의시수 </th> <th> 시간표 </th>
<th>  대상학년 </th> <th colspan='2'> 이수구분 </th> </tr>";

while ($row=mysqli_fetch_array($result)) {  // 신청한 과목 정보 출력
        echo "<tr>";
```

```
        echo "<td> <input type='text' value=".$row['sj_name']." size='18'> </td>";
        echo "<td> <input type='text' value=".$row['sj_credit']." size='2'> </td>";
        echo "<td> <input type='text' value=".$row['sj_num_class']." size='2'> </td>";
        echo "<td> </td>"; // 시간표 출력
        echo "<td> <input type='text' value=".$row['sj_grade']." size='2'> </td>";
        echo "<td> <input type='text' value=".$row['sj_cate']." size='3'> </td>";
        // 선택 과목만 활성화되는 라디오 버튼
        if ($row['sj_cate']=="필수") {
            echo "<td> <input type='radio' name='delete' value='".$row['sj_code']."'
disabled> 삭제 </td>";
        }
        else {
      echo "<td> <input type='radio' name='delete' value='".$row['sj_code']."'> 삭제
</td>";
        }

        $tot_grade+=intval($row['sj_credit']); // 학점 누적 >";
        echo "</tr>";

        /* ------------------------------------------------------------*/
        // 신청한 과목에 대한 시간표 생성
        /* ------------------------------------------------------------*/
        $code=$row['sj_code']; // 신청한 각 과목에 대하여
        $query2="select sj_time from sj_sche where sj_code='$code'";
        $result2=mysqli_query($dbc, $query2);

        $row2=mysqli_fetch_array($result2);
        // echo $row2['sj_time'];
        $each=explode('/', $row2['sj_time']); // 문자열을 쪼개서
        /* foreach($each as $values) {
                echo $values."  ";
        }
        echo "<br>"; */

        // "화3" substr("화3", 0, 3) : 화, substr("화3", 3, 1) : 3
        $day=array(); // 요일을 저장하는 배열
        $t_day=array(); // 교시를 저장하는 배열
        $i=0; // 매 시간을 접근하는 첨자
```

```
        foreach($each as $values) {
                $day[$i]=substr($values, 0, 3); // 화
                $t_day=substr($values, 3, 1); // 3

                switch($day[$i]) {
                        case "월" : $j=1; break; // 월요일은 1
                        case "화" : $j=2; break;
                        case "수" : $j=3; break;
                        case "목" : $j=4; break;
                        case "금" : $j=5; break;
                        default: $j=0;
                }
                // 시간표 중복 검사
                if ($j!=0) {
                  $k=intval($t_day); // 교시를 숫자로
                  if ($sch_arr[$j][$k]==0) {// 시간표 중복이 아니면
                     $sch_arr[$j][$k]=1;
                  }
                  else {
                    echo "시간표가 중복되었습니다 <br>";
                  // 필수 과목들 사이의 중복
                  }
                }
                // echo "j=".$j."k=".$k."<br>";
                $i++;
        }
} // end of while, 필수 과목 수만큼 출력

echo "<tr> <td colspan='9'> </td>";
echo "<td colspan='2'> <input type='submit' name='sub_delete' value='삭제'>  
<input type='reset' name='reset' value='취소'> </td> </tr>";
echo "<tr> <td align='center' colspan='10'> <b>총 학점수 : ".$tot_grade."</b>
</td></tr>";
echo "</table>";
echo "</form>"; // 폼 종료

/* ---------------------------------------------------------------*/
// 선택 과목 출력 루틴.
```

```
/* ---------------------------------------------------------------*/
// 보여질 선택 과목의 조건
// 로그인한 학년보다 같거나 낮은 학년의 모든 선택 과목을 골라서,
// 현재 수강 신청한 과목들과 시간표가 겹치지 않는다면 선택 가능 과목이 된다.
// 시간표가 미리 입력되어 있어야 한다.

// 해당 학년의 선택과목과 낮은 학년의 선택 과목 출력하기
$g=intval($sgrade);
echo "<br><h3> 선택 가능 과목 </h3><br>";

echo "<form method='post' action='reg_result.php'>";
echo "<table>";
// 추가하는 과목 처리 출력
while ($g>=1) {
  $query="select sj_code, sj_name, sj_credit, sj_num_class, sj_grade, sj_cate from subjects
where sj_grade=$g and sj_sem=2 and sj_cate='선택'";
  $result=mysqli_query($dbc, $query); // 하위 학년의 선택 과목 검색

  while ($row=mysqli_fetch_array($result)) {  // 모든 선택 과목 출력
        echo "<tr>";
        echo "<td> 과목이름 </td>";
        echo "<td> <input type='text' value=".$row['sj_name']." size='18'> </td>";
        echo "<td> 학점수 </td>";
        echo "<td> <input type='text' value=".$row['sj_credit']." size='2'> </td>";
        echo "<td> 강의시수 </td>";
        echo "<td> <input type='text' value=".$row['sj_num_class']." size='2'> </td>";
        echo "<td> 대상학년 </td>";
        echo "<td> <input type='text' value=".$row['sj_grade']." size='2'> </td>";
        echo "<td> 이수구분 </td>";
        echo "<td> <input type='text' value=".$row['sj_cate']." size='3'> </td>";
        echo "<td> <input type='radio' name='insert' value='".$row['sj_code']."'> 추가
</td>";
        echo "</tr>";
  } // 선택 과목 수만큼 출력

  $g--; // 학년 감소
}
echo "<tr> <td colspan='9'> </td>";
```

```
echo "<td colspan='2'> <input type='submit' name='sub_insert' value='추가'>  
<input type='reset' name='reset' value='취소'> </td> </tr>";
echo "</table>";
echo "</form>"; // 선택 폼 종료
?>
```

11) 수강신청 결과 (reg_result.php)

수강 신청을 처리하는 register.php의 처리 결과를 출력하는 코드이다. 신청한 과목으로 인한 시간표 중복, 인원 초과, 제한 학점의 초과 등의 결과를 출력한다.

■ 시간표 중복의 경우

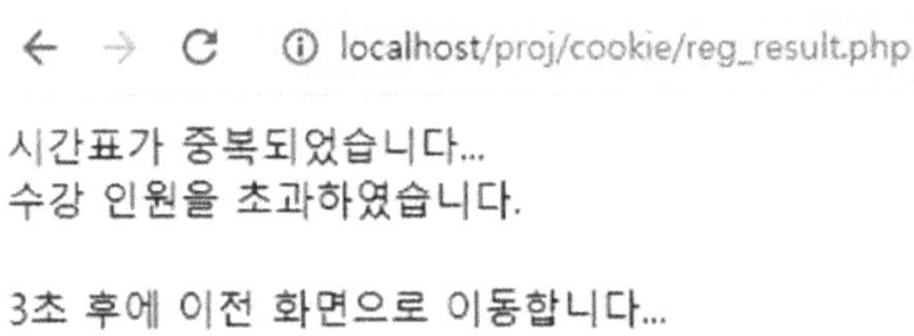

■ 수강 제한 인원을 초과한 경우

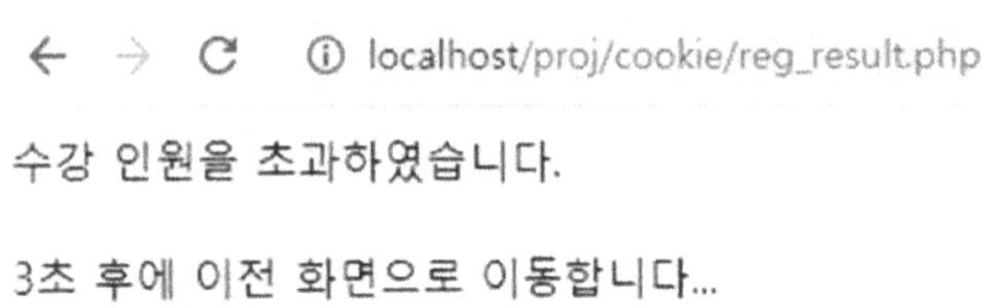

■ 수강 신청에 성공한 경우

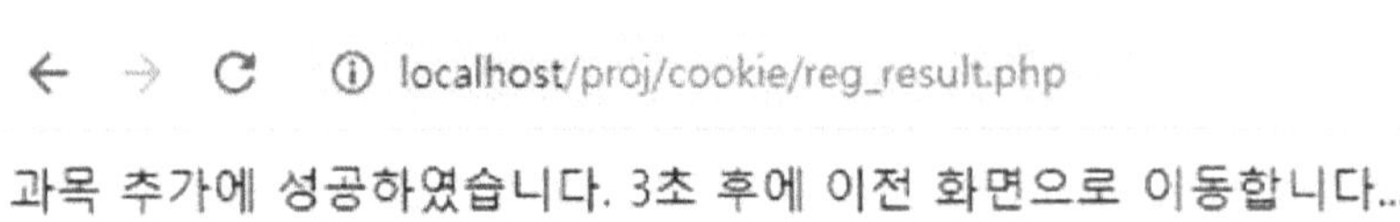

■ **제한 학점을 초과한 경우**

← → C ⓘ localhost/proj/cookie/reg_result.php

12 학점을 초과하였습니다.

3초 후에 이전 화면으로 이동합니다...

■ **reg_result.php**

```
<?php
$id='20191111'; // 테스트 학번, 나중에 쿠키나 세션으로 변경
$dbc=mysqli_connect("localhost", "root", "", "proj20");

/*-------------------------------------------*/
// 신청한 과목들을 삭제하는 경우
/* ------------------------------------------*/
if (isset($_POST['sub_delete'])) {
        // 취소 버튼을 누른 과목을 읽어와서,
        // stud_subj에서 삭제
        // stud_count 감소

        $code=$_POST['delete'];

        // 현재 신청 인원 읽어오기
        $query2="select stud_count from sj_sche where sj_code='$code'";

        $result2=mysqli_query($dbc, $query2);
        $row2=mysqli_fetch_array($result2);

        $dcnt=intval($row2[0]);
        $dcnt--; // 취소를 위해 신청 인원 감소

        $query3="update sj_sche set stud_count='$dcnt' where sj_code='$code'";
        $result3=mysqli_query($dbc, $query3);
        /*if ($result3)
                echo "인원 감소 성공";
        else
```

```
			echo "인원 감소 실패";*/

		$query="delete from stud_subj where sid='$id' and sj_code='$code'";
		$result=mysqli_query($dbc, $query);
		/*if ($result)
			echo "과목 삭제 성공";
		else
			echo "과목 삭제 실패";*/

		header("Location:http://localhost/proj/register.php");
}

/*------------------------------------------*/
// 새로운 선택 과목을 추가하는 경우
// 21학점을 넘지 않으며, 시간표 중복이 없고, 인원 제한에 걸리지 않는다면 신청 가능
// alter table sj_sche add column stu_count int;
// 필수 과목은 default로 증가하게
/*------------------------------------------*/
if (isset($_POST['sub_insert'])) {
		$code=$_POST['insert'];
		// echo $code;

		// 신청한 과목의 학점 수 계산하기
		$tot_grade=0;
		$flag=0;  // 추가 여부를 판단하기 위한 변수, 1이되면 추가 불가

		$query="select sj.sj_credit from stud_subj as ss, subjects as sj where sid='$id'
and ss.sj_code=sj.sj_code";
		$result=mysqli_query($dbc, $query);

		while ($row=mysqli_fetch_array($result)) {  // 기 신청한 과목들에 대해 학점 계산
			$tot_grade+=intval($row[0]);
			// echo $tot_grade."<br>";
		}
		// 추가할 과목이 12학점을 넘지 않는지 확인
		$query1="select sj_credit from subjects where sj_code='$code'";
		$result1=mysqli_query($dbc, $query1);
		$row1=mysqli_fetch_array($result1);
```

```
        if ($tot_grade + intval($row1[0]) > 12 ) {
                echo "15학점을 초과하였습니다. <br>";
                $flag=1;  // 추가 실패
        }

        // 인원 제한 확인
        $query3="select sj_limit from subjects where sj_code='$code'";  // 추가할 과목의
제한인원 확인
        $result3=mysqli_query($dbc, $query3);
        $row3=mysqli_fetch_array($result3);

        $query4="select stud_count from sj_sche where sj_code='$code'"; // 현재 신청인
원
        $result4=mysqli_query($dbc, $query4);
        $row4=mysqli_fetch_array($result4);

        if (intval($row3[0])== intval($row4[0])) {
                echo "수강 인원을 초과하였습니다. <br>";
                $flag=1;  // 추가 실패
                // echo "<script> window.alert('15학점을 초과하여 수강신청할 수 없습니
다'); </script>";
                //header("Location:http://localhost/proj/register.php");
        }

    // 시간표 중복 확인
    // 모든 조건이 맞을 때, 추가가 가능하다면
    if ($flag==0) { // 추가할 수 있으므로 데이터베이스에 저장, stud_count++
         $query5="select stud_count from sj_sche where sj_code='$code'";
         $result5=mysqli_query($dbc, $query5);
         $row5=mysqli_fetch_array($result5);

         $cnt=intval($row5[0]);
         $cnt++; // 인원 추가
         // echo "cnt=".$cnt."<br>";

         $query6="update sj_sche set stud_count='$cnt' where sj_code='$code'";
         // 해당 과목의 인원 수 증가
```

```
            $result6=mysqli_query($dbc, $query6);

            $query7="insert into stud_subj values ('$id', '$code')";
            $result6=mysqli_query($dbc, $query7);
            // echo "삽입 성공";
        }
    header("Location:http://localhost/proj/register.php");
}
?>
```

12) 개인정보 수정하기 (my_info.php)

학생의 개인 정보를 수정하는 코드이다. 로그인한 학생의 기본 정보가 출력되고, 비밀번호와 전화번호를 새로 입력받아 수정할 수 있다.

■ **my_info.php**

```
<!doctype html>
<html>
<body>
```

```
<head>
<title> 개인정보 수정하기 </title>

<style>
table {
      margin:auto;
      width: 700px;
      border: 3px solid #73AD21;
      padding: 10px;
}
tr {
            height:50px;
}
td {
            text-align : center;
            font-weight : bold;
            width : 200px;
}
th {
            font-size : 18px;
            color : blue;
}
h3 {
            color : blue;
            text-align : center;
}
tr:nth-child(odd) {background-color: #f2f2f2;}
input[type=submit], input[type=reset] {
            font-size : 16px;
            font-weight:bold;
}
form{
            position:relative;
            top:5px;
}
</style>
</head>
<body>
```

```
</body>
</html>

<?php
// 개인정보 수정하기
$id=20191111;  // 쿠키나 세션을 사용하고 있지 않아 특정 학번을 테스트로 사용
$dbc=mysqli_connect("localhost", "root", "", "proj20");

$query="select pass, sname, sgrade, tel from students where id='$id'"; // 학생 정보 읽기
$result=mysqli_query($dbc, $query);

$row=mysqli_fetch_array($result);
$pass=$row['pass'];
// echo "###".$pass."<br>";

$sname=$row['sname'];
$grade=$row['sgrade'];
$tel=$row['tel'];  // 로그인한 학생의 정보

echo "<h3> 개인 정보 수정하기 </h3> <br>";
echo "<table> <tr>";
echo "<td> 학년 </td>";
echo "<td> <input type='text' name='id' value='$grade' size='2'></td>";
echo "<td> 학번 </td>";
echo "<td> <input type='text' name='id' value='$id' size='8'></td>";
echo "<td> 이름 </td>";
echo "<td> <input type='text' name='name' value='$sname' size='12'></td>";
echo "</tr>";
echo "</table>";

echo "<form method='post' action='myinfo.php'>";
echo "<table> <tr>";
echo "<td> 현재 비밀번호 </td>";
echo "<td> <input type='text' name='cur_pass' size='15'></td>";
echo "<td> 변경할 비밀번호 </td>";
echo "<td> <input type='text' name='new_pass' size='15'></td>";
echo "</tr>";
echo "<tr>";
```

```
echo "<td> 현재 전화번호  </td>";
echo "<td> <input type='text' value='$tel' size='15'></td>";
echo "<td> 변경할 전화번호  </td>";
echo "<td> <input type='text' name='new_tel' size='15'></td>";
echo "</tr>";
echo "<tr> <td colspan='4'> <input type='submit' name='submit' value='수정'>  ";
echo "<input type='reset' name='reset' value='취소'>";
echo "</tr>";
echo "</table>";
echo "</form>";

$new_tel="";
$new_pass="";
$cur_pass="";

if (isset($_POST['submit'])) {  // 수정 버튼이 눌러지면
  $cur_pass=SHA1($_POST['cur_pass']); // 현재 비밀번호의 암호화

  if ($cur_pass==$pass) {  // 비밀번호가 맞으면
    $new_pass=$_POST['new_pass'];
    $new_tel=$_POST['new_tel'];

        if (empty($new_pass))  // 새로운 비밀번호가 입력되지 않으면 기존 비번 저장
                $new_pass=$pass;
        else {
                $new_pass=SHA1($_POST['new_pass']);
        }
        if (empty($new_tel))  // 새로운 전화번호가 입력되지 않으면 기존 전화번호 저장
                $new_tel=$tel;
        else {
                $new_tel=$_POST['new_tel'];
        }

    // 입력된 값으로 테이블 갱신
    $query="update students set pass='$new_pass',tel='$new_tel' where id='$id'";
    $result=mysqli_query($dbc, $query);

    /*if ($result)  echo "성공";
```

```
      else echo "실패"; */
    }
    else { // 비밀번호가 다르면
       echo "비밀번호를 정확하게 입력해주시기 바랍니다....<br>";
    }
  }
  mysqli_close($dbc);
 ?>
```

13) 개인 시간표 생성하기 (tm_tbl.php)

학생들의 수강 신청이 끝난 후 개인 시간표를 출력하는 코드이다. 2학년 이뻐까 학생이 신청한 세 과목에 대하여 "시간표보기" 버튼을 누르면 시간표가 출력된다. 자바 스크립트 명령어를 사용하였다.

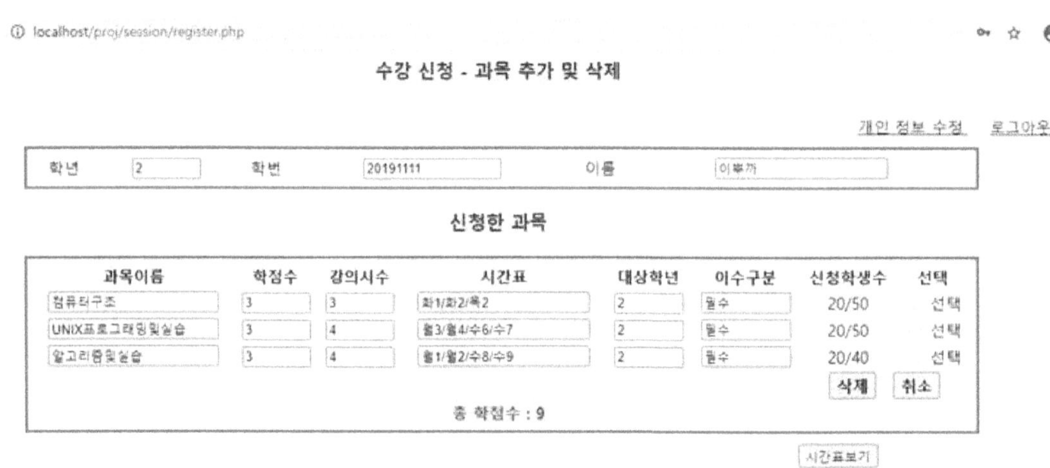

■ **tm_tbl.php**

```
<!doctype html>
<html>
<head>
  <style>
          td { height:50px; }
      input[type=text] {
         height:50px;
          }
          div {
           position:relative;
           left:25%;
           }
  </style>
</head>

<body>
```

```
<div> <h2> 2020학년도 2학기 시간표 </h2> </div>
<table>
<tr>
  <th> 교시 </th> <th> 월 </th> <th> 화 </th> <th> 수 </th> <th> 목 </th> <th>
금 </th>
</tr>
<tr>
  <td> 1 </td>
  <td> <input type='text' name='m1' id='m1'> </td>
  <td> <input type='text' name='t1' id='t1'> </td>
  <td> <input type='text' name='w1' id='w1'> </td>
  <td> <input type='text' name='th1' id='th1'> </td>
  <td> <input type='text' name='f1' id='f1'> </td>
</tr>
<tr>
  <td> 2 </td>
  <td> <input type='text' name='m1' id='m2'> </td>
  <td> <input type='text' name='t1' id='t2'> </td>
  <td> <input type='text' name='w1' id='w2'> </td>
  <td> <input type='text' name='th1' id='th2'> </td>
  <td> <input type='text' name='f1' id='f2'> </td>
</tr>
<tr>
  <td> 3 </td>
  <td> <input type='text' name='m1' id='m3'> </td>
  <td> <input type='text' name='t1' id='t3'> </td>
  <td> <input type='text' name='w1' id='w3'> </td>
  <td> <input type='text' name='th1' id='th3'> </td>
  <td> <input type='text' name='f1' id='f3'> </td>
</tr>
<tr>
  <td> 4 </td>
  <td> <input type='text' name='m1' id='m4'> </td>
  <td> <input type='text' name='t1' id='t4'> </td>
  <td> <input type='text' name='w1' id='w4'> </td>
  <td> <input type='text' name='th1' id='th4'> </td>
  <td> <input type='text' name='f1' id='f4'> </td>
</tr>
```

```
<tr>
  <td> 5 </td>
  <td> <input type='text' name='m1' id='m5'> </td>
  <td> <input type='text' name='t1' id='t5'> </td>
  <td> <input type='text' name='w1' id='w5'> </td>
  <td> <input type='text' name='th1' id='th5'> </td>
  <td> <input type='text' name='f1' id='f5'> </td>
</tr>
<tr>
  <td> 6 </td>
  <td> <input type='text' name='m1' id='m6'> </td>
  <td> <input type='text' name='t1' id='t6'> </td>
  <td> <input type='text' name='w1' id='w6'> </td>
  <td> <input type='text' name='th1' id='th6'> </td>
  <td> <input type='text' name='f1' id='f6'> </td>
</tr>
<tr>
  <td> 7 </td>
  <td> <input type='text' name='m1' id='m7'> </td>
  <td> <input type='text' name='t1' id='t7'> </td>
  <td> <input type='text' name='w1' id='w7'> </td>
  <td> <input type='text' name='th1' id='th7'> </td>
  <td> <input type='text' name='f1' id='f7'> </td>
</tr>
<tr>
  <td> 8 </td>
  <td> <input type='text' name='m1' id='m8'> </td>
  <td> <input type='text' name='t1' id='t8'> </td>
  <td> <input type='text' name='w1' id='w8'> </td>
  <td> <input type='text' name='th1' id='th8'> </td>
  <td> <input type='text' name='f1' id='f8'> </td>
</tr>
<tr>
  <td> 9 </td>
  <td> <input type='text' name='m1' id='m9'> </td>
  <td> <input type='text' name='t1' id='t9'> </td>
  <td> <input type='text' name='w1' id='w9'> </td>
  <td> <input type='text' name='th1' id='th9'> </td>
```

```
  <td> <input type='text' name='f1' id='f9'> </td>
</tr>
</table>

<?php
$id="20191111";
$dbc=mysqli_connect("localhost", "root", "", "proj20");

$query="select sj_name, sj_time, rm_num from stud_subj as ss, sj_sche as sche where
id='$id' and ss.sj_code=sche.sj_code";
$result=mysqli_query($dbc, $query);

$inx=0;
while($row=mysqli_fetch_array($result)) {
		$sj_arr[$inx]=$row['sj_name'];
		$sche_arr[$inx]=$row['sj_time'];
		$room_arr[$inx]=$row['rm_num'];
		//echo $room_arr[$inx];
		$inx++;
}
// stud_subj 테이블에서 찾은 과목 코드로(id에 대해), sj_sche에서 과목과, 시간표와, 강의실
을 따로 배열에 저장

for ($i=0; $i<$inx; $i++) { // 과목 수
  $sj_name=$sj_arr[$i];
  // echo "과목이름 : ".$sj_name."<br>";
  for ($j=0; $j<3; $j++) {
			$day=substr($sche_arr[$i], $j*5, 3);
			$time=substr($sche_arr[$i], $j*5+3, 1);
			$seperator1=substr($sche_arr[$i], $j*5+4, 1);
			// echo "day : ".$day." time : ".$time." <br>";
			$day_time=$day.$time;
			// echo "day :".$day_time;

			$room_num=substr($room_arr[$i], $j*5, 4); // 네자리 정수씩 읽기
			//echo $room_num;
			$seperator2=substr($room_arr[$i], $j*5+4, 1);
```

```
echo "<script language='javascript'>";
echo "var day='$day_time';";
echo "var subj='$sj_name';";
echo "var room_num=$room_num;";

echo "if (day=='월1') { ";
  echo "document.getElementById('m1').value=subj+'     ';";
  echo "document.getElementById('m1').value+=room_num;";
echo "}";

echo "if (day=='월2') { ";
  echo "document.getElementById('m2').value=subj+'     ';";
  echo "document.getElementById('m2').value+=room_num;";
echo "}";

echo "if (day=='월3') document.getElementById('m3').value=subj+'
'+room_num;";
echo "if (day=='월4') document.getElementById('m4').value=subj+'
'+room_num;";
echo "if (day=='월5') document.getElementById('m5').value=subj+'
'+room_num;";
echo "if (day=='월6') document.getElementById('m6').value=subj+'
'+room_num;";
echo "if (day=='월7') document.getElementById('m7').value=subj+'
'+room_num;";
echo "if (day=='월8') document.getElementById('m8').value=subj+'
'+room_num;";
echo "if (day=='월9') document.getElementById('m9').value=subj+'
'+room_num;";

echo "if (day=='화1') document.getElementById('t1').value=subj+'
'+room_num;";
echo "if (day=='화2') document.getElementById('t2').value=subj+'
'+room_num;";

echo "if (day=='화3') document.getElementById('t3').value=subj+'
'+room_num;";
```

```
echo "if (day=='화4') document.getElementById('t4').value=subj+' '+room_num;";
echo "if (day=='화5') document.getElementById('t5').value=subj+' '+room_num;";
echo "if (day=='화6') document.getElementById('t6').value=subj+' '+room_num;";
echo "if (day=='화7') document.getElementById('t7').value=subj+' '+room_num;";
echo "if (day=='화8') document.getElementById('t8').value=subj+' '+room_num;";
echo "if (day=='화9') document.getElementById('t9').value=subj+' '+room_num;";

echo "if (day=='수1') document.getElementById('w1').value=subj+' '+room_num;";
echo "if (day=='수2') document.getElementById('w2').value=subj+' '+room_num;";
echo "if (day=='수3') document.getElementById('w3').value=subj+' '+room_num;";
echo "if (day=='수4') document.getElementById('w4').value=subj+' '+room_num;";
echo "if (day=='수5') document.getElementById('w5').value=subj+' '+room_num;";
echo "if (day=='수6') document.getElementById('w6').value=subj+' '+room_num;";
echo "if (day=='수7') document.getElementById('w7').value=subj+' '+room_num;";
echo "if (day=='수8') document.getElementById('w8').value=subj+' '+room_num;";
echo "if (day=='수9') document.getElementById('w9').value=subj+' '+room_num;";

echo "if (day=='목1') document.getElementById('th1').value=subj+' '+room_num;";
echo "if (day=='목2') document.getElementById('th2').value=subj+' '+room_num;";
echo "if (day=='목3') document.getElementById('th3').value=subj+' '+room_num;";
```

```
			echo "if (day=='목4') document.getElementById('th4').value=subj+'
'+room_num;";
			echo "if (day=='목5') document.getElementById('th5').value=subj+'
'+room_num;";
			echo "if (day=='목6') document.getElementById('th6').value=subj+'
'+room_num;";
			echo "if (day=='목7') document.getElementById('th7').value=subj+'
'+room_num;";
			echo "if (day=='목8') document.getElementById('th8').value=subj+'
'+room_num;";
			echo "if (day=='목9') document.getElementById('th9').value=subj+'
'+room_num;";

			echo "if (day=='금1') document.getElementById('f1').value=subj+'
'+room_num;";
			echo "if (day=='금2') document.getElementById('f2').value=subj+'
'+room_num;";
			echo "if (day=='금3') document.getElementById('f3').value=subj+'
'+room_num;";
			echo "if (day=='금4') document.getElementById('f4').value=subj+'
'+room_num;";
			echo "if (day=='금5') document.getElementById('f5').value=subj+'
'+room_num;";
			echo "if (day=='금6') document.getElementById('f6').value=subj+'
'+room_num;";
			echo "if (day=='금7') document.getElementById('f7').value=subj+'
'+room_num;";
			echo "if (day=='금8') document.getElementById('f8').value=subj+'
'+room_num;";
			echo "if (day=='금9') document.getElementById('f9').value=subj+'
'+room_num;";

			echo "</script>";

		} // for j
} // for i
	echo "<a href='register.php'> 수강신청 화면으로 돌아가기 </a>";
	echo "</body>";
```

```
        echo "</html>";
?>
```

14) 로그아웃 (logout.php)

프로젝트의 마지막 코드는 로그아웃을 위한 코드이다. 로그아웃 되었음을 알리는 문자열을 출력하고 로그인 화면으로 돌아갈 수 있는 링크를 제공한다.

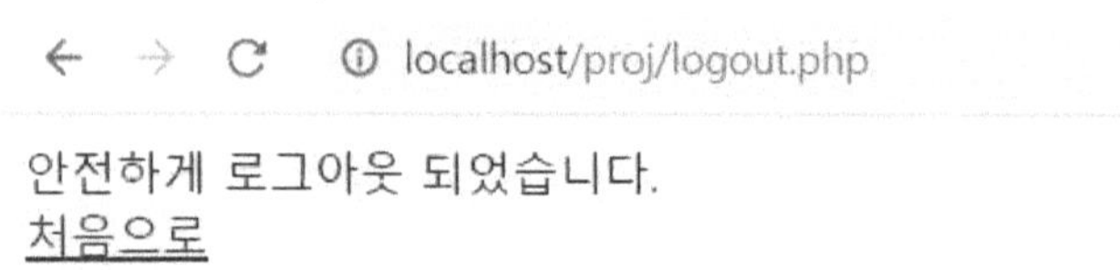

■ **logout.php**

```
<?php
  echo "안전하게 로그아웃 되었습니다. <br>";
  echo "<a href='index.html'> 처음으로 </a>";
?>
```

14.5 쿠키를 사용한 프로그램

지금까지 다룬 코드의 가장 큰 문제는 여러 페이지들 사이에서 공유되어야 할 학생의 학번이 공유되지 않아서 각 코드의 변수로 지정하여 사용하였다. 이것을 쿠키나 세션을 사용하여 초기 버전의 문제점을 해결하고자 한다. 코드의 대부분은 동일하므로, 쿠키나 세션의 사용으로 달라지는 코드 부분만 기술하고자 한다. 추가로, header 함수에 의해 이동되는 코드의 URL이 달라질 수 있다.

■ **login.php**

```
<?php
  $dbc=mysqli_connect("localhost", "root", "", "proj20");

  $id=$_POST['id'];
  $pass=$_POST['pass'];

  // 아이디에 대하여 쿠키 생성
  if (!isset($_COOKIE['uid'])) {  // 쿠키 설정이 되어 있지 않고
         if (isset($_POST['submit'])) { // index.html에서 login 버튼이 눌러졌다면
           setcookie("uid", $id);  // id로 쿠키 설정
         if(($id == 'admin') and ($pass == '1111')) {  // 관리자 로그인
             header("Location:http://localhost/proj/cookie/admin.php"),
      }
      else {  // 학생 로그인
        $query="select   id,   pass,   sname   from   students   where   id='$id'   and
pass=SHA1('$pass')";
        $result=mysqli_query($dbc, $query);

       if (mysqli_num_rows($result) == 1) { // success
         setcookie("uid", $id);  // id로 쿠키 설정

         $row=mysqli_fetch_array($result);
              $user_id = $row['id'];
              $user_pass = $row['pass']; // 로그인에 성공한 id와 pass
              $user_name = $row['sname'];
              // echo $user_name."님 환영합니다...";  // 성공했을 때
```

```
            // 수강신청 화면으로 넘어가기
            header ("Location:http://localhost/proj/cookie/register.php");
        }

        else {  // 로그인에 실패했을 때
         echo "id와 password를 정확하게 입력해주시기 바랍니다. ..    ";
         // exit('id와 password를 정확하게 입력해주시기 바랍니다...');
              echo "<a href='index.html'> 뒤로 </a>";
        }
       }
    }
   }
   mysqli_close($dbc);
?>
```

▪ register.php

```
<?php

// 쿠키 버전
$dbc=mysqli_connect("localhost", "root", "", "proj20");
if (isset($_COOKIE['uid']))
        $id=$_COOKIE['uid'];

// $id='20181111';
$query="select id, sname, sgrade from students where id='$id'";
$result=mysqli_query($dbc, $query);

$row=mysqli_fetch_array($result);
$id=$row['id'];
$sname=$row['sname'];
$sgrade=$row['sgrade'];  // 로그인한 학생의 정보

// 이후 부분은 동일
```

■ reg_result.php

```
<?php
// $id='20181111';

if (isset($_COOKIE['uid'])) {
            $id=$_COOKIE['uid'];
}

$dbc=mysqli_connect("localhost", "root", "", "proj20");
$err_msg="";

// 이후 부분은 동일
```

■ my_info.php

```
<?php
// 학번을 쿠키로 가져오기
$dbc=mysqli_connect("localhost", "root", "", "proj20");

// $id='20181111';
if (isset($_COOKIE['uid']))
            $id=$_COOKIE['uid'];

$query="select pass, sname, sgrade, tel from students where id='$id'"; // 학생 정보 읽기
$result=mysqli_query($dbc, $query);

// 이후 부분은 동일
```

■ logout.php

```
<?php

  if (isset($_COOKIE['uid'])) {
          setcookie('uid', "", time()-3600);
          echo "안전하게 로그아웃 되었습니다. <br>";
  }
```

```
  echo "<a href='index.html'> 처음으로 </a>";
?>
```

14.6 세션을 사용한 프로그램

쿠키 버전과 동일하게 달라진 부분만 기술한다.

■ **login.php**

```
<?php
  session_start();

  $dbc=mysqli_connect("localhost", "root", "", "proj20");

  $id=$_POST['id'];
  $pass=$_POST['pass'];

  // 아이디에 대하여 쿠키 생성
  if (!isset($_SESSION['uid'])) {  // 쿠키 설정이 되어 있지 않고
        if (isset($_POST['submit'])) { // index.html에서 login 버튼이 눌러졌다면
          // setcookie("uid", $id);  // id로 쿠키 설정
          $_SESSION['uid']=$id;

     if(($id == 'admin') and ($pass == '1111')) {  // 관리자 로그인
          header("Location:http://localhost/proj/session/admin.php");
     }

    else {  // 학생 로그인
      $query="select id, pass, sname from students where id='$id' and
pass=SHA1('$pass')";
      $result=mysqli_query($dbc, $query);

     if (mysqli_num_rows($result) == 1) { // success
       //setcookie("uid", $id);  // id로 쿠키 설정

       $row=mysqli_fetch_array($result);
```

```
                $user_id = $row['id'];
                $user_pass = $row['pass']; // 로그인에 성공한 id와 pass
                $user_name = $row['sname'];
                // echo $user_name."님 환영합니다..."; // 성공했을 때

                // 수강신청 화면으로 넘어가기
                header ("Location:http://localhost/proj/session/register.php");
        }
        else {  // 로그인에 실패했을 때
         echo "id와 password를 정확하게 입력해주시기 바랍니다. ..    ";
         // exit('id와 password를 정확하게 입력해주시기 바랍니다...');
               echo "<a href='index.html'> 뒤로 </a>";
        }
       }
    }
  }
  mysqli_close($dbc);
?>
```

- **register.php**

```
<?php
  session_start();
?>

<!doctype html>
<html>
<head>
// 이후 동일

<?php
// 세션 버전
$dbc=mysqli_connect("localhost", "root", "", "proj20");

if (isset($_SESSION['uid']))
         $id=$_SESSION['uid'];
```

```
$query="select id, sname, sgrade from students where id='$id'";
$result=mysqli_query($dbc, $query);

// 이후 부분은 동일
```

■ **reg_result.php**

```
<?php
  session_start();

if (isset($_SESSION['uid'])) {
        $id=$_SESSION['uid'];
}
$dbc=mysqli_connect("localhost", "root", "", "proj20");
$err_msg="";

// 이후 부분은 동일
```

■ **my_info.php**

```
<?php
  session_start();
?>

<!doctype html>
// 이후 동일

<?php
// 학번을 쿠키로 가져오기
$dbc=mysqli_connect("localhost", "root", "", "proj20");

if (isset($_SESSION['uid']))
        $id=$_SESSION['uid'];

// 이후 부분은 동일
```

■ **logout.php**

```
<?php
  session_start();

  if (isset($_SESSION['uid'])) {
        $_SESSION=array(); // 빈 배열로 초기화, 기존의 세션 변수들을 삭제하는 효과

        if (isset($_COOKIE[session_name()])) {
              setcookie(session_name(), "", time()-3600);
        }
        session_destroy();
        echo "안전하게 로그아웃 되었습니다. <br>";
  }
  echo "<a href='index.html'> 처음으로 </a>";
?>
```

찾아보기

참고문헌

1. https://www.w3schools.com
2. http://php.net
3. http://dev.mysql.com

■ **저자소개**

김치연

- 국립 목포해양대학교 해양컴퓨터공학과 교수

PHP7 기초와 응용

인　쇄 : 2021년 2월 1일

발　행 : 2021년 2월 5일

저　자 : 김치연

발행처 : 도서출판 한산

서울시 서대문구 수색로6길 43번지 105-602호

TEL : (02)304-3504　FAX : (02)304-3505

발행인 : 김 기 영

등록번호 : 제 10-1745 호

ISBN : 979-11-87555-34-6　　93560

정가. 23,000원